Emotionen und Verhalten
in theologischer und philosophischer Perspektive

Theologie – Kultur – Hermeneutik

Herausgegeben von
Stefan Beyerle, Matthias Petzoldt und Michael Roth

Band 15

Emotionen und Verhalten

IN THEOLOGISCHER UND
PHILOSOPHISCHER PERSPEKTIVE

Herausgegeben von Bernd Harbeck-Pingel
und Michael Roth

EVANGELISCHE VERLAGSANSTALT
Leipzig

Gedruckt mit freundlicher Unterstützung des
»Vereins der Freunde der Evangelisch-theologischen Fakultät Bonn.
Rheinische Gesellschaft zur Förderung der Theologie e. V.«

Bibliographische Information der Deutschen Nationalbibliothek
Die Deutsche Bibliothek verzeichnet diese Publikation in der Deutschen Nationalbibliographie; detaillierte bibliographische Daten sind im Internet über http://dnb.dnb.de abrufbar.

Das Buch wurde auf alterungsbeständigem Papier gedruckt.

Cover: behnelux gestaltung, Halle/Saale
Satz: Michael Kropff, Leipzig
Druck und Binden: Hubert & Co., Göttingen

ISBN 978-3-374-03103-0
www.eva-leipzig.de

Vorwort

Auf ihren Jahrestagungen vom 9. – 11. Juli 2009 und 9. – 10. Juli 2010 in Leipzig und vom 31. März – 1. April 2011 in Essen hat sich die Kulturhermeneutische Sozietät e.V. den Themen »Moral – Fluch oder Segen?« und »Theorie der Gefühle« gewidmet. Der hier nun vorliegende Tagungsband erhält die auf den Tagungen zur Diskussion gestellten Referate. Wir möchten uns herzlich bei den Autoren für ihre Bereitschaft bedanken, ihre Beiträge im Lichte der lebhaften Debatten für diesen Band auszuarbeiten. Ferner danken wir Herrn Michael Kropff für die sorgfältige Vorbereitung der Drucklegung. Mit den hier entfalteten Überlegungen wenden wir uns über die Forschungszusammenhänge von Philosophie und Theologie hinaus an eine interessierte Öffentlichkeit, und wir hoffen damit die Diskussion über Personalität, Religion und Ethik zu bereichern.

Remscheid/Bonn im Dezember 2011

Bernd Harbeck-Pingel/Michael Roth

Inhalt

Bernd Harbeck-Pingel/Michael Roth

Einleitung

Wer sich über das Problem der Selbstbestimmung äußerte, sah sich in den letzten zehn Jahren den Diskussionen über die Willenfreiheit gegenüber. Doch nicht allein die philosophy of mind ist es, die Handlungsfähigkeit zum Thema macht. Die Diskurse über Emotion und Verhalten, die in den folgenden Beiträgen präsentiert werden, nehmen teils rekonstruierend, teils programmatisch Bezug auf die Fragestellung. Anders als mit den protestantisch-theologischen Denkgewohnheiten der Passivität wird damit nicht die Verwechslung von Schuldzusammenhängen und Erkenntnistheorie fortgesetzt. Vielmehr wird mit Bezug auf philosophische und theologische Explikationsmöglichkeiten der Ethik die Variationsbreite selbstbestimmter Existenz an die Formen der Übung in Verhalten und Emotion zurückgebunden. So sind mit den drei letzten Tagungen der Kulturhermeneutischen Sozietät e. V. Facetten des Personseins betrachtet worden, die im weiteren vorgestellt werden und die als Ergebnisse in den folgenden Projekten der Kulturhermeneutischen Sozietät zur Arbeitsgrundlage gemacht werden.

Der Tagungsband setzt ein mit zwei Vorträgen, die sich mit Grundlegungsfragen der Theologischen Ethik beschäftigen: Susanne Klinger sieht in ihrem Beitrag »Theologische Ethik in der Spätmoderne – wohin?« das Bedürfnis der theologischen Ethik »aus dem Konkurs letzter, substantieller Sinnhorizonte, der Auflösung kollektiv geteilter Plausibilitäten und dem Ende fraglos überkommener Lebensformen« erwachsen und fragt, wie die theologische Ethik diese Herausforderungen annehmen kann, um zu einem Orientierungswissen zu gelangen, das sittliche Entscheidungen ermöglicht und fördert. Bernd Harbeck-Pingel erörtert in seinem Aufsatz »Nichts unbestimmt lassen. Ethische Signaturen für die Theologie« die Verbindung zwischen ethischen und kognitiven Verhältnissen, die er auf die Erfassungsleistungen bezieht, um jenseits einer inszenatorischen Religion Möglichkeiten aufzuzeigen, religiöse Ausdrucksformen zu artikulieren.

An diese Grundsatzreferate zur Theologischen Ethik schließen sich zwei Beiträge an, die sich durch konkrete Probleme gelebter Moral herausfordern lassen: In seinem Vortrag »Fitness und Wellness. Ethische Grundwerte heute« zeigt Peter Fischer mit Blick auf die Bereiche Körpergestaltung, Religionsgestaltung und Seelengestaltung, dass wir mit Fitness und Wellness zwei faktische Grundwerte gelebter Moral vor uns haben, und fragt nach den sich daraus ergebenden Problemen. Friedrike Schick macht in ihrem Text »Der gute Mensch und die gute Entscheidung – Beobachtungen zur Rolle des Gewissens in moralisch-praktischen Diskursen« darauf aufmerksam, dass sich in zeitgenössischen moralisch-praktischen Diskursen Begründungszüge beobachten lassen, »in denen die subjektive Seite moralisch-praktischer Überzeugung und Überzeugungsbildung hervorgehoben und als mit eigener argumentativer Kraft ausgestattet behandelt wird« und lenkt daher den Blick auf die Bedeutung, die in diesem Zusammenhang dem Gewissen zukommt.

Einen weiteren Themenkomplex bilden die Emotion und das Gefühl. Bernd Harbeck-Pingel wendet sich in seinem Essay »Religiöse Gefühle und ihre Medien« den Artikulationsformen von Gefühlen zu, wobei er diskursive, personale und soziale Muster untersucht. In seinem Beitrag »Kausalität – Geist – Evolution. Philosophische Reflexionen über neurobiologische Emotionstheorien« wendet sich Peter Fischer dem Anspruch der neurowissenschaftlichen Thematisierung der Gefühle zu, allein eine wissenschaftliche Erklärung der Gefühle liefern könnten und diskutiert die Probleme der kausalen Erklärung des Mentalen und der evolutionstheoretischen Erklärung. Volker Caya wendet sich in seinem Beitrag »Eifersucht« »einem elementarsten und gleichzeitig trivialsten Gefühle des Menschen« zu, Stephan Grätzel stellt in seinem Beitrag »Erb-Schuld und Verzeihen« die Frage nach dem Zusammenhang von Schuld und Verzeihen, dem Wesen des Verzeihens, »wie ist Vergebung und Verzeihen möglich, an wen richtet sie sich und wer darf sie spenden«.

Zwei exegetische Beiträge schließen sich an: Ausgehend von der Beobachtung, dass basale Formen menschlicher Kommunikation von ihren Anfängen her bereits auf ritualisierte Verhaltensmustern aufbauen und daher das Ritual in kulturhermeneutischer Perspektive als ein ausgezeichneter Modus von Kommunikation verstanden werden kann, geht Stephan Beyerle »Verhalten und Emotion im Ritual« nach, wobei er den Blick auch auf die im Ritual hervorgerufene Emotion lenkt. Albrecht Scriba erörtert die Frage »Die Bergpredigt als Quelle der Moral?« und stellt dabei die Fragen nach der Erfüllbarkeit der Weisungen und ihren Begründungszusammenhängen in das Zentrum seiner Überlegungen.

Den Abschluss des Tagungsbandes bilden zwei Beiträge, die die Frage nach der Lehrbarkeit der Moral in den Mittelpunkt stellen: Michael Roth fragt in seinem Beitrag »Ist Moral lehrbar? Überlegungen zur ethischen Kompetenz« nach der Ursache für den Hiat zwischen der moralisch-ethischen Urteilsbildung und dem Verhalten, um die von hier aus Überlegungen für die Lehrbarkeit der Moral zu gewinnen. Der Frage nach der Lehrbarkeit der Moral widmet sich auch Ferdinand Fellmann in seinem Beitrag »Moral lehren, zum Glauben bekehren – Übereinstimmungen und

Unterschiede«, indem er das Verhältnis von Moral und Religion »als den beiden traditionellen Instanzen von Wertorientierung« untersucht und erörtert, worin sich Moral und Religion treffen und wo sie voneinander abweichen.

SUSANNE KLINGER

Theologische Ethik in der Spätmoderne – wohin?

1. EINLEITUNG

Aus der Lage gegenwärtigen Denkens, dem Konkurs letzter, substantieller Sinnhorizonte, der Auflösung kollektiv geteilter Plausibilitäten und dem Ende fraglos überkommener Lebensformen ergibt sich das Bedürfnis nach Ethik. Die ethische Herausforderung besteht unter den Bedingungen spätmoderner, pluralistischer Gesellschaften wesentlich in der Suche nach einem Orientierungswissen, das angesichts der Ausdifferenzierung und Fragmentierung der soziokulturellen Sachbereiche und Handlungsfelder die Sinngehalte sittlicher Handlungen im Kontext umgreifender Sinnzusammenhänge erschließt und sittliche Entscheidungen ermöglicht und fördert. Hierbei zeigt sich die ethische Reflexion angewiesen auf tragende Grundüberzeugungen, die implizit oder explizit Fragen nach den Sinnzielen des menschlichen Daseins[1], den Zusammenhang von Sinnorientierung, personaler und moralischer Identität[2], lebensweltlicher und weltanschaulicher Einbettung aller ethischen Rationalität und Normativität[3] betreffen. Dabei unterscheiden sich heutige sinnvermittelnde Institutionen und identitätsverbürgende Deutungssysteme von ihren traditionellen Vorläufern nicht so sehr in ihrer geringeren Reichweite als in ihrem revisionsfähigen Status.

In der multikulturellen, pluralistischen Gesellschaft kann der Anspruch des christlichen Glaubens, einen alle Menschen umgreifenden handlungsre-

---

1 Vgl. G.W. HUNOLD/TH. LAUBACH/A. GREIS, Annäherungen. Zum Selbstverständnis theologischer Ethik, in: DIES. (Hg.), Theologische Ethik. Ein Werkbuch, Tübingen-Basel 2000, 2: »Die Theologische Ethik verweist darauf, daß sich jedes sittliche Urteilen und Handeln auf einen umgreifenden Sinnhorizont, eine bestimmte Vorstellung vom Ziel des Menschseins und von den Möglichkeiten seiner Durchsetzung bezieht.«

2 Zu einer differenzierten Darstellung des Zusammenhangs von personaler und moralischer Identität s. H. HAKER, Moralische Identität. Literarische Lebensgeschichten als Medium ethischer Reflexion. Mit einer Interpretation der Jahrestage von Uwe Johnson, Tübingen 1999.

3 Vgl. dazu bes. K. DEMMER, Hermeneutische Probleme der Fundamentalmoral, in: D. MIETH/F. COMPAGNONI (Hg.), Ethik im Kontext des Glaubens. Probleme – Grundsätze – Methoden, Freiburg/Ue.-Freiburg/Br. 1978, 101–119; DERS., Fundamentale Theologie des Ethischen (SThE; 82), Freiburg i. Ue. u.a. 1999, 30 ff.

levanten Sinn- und Begründungshorizont bereitzustellen, nicht mehr ohne weiteres Plausibilität beanspruchen. Christliche Ethik steht als eine geschichtlich-kulturelle Größe im demokratischen Wettbewerb mit anderen weltanschaulich und religiös geprägten Ethiken und Moralen. Als christlich-theologische Ethik bleibt sie dabei zwar konstitutiv auf den Begründungskontext des biblischen Schöpfungs- und Heilsglaubens bezogen[4], doch kann sie, will sie sich zu säkularer Moral und Ethik in ein dialogisches Verhältnis setzen, keinen privilegierten Zugang zu sittlich-moralischen Erkenntnissen beanspruchen. Theologische Ethik verfügt über keinen Erkenntnisweg *sui generis*, der ihr einen nichtdiskursiven, intersubjektiver Begründung enthobenen Zugang zu moralischen Einsichten eröffnete.

Es bleibt das unbestrittene Verdienst von Alfons Auer, Franz Böckle, Josef Fuchs, Bruno Schüller und deren Schüler mit der metaethischen Konzeption einer »autonomen Moral im christlichen Kontext«[5] das Fundament für eine konstruktiv-kritische Auseinandersetzung katholischer Moraltheologie mit nicht-theologischen, autonomen Ethikentwürfen gelegt zu haben. Aus dem christlichen Glauben lassen sich, so Auers programmatische These, »keine konkreten material-ethischen Weisungen« ableiten; »deren Findung ist Sache der gesellschaftlich-geschichtlichen Vernunft des Menschen«.[6] Eine Begründung des Propriums theologischer Ethik lässt sich deshalb auch nicht schon auf der Ebene kontingenter normativer Orientierungen gewinnen. Die Bedeutung des Glaubens für die Ethik und das sittliche Handeln liegt für Auer vielmehr darin begründet, dass der Glaube ein neues »Sein« heraufführt und einen »neuen Sinnhorizont« eröffnet, welcher »auf den Prozeß der sittlichen Normfindung (...) einen integrierenden, kritisierenden und stimulierenden Effekt« ausübt.[7] Allerdings wird die Perspektive autonomer ethischer Rationalität selbst unterlaufen, wenn sie nicht auch ihre metaethischen Begründungszusammenhänge der Vernunftautonomie unterstellt und sich zudem konsequent mit der Einsicht in die endlich-geschichtliche Konkretion aller ethischen Vernunft verbindet. Die faktische Heterogenität pluraler autonomer Ethikentwürfe macht darauf aufmerksam, dass alle ethische Reflexion immer schon lebensweltlich verhaftet und in konkrete, kulturell und weltanschaulich geprägte Kontexte eingebunden ist, welche die ethische Urteilsbil-

4 Zu Selbstverständnis und Status theologischer Ethik als »Offenbarungs-, Glaubens- und Kirchliche Wissenschaft« vgl. HUNOLD/LAUBACH/GREISS, Theologische Ethik (s. Anm. 1), 3.

5 Vgl. A. AUER, Autonome Moral und christlicher Glaube. Mit einem Nachtrag zur Rezeption der Autonomievorstellung in der katholisch-theologischen Ethik, Düsseldorf [2]1984.

6 A. a. O., 212.

7 A. a. O., 212 f.

dung unausweichlich präformieren.[8] Dies gilt selbst noch für solche hochgradig formalisierten Verfahren, wie sie diskursethische Ansätze bilden, wie für alle transzendentalen Letztbegründungen ethischer Geltung, weil diese, wollen sie nicht zur bloßen Leerformel werden, nicht ohne ein Mindestmaß an Inhaltlichkeit auskommen.[9] Der Zusammenhang zwischen metaethischen Sinnhorizonten und materialethischen Normen ist, wie die fundamentalethische Diskussion um den Autonomiebegriff und autonom ethische Begründungsstrategien innerhalb und außerhalb der Theologie deutlich gemacht hat, vielschichtiger und enger als in autonomen Ethiken häufig unterstellt.[10]

Auch der die theologische Ethik spezifizierende christliche Sinnhorizont, der sich in einer Pluralität konkret situierter, kontextbezogener theologischer Auslegungen christlicher Quellentexte, kollektiver und persönlicher Glaubens- und Erfahrungszeugnisse christlicher Existenz expliziert, kann nicht apriorische Evidenz beanspruchen, sondern bleibt im Prozess diskursiv-argumentativer ethischer Verständigung prinzipiell der Vernunftautonomie

---

[8] Vgl. dazu bes. K. DEMMER, Fundamentale Theologie des Ethischen (SThE; 82), Freiburg i. Ue. u.a. 1999, 23–34.

[9] Vor dem Hintergrund der lebensweltlichen Eingebundenheit aller ethischen Rede wird auch der für den postmetaphysischen Diskurs der Philosophie in der Moderne von JÜRGEN HABERMAS reklamierte »methodische Atheismus« (DERS., Texte und Kontexte, Frankfurt/M. 1991, 136) fragwürdig, *sofern* dieser prätendiert, sich weltanschaulich neutral zu verhalten. Nicht nur, dass sich ethische Urteile, implizite oder explizite, vor dem Hintergrund bestimmter Sinnantizipationen ausbilden, die den Sinn des moralischen Seins überhaupt, die Frage des gelingenden Lebens oder der Sinnhaftigkeit eines bestimmten Tuns betreffen; sie wollen immer auch Orientierung in der konkreten Situation bieten. Das aber hat zur Konsequenz, dass auch die transzendentalpragmatische Erkenntnistheorie und Begründung der Diskursethik »auf eine hermeneutische Explikation moralischer Intuitionen kultureller Lebensformen angewiesen (ist). (...) Mit der Begründung der Diskursnormen ist die Diskussion um mögliche Moralbegriffe und Gerechtigkeitsvorstellungen nicht (...) entschieden, sondern eröffnet« (H. SCHELKSHORN, Christliche Ethik im Sog argumentativer Vernunft. Diskursethische Bemerkungen zur moraltheologischen Debatte um eine »autonome Moral im christlichen Kontext«, in: A. HOLDEREGGER, Fundamente der Theologischen Ethik. Bilanz und Neuansätze [SthE 72], Freiburg i.Ue./Freiburg i.Br. 1996, 237–260, hier: 249); vgl. auch TH. LAUBACH, Was hat die Religion in der Angewandten Ethik verloren? Eine Problemorientierung, in: DERS. (Hg.), Angewandte Ethik und Religion, Tübingen/Basel 2003, 1–18, hier: 12 ff.

[10] Vgl. dazu etwa die in dem Band von EREGGER (Hg.), Fundamente, (s. Anm.9) bes. 187–289 versammelten Beiträge; vgl. auch DERS., Grundlagen der Moral und der Anspruch des Lebens. Themen der Lebensethik (SThE 55), Freiburg i. Ue./Freiburg i. Br. 1994, 55–69 sowie A. BONDOLFI, Zur »Autonomen Moral im christlichen Kontext«. Der Versuch einer Bilanz in programmatischer Sicht, in: W. GUGGENBERGER/W. LADNER (Hg.), Christlicher Glaube, Theologie und Ethik (Studien zur Moraltheologie; 27), Münster 2002, 41–52.

und Kritik unterworfen.[11] Die religiös gebundene theologische Ethik stellt insofern einen Spezial-, nicht aber einen Sonderfall innerhalb des ethischen Diskurses dar.[12] Soll daher vor dem Hintergrund divergierender Anschauungen des Guten und Gerechten der christliche Glaube als ein sinnstiftendes Element der ethischen Reflexion zur Geltung gebracht werden, setzt dies eine differenzierte Wahrnehmung des Zusammenhangs von Geschichtlichkeit des Ethischen und seiner lebensweltlichen Einbettung, von ethischer Verbindlichkeit der Wirklichkeit, Sinnfrage und christlichem Glauben voraus.

Ziel der folgenden Überlegungen ist es, Bedeutung und Eigenprofil der theologischen Ethik in der pluralen Welt der Spätmoderne zu schärfen. Wie ist die spezifische Signatur theologischer Ethik im allgemeinen ethischen Diskurs näher zu bestimmen? Welche Aufgaben nimmt die theologische Ethik im Ensemble konkurrierender moralischer Überzeugungen und ethischer Urteile, die sich in der pluralistischen Gesellschaft höchst divergenten weltanschaulichen Kontexten verdanken, wahr? Und welche Bedeutung nimmt die religiöse Sinnerfahrung bei der Bestimmung von Relevanz und Aufgabe der theologischen Ethik ein?

2. THEOLOGISCHE ETHIK ZWISCHEN SINNEMPHASE UND SINNKRITIK

Ausgehend von der Einsicht in die Geschichtlichkeit aller menschlichen Erfahrung und Sozialität suchen eine Reihe gegenwärtiger Ansätze das Proprium theologischer Ethik in einer Weise zu bestimmen, die es sowohl erlaubt, das Faktum des Pluralismus in die theologisch-ethische Reflexion zu integrieren als auch das Allgemeinverbindliche theologischer Ethik zu benennen. Diese Konzeptionen stimmen darin überein, dass sie das Spezifikum theologischer Ethik und die ihr eigentümliche Aufgabe gerade in dem »für sie charakteristischen Zugang zu ethischen Problem- und Krisenwahrnehmungen« als »Krisentheorie« erkennen,[13] welche unter der Perspektive der bib-

---

[11] Vgl. H. HIRSCHI, Moralbegründung und christlicher Sinnhorizont. Eine Auseinandersetzung mit Alfons Auers moraltheologischem Konzept (SThE 45), Freiburg i.Ue./Freiburg i. Br. 1992; SCHELKSHORN, Christliche Ethik (s. Anm. 9), 237–260.

[12] Vgl. LAUBACH, Religion (s. Anm. 9), 1 und 12 ff.

[13] TH. HOERSCHELMANN, Theologische Ethik. Zur Begründungsproblematik christlicher Ethik im Kontext der diskursiven Moraltheorie, Stuttgart/Berlin/Köln 1996, 23; zu einer systematischen Analyse theologischer Ethik als Krisentheorie vgl. a. a. O., 80 ff. Für Hoerschelmann trägt nach dem Zusammenbruch einheitsverbürgender Sinnsysteme alle Ethik in der Moderne zunächst die Signatur einer Krisentheorie. »Die Lesart (...) als Krisentheorien bietet«, so Hoerschelmanns These, »für die theologischen Ethiken gerade den Gewinn, einen Bezugsrahmen zu beschreiben, indem sie in ein konstruktives Verhältnis mit konkurrierenden (gerade auch nicht-theologischen, nicht-christlichen Ethiken) gesetzt werden können, ohne

lisch-christlichen Tradition, der Hoffnung, Liebe und Fürsorge die Notwendigkeit insbesondere von Solidarität, Personalität und Subsidiarität in Erinnerung hält und sich als umfassende kombinatorisch-integrative Theoriebildung oder »Hermeneutik der übergreifenden Sinnsuche«[14] gegenüber konkurrierenden, nicht-theologischen Ethiken vor allem als ideologie- und sinnkritisches Korrektiv zur Geltung bringt. Dabei kann sich solche ideologie- und interessenkritische Prüfung und kritische Korrektur pluraler ethischer Werthaltungen und Sinnentwürfe ebenso in der Aufdeckung disziplinärer Engführungen, der Neubewertung und Relativierung ethischer Normen, der Akzentuierung des Könnensaspekts des Handelns gegenüber dem Sollensanspruch ethischer Normen, der Abgrenzung gegenüber modernen Privatisierungs-, Individualisierungs- und Entsolidarisierungstendenzen wie in der Abwehr von Fundamentalismen und totalitären Legitimationssystemen vollziehen. Das Konzept einer integrativen theologisch-ethischen Theoriebildung oder Hermeneutik der übergreifenden Sinnsuche ist deshalb erklärungsbedürftig, – dies umso mehr, als die Projektformel »integrative Ethik« nicht nur in der theologischen Ethik, sondern auch im Kontext säkularer, philosophischer Moraltheorien eine Vielzahl unterschiedlicher methodischer Ansätze umschließt,[15] die von ihren voraussetzungsreichen Vorstellungen her keiner einheitlichen Begründungslogik folgen, so dass die

ihre Eigenständigkeit und Besonderheit zu nivellieren« (a. a. O., 80). Zu den von Hoerschelmann aufgeführten theologisch motivierten Krisenwahrnehmungen, aus denen theologische Ethik ihr spezifisches Profil gewinnt, zählen etwa die Aufdeckung legalistischer Verengungen und soteriologischer Überhöhungen der Ethik, individualistisch-solipsistischer Engführungen ethischer Orientierungsleistungen, instrumenteller, zweckrationaler bzw. rationalistischer Verkürzungen des Vernunftverständnisses (vgl. a. a. O., 80 ff.).

[14] Vgl. E. MACK, Gerechtigkeit und gutes Leben. Christliche Ethik im politischen Diskurs, Paderborn 2002, 18. Vgl. hier etwa auch K. DEMMER, Deuten und handeln. Grundlagen und Grundfragen der Fundamentalmoral, Freiburg i.Ue./Freiburg i. Br. 1985, 15 zur theologischen Ethik als hermeneutisch operierender »handlungsleitender Sinnwissenschaft« sowie D. MIETH, Moral und Erfahrung I. Grundlagen einer theologisch-ethischen Hermeneutik, 4. überarb. u. ergänzte Auflage (SThE; 2), Freiburg, Schweiz/Freiburg i.Br. 1999, bes. 29 ff., 221.

[15] Vgl. etwa nur die in dem von A. HERTZ/W. KORFF/T. RENDTORFF herausgegebenen, »Handbuch der Christlichen Ethik« (Bd. 1, aktual. Neuausgabe, Freiburg i. Br. 1993) versammelten Beiträge zum Verständnis theologischer Ethik als Integrationswissenschaft sowie die von F.-J. BORMANN, Theologie und »autonome Moral«. Anmerkungen zum Streit um Universalität und Partikularität moralischer Aussagen in theologischer und philosophischer Ethik, in: ThPh 77 (2002) 481–505, hier 505/Anm. 136 herausgestellten »signifikant(en)« Unterschiede zwischen dem von ihm vertretenen integrativen Ethikkonzept unter theologischem Vorzeichen und der Grundlegung einer integrativen Ethik bei H. KRÄMER (Integrative Ethik, Frankfurt/M. 1992).

angedeutete Aufgabenbestimmung das Begründungsproblem theologischer Ethik keineswegs aufhebt.

In der Frage nach der Bedeutung des christlichen Glaubens und des theologischen Denkens für den ethischen Diskurs sind fundamentalethische Aspekte, begründungstheoretische Überlegungen, religionssoziologische und kulturtheoretische Fragestellungen, welche die aktuelle Gesellschaftsentwicklung betreffen, immer schon eng miteinander verschränkt. Erst in der Zusammenführung dieser Frageperspektiven, die einerseits den Entdeckungs- bzw. Motivationszusammenhang ethischer Verbindlichkeit umschließen und andererseits auf die Begründung sittlicher Urteile zielen, lässt sich der wissenschaftstheoretische Ort der theologischen Ethik zureichend bestimmen. Die Konstituenten, die das komplexe Bedingungsverhältnis zwischen der kulturdiagnostischen Wahrnehmung von Sinndefiziten und den Erwartungen bestimmen, welche sich an die religiöse Sinnthematisierung richten, können hier freilich nicht sämtlich aufgehellt, sondern nur im Rekurs auf eine Reihe von Beispielen markiert und schlaglichtartig beleuchtet werden.

3. Soziologische Krisenwahrnehmung

Die Moderne treibt die Frage nach Sinn immer stärker hervor, da in der wachsenden Komplexität funktionaler Differenzierung das Leben nur noch fragmentarisch wahrgenommen werden kann. Vorgegebene Sinndeutungen gewähren dem Einzelnen nur noch partiell identifikatorische Konsistenz. Peter L. Berger und Thomas Luckmann erkennen die Ursache der modernen Sinn- und Orientierungskrise vor allem in Prozessen der Modernisierung, Rationalisierung, Pluralisierung und Säkularisierung.[16] Der moderne Pluralismus hat, so die sozial- und kulturdiagnostische Beobachtung dieser Soziologen, die Monopolstellung der traditionellen religiösen Institutionen untergraben. Neben sie sind neue Institutionen der Sinnproduktion und Sinnvermittlung getreten, die jedoch nur mehr begrenzte, zumeist hoch spezialisierte Funktionen wahrnehmen. Angesichts des Trends zu solcher bereichsspezifischer Spezialisierung sinnproduzierender resp. sinnvermittelnder Instanzen bedarf es intermediärer Institutionen – zu ihnen zählen nicht zuletzt die Kirchen –, deren vornehmste Funktion, wie Berger und Luckmann betonen, darin besteht, ohne eine relativistische oder fundamentalistische Haltung einzunehmen, »die kleinen ›Lebenswelten‹ (...) der Sinn- und eventuell auch Gesinnungsgemeinschaften [zu] stützen und zugleich ihre

---

16 Vgl. P. L. Berger/Th. Luckmann, Modernität, Pluralismus und Sinnkrise. Die Orientierung des modernen Menschen, Gütersloh ^{3}1998, 39 ff.

Angehörigen zu Trägern einer pluralistischen ›civil society‹ heran[zu]-bilden«.[17]

Ulrich Beck beschrieb in den 80er Jahren des 20. Jahrhunderts zudem Enttraditionalisierung und Individualisierung als die entscheidenden Merkmale der modernen und spätmodernen Gesellschaft.[18] Der Übergang von der modernen Industriegesellschaft zur zweiten, selbstreflexiven Moderne habe, so die Becksche Individualisierungsthese, einen neuen Modus der Vergesellschaftung heraufgeführt, welcher durch den Verlust traditioneller Sicherheiten, wie die Herauslösung aus historisch gegebenen Herkunftsbezügen, die Freisetzung aus traditionellen Geschlechterrollen, die Auflösung gesamtgesellschaftlich geteilter, als absolut akzeptierter Verhaltensvorgaben oder eines übergreifenden religiösen Glaubenssystems gekennzeichnet sei. Traditionelle Strukturen und Sozialformen würden durch neue Existenzformen mit neuen Einbindungen (Kleinfamilie, Beziehungen zu Lebenspartnern, Kollegen, Berufs- und Betriebsbindungen usf.) abgelöst; der Verlust überkommener sozial-kultureller Selbstverständlichkeiten und absoluter Vorgaben werde durch individualisierte Formen der Selbstbestimmung und Orientierung kompensiert, ebenso wie die Ausdifferenzierung individueller Existenzlagen mit Prozessen der Standardisierung und Institutionalisierung einhergehe und der Einzelne neuen Abhängigkeiten (etwa im Blick auf Marktprozesse, Beruf, Bildungssystem, Konsum, Medien), Kontrollzwängen und marktorientierten bzw. gesamtgesellschaftlich strukturierten Reintegrationsprozessen unterworfen sei. Die durch die Auflösung unbedingter Verhaltensnormen entstandenen Bestimmtheitslücken würden durch formale Regelungen und Normen gefüllt. Die gesellschaftliche Entwicklung gehe insofern zwar weg von der Tradition hin zur Option; die damit verbundene erhöhte Unsicherheit generiere aber ein erhöhtes Sicherheitsbedürfnis: das Bedürfnis nach Selbstvergewisserung und Selbststilisierung. Die mit der Vervielfältigung der Handlungsoptionen der einzelnen Akteure einhergehenden Handlungsrisiken würden zunehmend offenkundig und erhöhten den Bedarf an Entscheidungs- und Handlungssicherheit. Der Wechsel der Arbeitsverhältnisse und die wachsende geografische Mobilität erschwerten es zudem, das eigene Leben in einen kohärenten Gesamtzusammenhang zu stellen. Kurzum: Das Leben in der fortgeschrittenen Moderne gestaltet sich als ein risikoreiches,

---

17 BERGER/LUCKMANN, Modernität (s. Anm. 16), 71.

18 Vgl. U. BECK, Jenseits von Stand und Klasse? Soziale Ungleichheiten, gesellschaftliche Individualisierungsprozesse und die Entstehung neuer sozialer Formationen und Identitäten, in: R. KRECKEL (Hg.), Soziale Ungleichheiten. Soziale Welt, Sonderband 2, Göttingen 1983, S. 35–74; DERS., Risikogesellschaft. Auf dem Weg in eine andere Moderne, Frankfurt/M. 1986; vgl. auch DERS./E. BECK-GERNSHEIM (Hg.), Riskante Freiheiten. Individualisierung in modernen Gesellschaften, Frankfurt/M. 1994.

von Identitäts- und Sinnkrisen begleitetes Unternehmen. Individualisierung im Sinne einer Freisetzung aus traditionellen Herkunftsbindungen und eines Zugewinns an persönlichen Freiheiten impliziert immer auch ihr Gegenteil.

Die religiöse Konsequenz einer individualisierten Gesellschaft bildet, wie Beck und Luckmann u.a. betonen, eine individualisierte Religiosität.[19] Lebenspraktische Themen letzter Bedeutung, die in erster Linie die zwischenmenschlichen Beziehungen, die private Selbstverwirklichung und persönliche Identitätsfindung berühren, bilden die nachchristlichen Entsprechungen traditioneller Religion. In Beziehungen soll sich der Sinn des Lebens und die Hoffnung auf Selbstverwirklichung erfüllen. Liebe wird zu einem Projekt, das unbedingt gelingen muss, von dem letztlich das Heil abhängig ist.[20] Die neue »Religion der Selbsterfahrung und Selbstverwirklichung«[21] wird unspezifisch durch eine anthropologische Funktion bestimmt. Religiös in diesem Sinne ist, was die engen Grenzen unmittelbaren Erlebens transzendiert. Transzendenz bezeichnet dabei also nicht zunächst die »großen Transzendenzen« der Begegnung eines Absoluten oder Numinosen. Vielmehr zeigt sich die religiöse Funktion der Transzendenzbewältigung bereits auf der Ebene des subjektiven Erlebens und Handelns. Die persönliche Selbsterfahrung und Selbstverwirklichung wird zu dem Ort, an dem sich die Frage nach dem Sinn des Lebens und der Religion unmittelbar entscheidet.[22]

---

19 Vgl. U. Beck/E. Beck-Gernsheim, Das ganz normale Chaos der Liebe, Frankfurt/M. 1990; Th. Luckmann, Die unsichtbare Religion, Frankfurt/M. ³1996 diagnostierte bereits in den frühen 60er Jahren des vergangenen Jahrhunderts, es würde an die Stelle der kirchlich organisierten Religion allmählich eine entkirchlichte, traditionslose, individualisierte Religiosität treten. – Es wäre allerdings ein Irrtum, die beschriebenen Individualisierungs- und Privatisierungsprozesse ausschließlich der Spätmoderne zuzurechnen. Sie sind, wie bereits E. Troeltschs religionssoziologischen und kulturgeschichtlichen Analysen der religiösen Situation an der Wende zum 20. Jahrhunderts zeigen, Teil der Umformung des Christentums in der Folge der Aufklärung wie der funktionalen Ausdifferenzierung und Modernisierung der westlichen Gesellschaft überhaupt. Vgl. etwa E. Troeltsch, Religiöser Individualismus und Kirche (1910), in: Ders., Gesammelte Schriften, Bd. 2, Zur religiösen Lage, Religionsphilosophie und Ethik, Neudruck der 2. Aufl. 1922, Aalen 1962, 109–133.

20 Vgl. Beck/Beck-Gernsheim, Chaos der Liebe (s. Anm. 19), 24.

21 U. Baumann, Mit den Zungen der Menschen! Theologie aus dem Kontext der Wirklichkeitserfahrung, in: J.-P. Wils (Hg.), Warum denn Theologie? Versuche wider die Resignation, Tübingen 1996, 9–50, hier: 24.

22 Vgl. Baumann, Zungen (s. Anm. 21), 24 f., 42 f.; vgl. H. Knoblauch, Die Verflüchtigung der Religion ins Religiöse. Thomas Luckmanns Unsichtbare Religion, in: Luckmann, Religion (s. Anm. 19), 7–41, hier: 12 ff; vgl. in diesem Zusammenhang auch die religionssoziologischen Beobachtungen und Analysen zu einer »Nachreligion der Liebe« von Beck/Beck-Gernsheim, Chaos der Liebe (s. Anm. 19), 21 ff.

4. HERMENEUTIK ÜBERGREIFENDER SINNSUCHE?

Die Sinnfrage ist, wie auch Wilhelm Gräb emphatisch betont, »die entscheidend religiöse Frage«.[23] Kirche in der pluralistischen Spätmoderne hat, so Gräbs These, dann eine Chance, im Ensemble konkurrierender sinnvermittelnder Institutionen und kultureller Funktionen eine prominente Stellung zu behaupten, »wenn sie sich auf ihre religiöse Kernkompetenz besinnt. Diese liegt für Gräb in dem eigentümlichen Potential zu einer sich auf letzte Sinnhorizonte besinnenden Lebensdeutung, einer auch ästhetisch ansprechenden Inszenierung dieser Lebensdeutung, in der Kommunikation über die immer strittigen und vielspältigen lebensführungspraktischen Konsequenzen, die aus der christlich-religiösen Lebensdeutung und -einstellung erwachsen. Kurz gesagt, Kirche hat dann eine Chance, öffentliche Kirche zu bleiben, wenn sie ihre Verankerung in der Lebenswelt der Menschen behält und d. h., wenn sie sich ihren ethisch-religiösen Sinn- und Orientierungsbedürftigkeiten öffnet, wenn sie kompetente Begleiterin auf der Suche nach Lebenssinn ist.«[24]

Gräb vertritt eine kulturell wirkmächtige, populäre Variante subjektivistischen Glaubens, dessen zentrales Merkmal die Verschränkung von moderner Selbstbewusstseinsthematik, religiöser Selbst- und Sinnsuche und christlicher Gottesrede bildet.[25] Seine Religionstheologie verbindet kulturtheoretische, transzendental-anthropologische und bewusstseinstheoretische Überlegungen, um den Ort von Religion und Kirche unter den gewandelten soziokulturellen Bedingungen im Ausgang des 20. Jahrhunderts zu bestimmen. Religion, so Gräbs an Friedrich Schleiermachers subjektivitätstheoretische Ausformulierung des Religionsbegriffs und die philosophische Selbstbewusstseinstheorie von Dieter Henrich anschließende These, gründet in der individuellen, sich in der Gottesbeziehung auslegenden wissenden Selbstbeziehung bewussten Lebens.[26] In der wissenden Selbstbeziehung verstehe ich mich »als einer neben anderen, unter vielem anderem, als *dieser einzelne* (als Naturwe-

---

[23] W. GRÄB, Kirche in der urbanen Welt der Moderne, in: Magazin für Theologie und Ästhetik 13 (2001), 1–13, hier: 7; im Internet: http://www.theomag.de/13/wg.1htm (Aufruf v. 30.6.2011).

[24] A. a. O., 2.

[25] Vgl. bes. W. GRÄB, Kirche als Ort religiöser Deutungskultur. Erwägungen zum Zusammenhang von Kirche, Religion und individueller Lebensgeschichte, in: U. BARTH/W. GRÄB (Hg.), Gott im Selbstbewußtsein der Moderne. Zum neuzeitlichen Begriff der Religion, Gütersloh 1993, 222–239; DERS., Sinn fürs Unendliche. Religion in der Mediengesellschaft, Gütersloh 2002; vgl. dazu M. WELKER, Subjektivistischer Glaube als religiöse Falle, in: I.U. DALFERTH/PH. STOELLGER (Hg.), Krisen der Subjektivität. Problemfelder eines strittigen Paradigmas (RPT 18), Tübingen 2005, 143–156, bes. 150 ff.

[26] Vgl. GRÄB, Deutungskultur (s. Anm. 25), 224, 231 f.

sen) *und* als einer gegenüber allem anderem, als einer [,] dem alle anderen und alles andere im *Verhältnis zu sich* selbst steht, unter der Bedingung des eigenen, selbstbewußten Wissen-Könnens (als Geistbeziehung)«.[27] Religionstheologie muss daher von einem »transzendentalen, in die Strukturbedingungen des humanen Bewußtseins fallenden« Religionsverständnis ausgehen.[28] Aus der antinomischen Struktur des Selbstbewusstseins, welches immer auch das »Bewußtsein meiner Freiheit zum Anders-Sein-Können« umgreift, resultiert das Verlangen, »durch die unablässige Vernetzung von allem mit allem die unbegrenzten Möglichkeiten des eigenen Lebens« deutend zu erforschen.[29] Eingerückt in den Horizont der Selbstthematisierung individuellen Lebens vermag die Religion die antinomische Verfassung des bewussten Lebens produktiv zu deuten, indem sie einerseits anerkennt, dass »wir auf die unabschließbare Erfahrung unserer eigenen Handlungsmöglichkeiten in der unendlichen Perspektive des Wissenkönnens eingestellt sind«, und sie andererseits zur Geltung bringt, dass wir »zugleich als die einzelnen, die wir faktisch sind, im Grunde unseres So-und-nicht-anders-Seins erst Von-Anderwärts-her, aus Gott als dem Sinn des Ganzen, unmittelbar gegeben sind«.[30] Die individualisierte und privatisierte subjektive Religion realisiert sich unter den Bedingungen spätmoderner Gesellschaften, in denen die überkommene, institutionell verfasste Religion mit ihren Deutungsmustern von Schöpfung, Sünde und Heil ihre sozio-kulturelle Integrationsfunktion eingebüßt hat, »in Gestalt der Suche nach dem wahren Selbst und damit nach dem absoluten Grund, von dem her ich mich als ein so-und-nicht-anders-bestimmtes Individuum wissen kann«.[31] Sie verdankt sich der transzendental-anthropologischen Einsicht der allem bewussten Leben und aller individuellen Lebensführung unweigerlich eingebundenen Selbstthematisierung und Sinnreflexion, die sich, anstatt »ohne Benennung und Bearbeitung« zu bleiben, von Gott als dem »transzendent-immanenten Grund unseres Selbstseins« und »Sinn des Ganzen« getragen weiß.[32]

Die intrinsische Verknüpfung von Sinn als fundamentalanthropologischem Grundbegriff und Religion, von (totalisierender) Sinn- und (christlicher) Gottesfrage, von der Frage nach dem Sinn des Lebens und theologischer Ethik lässt sich bis hinein in die aktuellen Bildungspläne verfolgen. Christlicher Religions- und Ethikunterricht in der öffentlichen, säkularen Schule legitimiert sich darüber, dass er das moderne Sinnbedürfnis ernst

27 A. a. O., 231 – Hervorhebungen im Original.

28 A. a. O., 224.

29 Ebd. – »eigenen« im Original hervorgehoben.

30 A. a. O., 232 f.

31 A. a. O., 237.

32 A. a. O., 234 (im Original teilweise hervorgehoben), 236 und 237.

nimmt, indem er die Frage nach dem Sinn des Lebens oder Daseins ausdrücklich thematisiert, Antworten und Möglichkeiten für die Frage nach dem Sinn des Ganzen der Welt und des Lebens bereitstellt und Kinder und Jugendliche auf der Suche nach Orientierung und Identität begleitet und unterstützt.[33]

5. GRENZEN DES SINNS

Kündigt sich aber in solcher Sinn- und Selbstsuche subjektivistischen Glaubens nun auch schon die Wirklichkeit des biblisch bezeugten Gottes an? Ist, anders gefragt, die Einsicht, dass jedes Selbstverhältnis bewussten Lebens notwendig ein Moment von Sinntranszendenz einschließt, bereits identisch mit der gläubigen Gottesbeziehung und dem im christlichen Glauben implizierten Orientierungswissen? Dass eine Deutung dieser Transzendenzabhängigkeit unvermeidbar ist, berechtigt schließlich noch nicht zu dem Schluss, dass diese religiös zu verstehen sei. Die Verknüpfung von christlichem Glauben und emphatischer Sinnfrage (als Frage nach dem Sinn des Lebens, dem Sinn der Geschichte usf.) ist ebenso wenig selbstverständlich wie der auf die Gottesfrage hin entfaltete transzendentale Ansatz bei der wissenden Selbstbeziehung. Auf das in der Konsequenz dieser Argumentationsfigur liegende Grundproblem hat schon Gerhard Ebeling hingewiesen: »Es wäre ein Irrtum, die anthropologischen und auch ontologischen Bedingungen der Möglichkeit von Religion bereits für die aktualen Bedingungen von Religion als Lebenswirklichkeit zu halten. Aus Lebensproblemen entsteht nicht ohne weiteres Religion.« Auch wo Religionen »zum Transzendieren einladen oder sogar nötigen«, bezeichnet »dieses Transzendieren als religiöser Vollzug, jedenfalls dem religiösen Selbstverständnis nach, keine produktive Leistung, keine schöpferische Tat. Als religiös ist es nur dann verstanden, wenn in irgendeiner Weise dabei eine Manifestation als Widerfahrnis und Gewährung vorausgeht«.[34] Die Orientierung am transzendentalen Begriff der Religion, die Verknüpfung von christlicher Gottesrede, transzendentalphilosophischem Selbstbewusstseinstheorem, Sinnsuche und Ganzheitsthematik bedingt einen Verlust an theologischen Wahrnehmungs- und Beschreibungsmöglichkeiten.

---

[33] Vgl. etwa nur NIEDERSÄCHSISCHE KULTUSMINISTERIUM (Hg.), Kerncurriculum für die Grundschule, Schuljahrgänge 1–4, Katholische Religion 2006, S. 6.; LANDESBILDUNGSSERVER BADEN-WÜRTTEMBERG, Bildung stärkt Menschen, Bildungsplan 2004, Leitgedanken zum Kompetenzerwerb für Evangelische Religionslehre, Grundschule – Klassen 2, 4, S. 22, im Internet: http://www.bildung-staerkt-menschen.de/unterstuetzung/schularten/GS (Aufruf vom 14.08.2011).

[34] G. EBELING, Dogmatik des christlichen Glaubens, Bd. I. Prolegomena; Teil 1. Der Glaube an Gott den Schöpfer der Welt, Tübingen ³1987, 117 f.

An die Stelle der christlichen Interpretation von Lebensphänomenen vor dem Hintergrund christlicher Glaubens- und Lebenspraxis tritt, wie Michael Welker einwendet, eine »Form des abstrakten und leeren Glaubens«, deren scheinbarer Vorzug darin besteht, »an potentiell jedem Punkt individueller Erfahrung und intersubjektiver Verständigung ein Element religiöser Kommunikation« einführen zu können, die tatsächlich aber jede »inhaltliche Frömmigkeit systematisch verhindert« und »geradezu (…) planmäßig in die religiöse Sprachlosigkeit« führt.[35] Es erscheint mir daher wenig aussichtsreich, die totalisierende, emphatische Sinnfrage ins Zentrum theologisch-ethischer Reflexion zu rücken, dies umso mehr als die hyperbolische Formel vom »Sinn des Lebens« keineswegs zum theologischen Traditionsbestand gehört, sondern relativ jungen Datums ist.[36] Zwar scheint die Identifizierung von Gott und Sinn, von christlichem Glauben und der Frage nach dem Sinn des Ganzen, sei es des eigenen Lebens, sei es von Welt und Geschichte, in der Gegenwart fast schon selbstverständliche Geltung zu besitzen. Dies war aber keineswegs immer so. Die Dechiffrierung der emphatischen Sinnfrage als (verkappte) Gottesfrage bildet eine Variante des modernen, subjektivistischen Glaubens, die wesentlich im 19. Jahrhundert verwurzelt ist und sich ideen- und problemgeschichtlich einer theologischen Aneignung des subjektphilosophischen Paradigmas im Horizont der Krise der abendländischen Metaphysik verdankt, wie überdies auch die Formeln vom »Sinn des Lebens« oder vom »Sinn der Geschichte« begriffsgeschichtlich relativ jungen Datums sind.

Exkurs: Zur Genese moderner Sinnsemantiken

Nur wenige philosophische Begriffe der Moderne haben eine so in stetigem Wandel begriffene Auslegung hervorgerufen und weisen eine ähnlich bewegte Wirkungs- und Rezeptionsgeschichte auf wie der Sinnbegriff. Sein Sinn und seine Bedeutung sind nicht fest umrissen, vielmehr unterliegt die Se-

---

35 WELKER, Subjektivistischer Glaube (s. Anm. 25), 146 ff. – Dies ist insbesondere auch im Blick auf die Legitimation des christlichen Religionsunterrichts durch die Berufung auf eine fundamentalanthropologische Religiosität festzuhalten, zumal, wie H. Ritter mit Recht einwendet, diese unter den Bedingungen einer multikulturellen, pluralistischen Gesellschaft das Problem der Begründung einer sich primär christlich verstehenden Religionslehre nicht löst, sondern im Gegenteil verschärft (vgl. H. RITTER, Zur Bestimmung von Sinn, Religion, Weltanschauung und christlichem Glauben. Differenzierende theologische und religionspädagogische Reflexionen in weiterführender Absicht, in: ZRelPäd 1. Jg. (2002) H.1, 27–41, hier: 27).

36 Vgl. dazu bes. G. Sauters scharfsinnige Analysen: G. SAUTER, Was heißt: nach Sinn fragen? Eine theologisch-philosophische Orientierung, München 1982; DERS., »Sinn« und »Wahrheit«, Die »Sinnfrage« in religionstheoretischer und theologischer Sicht, in: EvTh 2 (1980) 40. Jg., 93–126.

mantik von »Sinn« in unterschiedlichen Wortverbindungen und Kontexten beträchtlichen Veränderungen. Philosophisch einschlägig war der Sinnbegriff lange Zeit nur, sofern er im sensualistischen Sinn des *sensus* und *sensoriums*, d.h. als Vermögen zur sinnlichen Wahrnehmung (äußerer) Vorgänge und als (innerer) ›Sinn für‹ (Gemeinsinn, Sinn für Schönheit, Humor, Geschichte usf.), grundlegende, lebenserhaltende und lebenssteigernde Voraussetzungen einer aufmerksamen, differenzierten und in diesem Sinne bewussten menschlichen Weltbegegnung benannte.[37] Erst im Zusammenhang des *hermeneutisch-phänomenologischen Sinnbegriffs*, der auf die verstehende Einordnung von einzelnen Teilen in einen übergreifenden Zusammenhang abstellt, wird die lange Zeit für den Sinnbegriff konstitutive Bindung des Sinns an die Sinne überwunden. Sinn im texthermeneutischen Verständnis ist selektierend. Er markiert Grenzen des Verstehens und der Vernunft und schafft Distinktionsmöglichkeiten, die ihrerseits Anschlussmöglichkeiten für weitere Interpretationen bilden, um auf diese Weise Sinn, auf den wir uns je schon beziehen, für ausdrückliches Prüfen freizulegen.

Im Kontext des *emphatischen Sinnbegriffs* schließlich steigert sich die Semantik von »Sinn« ins Unermessliche. Erstmalig vermutlich 1798 bzw. 1799 bei Novalis und Schlegel literarisch belegbar bildet die emphatische Sinnfrage gegen Ende des 19. Jahrhunderts bereits einen weitverbreiteten Topos der philosophischen Diskussion. Kant, Fichte, Schopenhauer, Schleiermacher, Kierkegaard, Nietzsche, Marx, Husserl u.v.a.m. schlagen das Motiv der Sinnfrage als Frage nach dem Zweck, Wert oder Sinn des Daseins an. Was die Fragen nach dem Sinn des Lebens, Daseins, der Geschichte usf. erfragen, ist nicht allein auf Sinn als Korrelat des Verstehens gerichtet; gefragt ist nicht, wie etwas sinnhaft verstanden und interpretiert werden kann, sondern, ob es sinnvoll ist, was es verlässlich trägt und was (unbedingte) Relevanz beanspruchen kann. Der emphatische Sinn zielt auf die Bedeutsamkeit, Wichtigkeit, den Zweck und Wert, das Ziel oder die Bestimmung einer

---

[37] Man denke hier etwa auch an Schleiermachers Zuordnung des *sensus religionis* als »Sinn und Geschmack fürs Unendliche« zur Sinnenwahrnehmung (F.D.E. SCHLEIERMACHER, Über die Religion. Reden an die Gebildeten unter ihren Verächtern [1799], hrsg. von H.-J. ROTHERT [Philosophische Bibliothek 255], Hamburg 1970, 39). Zu einem pointierten Definitionsversuch dieses »sinnlichkeitsbezüglichen Sinnbegriffs« vgl. O. MARQUARD, Zur Diätetik der Sinnerwartung. Philosophische Bemerkungen, in: DERS., Apologie des Zufälligen. Philosophische Studien, Stuttgart 1986, 33–53, hier: 34 – im Original teilw. hervorgehoben: »Sinn hat, wer merkt (im Unterschied zu dem, der nicht merkt, weil ihm zuständige Sinne fehlen, oder weil er – und sei es denkend, durch Abstraktionsorgien – nur spinnt) und also: Sinn hat, wer – durch Merken – genießen oder leiden kann.« Vgl. auch G. FIGAL, Sinn. Zur Bedeutung eines philosophischen Schlüsselbegriffs, in: B. HILMER/G. LOHMANN/T. WESCHE, Anfang und Grenzen des Sinns. Für Emil Angehrn, Göttingen 2006, 83–92, bes. 84 f; G. SAUTER, Was heißt: nach Sinn fragen? (s. Anm. 36), 12 f.

Sache, einer Tat, einer Geschichte oder eines geplanten Unterfangens. In der prägnanten Formulierung Odo Marquards: »Sinn hat, was sich – gegebenenfalls absolut – lohnt (was wichtig ist, erfüllt, zufrieden, glücklich macht und nicht verzweifeln läßt, emphatisch – als ihr Wert und Zweck – bezogen auf das Menschenleben, die Geschichte, die Welt).«[38] Insofern dieses Sinnkonzept dabei auf die normative Sinnhaftigkeit nicht nur von Teilaspekten des Lebens, sondern den unbedingten Sinngrund, das tragende Ganze und den umfassenden Zusammenhang individuellen Daseins wie der Wirklichkeit in ihrer Totalität geht, ist mit ihm konstitutiv ein universaler Sinnbegriff als Letzt- und Totalitätskategorie verknüpft.

6. ZUM SINN DER SINNFRAGE

Die steile Karriere des emphatischen, totalisierenden Sinnbegriffs lässt sich kulturhistorisch angemessen nur im Kontext der sozio-kulturellen Umbrüche des durch erhebliche Ungleichzeitigkeiten gekennzeichneten späten 19. und beginnenden 20. Jahrhunderts verstehen. Hier sei stichwortartig nur verwiesen auf das Nebeneinander von radikal beschleunigten Modernisierungsprozessen und Antimodernismen, Biedermeier und Historismus, politischer Restauration und Reformbewegungen, starrem Festhalten an geltungsgeschwächten Traditionen und dem Ruf zur Umwertung aller Werte, Verflüchtigung des philosophischen Glaubens an universell unterstellbare Verständigungsgrundlagen und aggressivem Kampf der Weltanschauungen um das Deutungsmonopol, Flucht in totalitätstheoretische Perspektiven und geistigen Aufbrüchen zu einer pluralitätsfähigen Selbstreflexion der Moderne usf. «Sinn« wird in der Epochenwende des 19. zum 20. Jahrhundert zum Kampfbegriff einer zivilisationskritischen Kulturphilosophie, die ebenso Fehlentwicklungen der Moderne markieren wie der modernen Gesellschaft Reformchancen eröffnen will – und an der sich die Frage nach der einen, richtigen Weltanschauung entscheiden soll. In ethischer Hinsicht ist die Frage nach dem Sinn und Wert des Lebens mit dem Anspruch verknüpft, in der Situation einer von Kulturkämpfen zerrissenen und durch umwälzende sozio-ökonomische Modernisierungsprozesse sozial und kulturell immer stärker fragmentierten Gesellschaft ein einheitsstiftendes geistiges Fundament zu errichten, das geeignet ist, dem Prozess gesellschaftlicher Desorientierung entgegenzuwirken und die Gesellschaft als ganze erneut zusammenbinden. Die Wirkungsgeschichte dieses Sinnkonzepts lässt sich – bei allen Unterschieden der jeweiligen Begründungskontexte – von den Sozialtheorien von

38 MARQUARD, Diätetik (s. Anm. 37), 36 – im Original teilweise hervorgehoben.

Émile Durkheim und Max Weber über die neoidealistische Philosophie von Rudolf Eucken, die Wertphilosophie von Robert Reininger, die Existenzanalyse von Viktor E. Frankl, die Kulturtheologie von Paul Tillich, die sinntheoretische Vermittlung von Theologie und Wissenschaft von Wolfhart Pannenberg bis hin zu den soziologischen Analysen von Peter L. Berger und Thomas Luckmann u.v.a.m. verfolgen. Zwei Beispiele mögen das hier zumindest ansatzweise verdeutlichen.

Rudolf Eucken, dessen kultur- und religionsphilosophische Beiträge sich um die Jahrhundertwende großer Popularität erfreuten, trifft mit seiner zivilisationskritischen Schrift »Der Sinn und Wert des Lebens« offenkundig den Nerv seiner Zeit.[39] Eucken nimmt sich unter diesem Titel der ganz großen Themen und Fragen an: Bedeutung des Lebens als Ganzes, Wahrheit der Dinge, Wahrheit der menschlichen Natur, Einheit des Lebens, Krise der Kulturentwicklung usf. und dringt intuitiv in die »Tiefe(n) des Geisteslebens« ein, um »die ganze Mannigfaltigkeit der Inhalte« des Lebens und der Wissenschaft »vom Ganzen aus zu durchleuchten«, in einer religiös konnotierten neuidealistischen Universalsynthese die fragmentierten Teile »zusammenzufügen« und dem menschlichen »Streben nach Einheit des Lebens« eine »sichere Richtung« zurückzugewinnen.[40] Nach dem Kraftloswerden der traditionellen Religion im Zuge des gesellschaftlichen und wissenschaftlichen Fortschritts ist es für Eucken die vornehmste Aufgabe eines neuen philosophisch-metaphysischen Ganzheitsdenkens Prozessen der Fragmentierung des Wissens in der Moderne entgegenzuwirken, die Gegensätze von Naturalismus und Idealismus, Wissenschaft und Leben, Subjekt und Objekt, Wahrheit und Glück aufzuheben und die durch Naturalismus, Positivismus und einen historistischen Relativismus verstärkten Unsicherheiten und Kontingenzen, sei es der individuellen Lebensgeschichte, sei es des Ganzen des geschichtlichen Lebens, zu bewältigen. An der aufs Ganze zielenden Sinnfrage entscheidet sich für Eucken nichts weniger als das Schicksal der durch Sinnleere und Desorientierung bedrohten modernen Kultur. Der metaphysisch grundierte emphatische Sinnbegriff rückt damit ins Zentrum einer kulturellen Krisenwahrnehmung, zu deren Diagnostik wie produktiven Überwindung er gleichermaßen unverzichtbar wird.

Fungiert die Frage nach dem Sinn des Lebens in der Euckschen Weltanschauungsphilosophie noch als Vehikel, um die Philosophie als universale

---

[39] R. EUCKEN, Der Sinn und Wert des Lebens, Leipzig 1907. Zur Nobelpreisverleihung an Eucken, für welche dieses Werk den Ausschlag gab, s. die kritischen Anmerkungen von H. LÜBBE, Der Lebenssinn in der Industriegesellschaft. Über die moralische Verfassung der wissenschaftlich-technischen Zivilisation, Berlin-Heidelberg-New York ^{2}1994, 139 f.

[40] Vgl. EUCKEN, Sinn (s. Anm. 39), 148 und 2.

Leitwissenschaft zu erneuern, so schreitet Paul Tillich zu einer sinntheoretischen Grundlegung des Religionsbegriffs vor. Unter dem Eindruck der geschichtlich-gesellschaftlichen und persönlichen Krisenerfahrungen der Kriegsjahre 1914 – 1918 und der Weimarer Zeit verbindet Tillich Religion mit der Frage nach dem Sinn und Grund des Ganzen, um unter den Bedingungen der Moderne die fundierende Bedeutung und Eigenständigkeit der Religion im Ensemble der kulturellen Funktionen neu zu bestimmen und die Sinnfrage als die eigentlich religiöse Frage herauszustellen. Tillich greift hierzu auf die Annahme einer fundamental-anthropologischen, im Wesen des Menschen grundgelegten Religiosität zurück, die für ihn ihren genuinen Ausdruck in der Frage nach dem Sinn des Lebens bzw. der Frage nach dem, was uns unmittelbar angeht, findet. In dem Vortrag »Über die Grenzen von Religion und Kultur« unterscheidet Tillich bekanntlich einen »engeren« und einen »weiteren« Religionsbegriff.[41] Während der enge Religionsbegriff sich auf die Gesamtheit geschichtlicher Konkretionen des Heiligen in religiösen Symbolen, heiligen Büchern, Traditionen oder Personen im Kontext einer religiösen Gemeinschaft, Bewegung oder Kirche bezieht, zeigt sich »Religion im ›weiteren Sinn‹ (…) als Dimension des Unbedingten in den verschiedenen Funktionen des menschlichen Geistes. Sie ist – metaphorisch gesprochen – eine Dimension der Tiefe des Seins, die in diesen Funktionen indirekt erscheint (…). Religion auf dieser Grundlage und im universalen Sinne kann bezeichnet werden als das Ergriffensein von einem Unbedingten«.[42] Der weite Religionsbegriff verbindet Religion mit dem Sinn des Daseins: Religiös zu sein, heißt für Tillich: leidenschaftlich nach dem Sinn unseres Lebens zu fragen. Für Tillich existiert zudem keine Wirklichkeit, die aus der Offenbarungskorrelation ausgeschlossen wäre. Weil das Unbedingte sich immer nur in bedingten Formen manifestiert, realisiert Religion sich notwendig in Kultur und kann über den sinntheoretischen Ansatz die Religion von Tillich als »Substanz der Kultur« begriffen werden.[43]

Tillichs kulturtheologischer und sinntheoretischer Ansatz hat – insbesondere über seine Rezeption durch Hubertus Halbfas – in den 70er Jahren des 20. Jahrhunderts große Bedeutung in der Religionspädagogik gewonnen. Im

---

[41] P. TILLICH, Über die Grenzen von Religion und Kultur (1954), in: DERS., Die religiöse Substanz der Kultur. Schriften zur Theologie der Kultur, Stuttgart 1967 (Gesammelte Werke; Bd. IX, Stuttgart 1967), 94–99.

[42] P. TILLICH, Ergänzungs- und Nachlaßband IV zu den Gesammelten Werken, hrsg. von I.C. Henel u.a., Stuttgart 1975, 63.

[43] P. TILLICH, Aspekte einer religiösen Kultur (1959). Schriften zur Theologie der Kultur, Stuttgart 1967 (Gesammelte Werke; Bd. IX), 100–109, hier: 101f.; vgl. DERS., Religion und Kultur (1950), in: DERS., Die religiöse Substanz der Kultur, Stuttgart 1967 (Gesammelte Werke; Bd. IX), 82–93, hier: 84.

Anschluss an Tillich versteht Halbfas Religion als anthropologische Grundgegebenheit. Als universalmenschliches Phänomen drückt sie sich nicht allein in konkreten historischen Religionen aus, sondern realisiert sich auch in »›profanen‹ – gesellschaftlichen wie individuellen – Existenzweisen, die sich weder im überlieferten Sinne selbst als religiös noch im Verständnis der Religion darzustellen brauchen«.[44] In diesem Modell heißt, religiös zu sein: die Frage nach dem tragenden Sinn unseres Lebens zu stellen. Religiös ist damit jeder, der ergriffen ist von dem, was uns unbedingt angeht, »von der Frage nach dem eigenen Wesen und der Bestimmung des Daseins«, wobei es »unerheblich ist«, so Halbfas, »ob er sich selbst als religiös oder areligiös, gläubig, nichtgläubig oder atheistisch bezeichnet«.[45] Gegenstand des Religionsunterrichts bilden alle möglichen Sinnsysteme und Weltdeutungen; religiöse Erziehung bedeutet hier: »Erschließung des Menschen für sein tiefstes Vermögen; Überwindung der Selbstentfremdung; Hilfe zur Selbstfindung«.[46]

7. GNOSEOLOGISCHE GRENZBESTIMMUNG

Gegen die totalisierenden Ansprüche dieses modernen Sinnkonzepts drängen sich von philosophischer und theologischer Seite gewichtige Einwände auf. Muss »Sinn« in diesem weit ausgreifenden, universalen Verständnis nicht seine gnoseologische, erkenntnisbezogene selektierende und differenzierende Funktion verlieren? Die in der emphatischen Sinnfrage erfragte Totalität des Sinns von Mensch, Welt und Geschichte setzt ja gerade voraus, dass es nichts außerhalb der Sinntotalität gibt, »daß alles und jedes, interpretiert, d.h. sinnerschließend erarbeitet werden kann«.[47] Es wird nicht mehr etwas herausgegriffen und anderes beiseite gelassen; die semantische Unterscheidung zwischen »sinnhaft« und »sinnvoll«, zwischen der Sinnhaftigkeit einzelner, begrenzter Handlungen und dem sinnvollen Lebensganzen, wird ebenso hinfällig,[48] wie am Ende auch zwischen Sinn und Unsinn nicht mehr unterschieden werden kann. Selbst Sinnloses zeigt sich von Sinn umfangen und auch Unsinn ereignet sich im Medium »Sinn«.[49] Theologisch gesprochen: Der Glaube an »die gnadenhafte Konstitution der Welt als Schöpfung«[50] wird auf aktivistische Sinngebung reduziert. Gott wird zum Universalzu-

---

[44] H. HALBFAS, Fundamentalkatechetik. Sprache und Erfahrung im Religionsunterricht, Düsseldorf [3]1970, 29.

[45] HALBFAS, a.a.O., 25.

[46] H. HALBFAS, Revison der religiösen Erziehung II, in: IRU 4 (1972) H.3, 1–11, hier: 9; vgl. ähnlich die Tillichrezeption von S. VIERZIG, Lernziele des Religionsunterrichts, in: IRU 2 (1970) H. 1/2, 5–16 in der evangelischen Religionspädagogik.

sammenhang vergötzt, der weder für den biblischen Gedanken der Verborgenheit Gottes und seines Schweigens angesichts menschlichen Leidens noch für seine Selbstoffenbarung »in die Schwachheit der Menschen hinein«[51] Raum lässt. Deuten und Handeln werden – so Gerhard Sauters scharfes Verdikt – in der modernen universalen Sinnreligion, in der die Sinnfrage den »Sinn für das verborgene Werk Gottes«[52] ablöst, zu Strategien der Selbstrechtfertigung.

Sauters sinnkritische Analysen markieren Grenzen, Problemüberhänge und Aporien moderner totalisierender Sinnbegriffe. Totalisierende Sinnperspektiven gehen mit einem Verlust an Distinktionsmöglichkeiten einher. Dem kritischen Blick des Theologen erweist sich die Verknüpfung von moderner, emphatischer Sinnfrage, Gottesfrage und totalisierender Sinndimension als ideologische Verschleierung und kompensatorischer Gegenentwurf des Negativen und Sinnwidrigen der Welt, dem theologisch angemessen im Gedanken des Schweigens Gottes, seiner Verborgenheit und Selbstoffenbarung »in die Schwachheit des Menschen hinein«[53] entsprochen wird. Die katastrophischen Brüche der Geschichte, menschliches Leiden und Verzweiflung verweisen so auf die Notwendigkeit einer Grenzbestimmung zwischen einer das Leben tragenden Gesamtdeutung auf der Basis der Konstruktion absoluten Sinns und der Wahrnehmung konkreten und damit stets begrenzten Sinns in der elementaren Sinnhaftigkeit einzelner Handlungen, ohne die Sinnerfülltheit des Lebens aus dem Handeln gewinnen zu wollen. Theologisch bestimmt sich solcher Sinn als »Aufmerksamkeit für Gottes Gegenwart«[54], als Wahrnehmung dessen, »was Gott der Welt zuteil werden läßt«[55] im Angesicht ihrer Versehrtheit und Gebrochenheit und als der konsequente Verzicht auf »jede Selbstrechtfertigung«[56].

7.1 Grenzen des Sinns in der Ethik

Völlig unstrittig ist, dass eine einzelne Handlung sich erst unter der Bedingung als sinnvoll erweist, dass sie sich in einen umfassenden Zusammenhang,

---

47 SAUTER, Was heißt: nach Sinn fragen? (s. Anm. 36), 54 f.
48 Vgl. a .a. O., 27–38.
49 Vgl. a. a. O., 55.
50 A. a. O., 69.
51 A. a. O., 112.
52 A. a. O., 166.
53 A. a. O., 112.
54 A. a. O., 155.
55 A. a. O., 156.
56 Ebd.

aus dem sie ihr Motiv und ihr Ziel gewinnt, integrieren lässt. Es ist aber die Frage, ob die Einbindung der totalisierenden Sinnfrage in ethische Begründungszusammenhänge sinnvoll und im Zusammenhang des Versuchs einer wissenschaftstheoretischen Grundlegung theologischer Ethik auch tatsächlich zielführend ist; sie transzendiert ja gerade den Bereich des rein Rationalen und insofern auch den kategorialen Rahmen ethischer Rationalität. »Soweit die Ethik aus dem Wunsch hervorgeht, etwas über den letztlichen Sinn des Lebens, das absolut Gute, das absolut Wertvolle zu sagen«, verfällt sie, so Ludwig Wittgensteins bekanntes Verdikt, dem Sinnlosigkeitsverdacht und »kann (…) keine Wissenschaft sein«.[57] Die auf die Wirklichkeit als Ganze abhebende Sinnfrage lässt sich nicht im Rekurs auf das faktisch Gegebene beantworten. Schließlich nimmt sie keine einzelnen Tatsachen in den Blick, die wissenschaftlich beschreibbar wären, sondern zielt auf die Ganzheit der Tatsachen von Mensch und Welt. Um hier sogleich einem möglichen Missverständnis zu wehren: Behauptet wird hier nicht, das Leben sei sinnlos. »Behauptet wird vielmehr, daß ›Leben‹ zur Klasse jener Gegenstände gehöre, auf die sich der Prädikator ›Sinn‹ gar nicht sinnvoll prädizieren läßt«.[58] Geschehene Geschichte in ihrer Totalität, die Totalität des eigenen Lebens oder des Daseins der Welt sind, wie auch Hermann Lübbe mit Blick auf hypertrophe Sinnansprüche moderner Geistes- und Sozialwissenschaften m.E. zu Recht zu bedenken gibt, »weder (...) Handlung noch (…) Text und eben deswegen nichts, wovon ›Sinn‹ – sei es als semasiologischer Sinn, sei es als Handlungssinn oder Funktionssinn – ausgesagt werden könnte«.[59] Das Ganze des geschichtlichen Lebens ist der Vernunft nicht abschließend gegeben, sondern besitzt aufgrund der Offenheit und Unabgeschlossenheit aller geschichtlichen Lebensäußerungen prinzipiell unaufhebbaren kontingenten Charakter; es ist deshalb auch nicht nach Analogie von Handlungen »als Resultat der Absichten der beteiligten individuellen oder institutionellen Handlungssubjekte«[60] zu verstehen, und es muss »als sinnlos erscheinen«, diesen handlungssinntranszendenten Beständen »in den (…) hyperbolischen Formeln vom ›Sinn der Geschichte‹ oder ›Sinn des Lebens‹ einen im Kontext

57 L. WITTGENSTEIN, Vortrag über Ethik, 1929/30, in: DERS., Vortrag über Ethik und andere kleine Schriften, hrsg. v. J. SCHULTE, Frankfurt/M. 1989, 9–19, hier: 18 f.

58 H. LÜBBE, Der Lebenssinn in der Industriegesellschaft. Über die moralische Verfassung der wissenschaftlich-technischen Zivilisation, Berlin-Heidelberg/New York ²1994, 139 f.

59 H. LÜBBE, Handlungssinn und Lebenssinn. Über die Reichweite von Rationalitätspostulaten, in: E.W. ORTH (Hg.), Handlungssinn und Lebenssinn. Zum Problem der Rationalität im Kontext des Handelns (Phänomenologische Forschungen, Bd. 20), Freiburg/Br.-München, 1987, 11–35, hier: 29.

60 A. a. O., 32.

eigener Handlungsrationalität validierten Sinn zuzumuten«.[61] Die auf die Totalität unseres eigenen Daseins wie des Daseins der Welt ausgehende Sinnfrage ist durch ethisches Handeln nicht zu lösen; die durch sie aufgeworfenen Probleme der Sinndeutung markieren die Grenzen des Geltungsbereichs ethischen Fragens; ein umgreifender, handlungsrelevanter theologaler Begründungszusammenhang lässt sich aus ihr m.E. nicht gewinnen.

7.2 Kulturtheoretische Aspekte: Sinnkrise – Sinnverlust?

Doch nicht nur die diversen »Strategien«, die zur Bewältigung der (spät-) modernen Sinn- und Orientierungskrise anempfohlen werden, werfen Fragen auf; bereits deren Beschreibung und Analyse, die wiederum die aufgebotenen Lösungen maßgeblich präformieren, operieren mit Prämissen, die keineswegs unumstrittene Geltung beanspruchen können. Das betrifft das vorausgesetzte Kulturkonzept ebenso wie das Säkularisierungstheorem, die Privatisierungs- und Individualisierungsthese oder etwa auch die kulturkritisch-pessimistische Diagnose eines vermeintlichen Werteverlustes.[62] Allein schon hinsichtlich der Hypothese von der modernen Sinnkrise, so weitverbreitet und populär sie auch sein mag, dürfte kaum Einigkeit zu erzielen sein. Gegen sie drängen sich von philosophischer, (religions-)soziologischer wie theologischer Seite eine Reihe gewichtiger Einwände auf. Zwar herrscht weitgehend Konsens darüber, dass die Moderne den »Zerfall einer übergreifenden Sinnordnung« markiert; dabei hinterließ die Religion jedoch kein »Sinnvakuum«, an ihre Stelle sind vielmehr »neue Institutionen der Sinnproduktion beziehungsweise Sinnvermittlung« getreten, weshalb keineswegs »sicher (ist), ob der Rede von der Sinnkrise der Gegenwart tatsächlich eine neuartige Form der Desorientierung im Leben moderner Menschen entspricht«.[63] Könnte es sein, dass die Kritik, die von solchen krisendiagnosti-

---

[61] A. a. O., 32 f.

[62] Die Literatur zum Thema ist mittlerweile uferlos. Zu einem Überblick sei hier nur verwiesen auf H. J. Münk/M. Durst (Hg.), Christliche Identität in pluraler Gesellschaft. Reflexionen zu einer Lebensfrage von Theologie und Kirche heute (ThBer; 28), Freiburg/Schweiz 2005; zur Problematik des klassisch-modernen Kulturbegriffs, aber auch von spätmodernen Multikulturalitäts- und Interkulturalitätstheoremen vgl. zudem bes. W. Welsch, Rolle und Veränderungen der Religion im gegenwärtigen Übergang zu transkulturellen Gesellschaften, in: D. Ch. Siedler (Hg.), Religionen in der Pluralität. Ihre Rolle in postmodernen transkulturellen Gesellschaften. Wolfgang Welschs Ansatz in christlicher und islamischer Perspektive, Berlin 2003, 13–47.

[63] Berger/Luckmann, Modernität (s. Anm. 16), 39, 56 und 9. Berger und Luckmann weisen als moderne institutionelle Sinnproduktions- resp. -vermittlungsinstitutionen u.a. Psychotherapie, Institutionen der Erwachsenenbildung, wohlfahrtsstaatliche Einrichtungen, Medien, Kommunen mit deutlich umrissenen Lebensstil, Sekten u.a. aus. – Erinnert sei hier

schen Wahrnehmungen moderner und spätmoderner Sinndefizite ausgeht, erst erzeugt, was sie anschließend kritisiert?

In Umkehrung populärer Analysen moderner und gegenwärtiger Sinnverlusterfahrungen gab Odo Marquard bereits Mitte der 80er Jahre des vergangenen Jahrhunderts zu bedenken, ob die beklagten Sinnverluste – anstatt tatsächlichen Sinndefiziten und Sinnmangel zu entspringen – nicht vielmehr aus einer »Übererwartung an Sinn« in der modernen Anspruchsgesellschaft resultierten. »Wenn irgendwo Erwartung und Erfüllung divergieren, so daß Enttäuschungen, Erfüllungsdefiziterlebnisse, Mangelerfahrungen entstehen, dann gibt es niemals nur eine, sondern dann gibt es stets zwei Möglichkeiten der Erklärung: entweder ist da nämlich zu wenig Erfüllung, oder es ist da zu viel Erwartung«.[64] Letzteres trifft Marquard zufolge auf das moderne Sinnproblem zu; ihm liegt der beschriebene Nexus von emphatischer Sinnverlustklage und hypertrophem Sinnanspruch zugrunde. Die emphatische Sinnfrage trägt für ihn die typische Signatur der spätmodernen Konsum- und Wohlstandsgesellschaft. Nicht die kulturdiagnostische Sinnverlustwahrnehmung und entsprechende kompensatorische Anstrengungen einer gesteigerten Sinnvermittlung liefern dann die befreienden Stichworte zur produktiven Überwindung der Sinnverlusterfahrung, »sondern eine Reduktion des unmäßig gewordenen Sinnanspruchs, eine Diät in Sachen Sinnerwartung«.[65] Ist also die Bewältigung moderner gesellschaftlicher und psychosozialer Krisenerfahrungen durch Sinnsuche und Sinnemphase, wie auch G. Sauter vermutet, in Wahrheit eine Chimäre, die sich, dem Druck der Komplexität und Undurchsichtigkeit sozialer Wandlungsprozesse beugend, gerade dem »Drängen auf Sinn«, einer verfehlten »Normvorstellung gesunden Lebens« und hypertrophen religiösen Sinnansprüchen verdankt?[66]

---

etwa auch an die gegenläufigen Gesellschaftsanalysen von J. Habermas, der Sinn als »eine knapper und immer knapper werdende Ressource« (J. HABERMAS, Legitimationsprobleme im Spätkapitalismus, Frankfurt/M. 1973, 104.) insinuiert und von N. Luhmann, der der These von der knappen Ressource »Sinn« die Beobachtung eines Möglichkeitsüberschusses und eines Zuviels an Sinn entgegenstellt (vgl. etwa N. LUHMANN, Soziale Systeme, Frankfurt/M. 1984, 93 f.; vgl. auch DERS., Die Religion der Gesellschaft, hrsg. von A. KIESERLING, Frankfurt/M. 2000, 340).

[64] MARQUARD, Diätetik (s. Anm. 37), 40.

[65] A. a. O., 41.

[66] G. SAUTER, Was heißt: nach Sinn fragen? (s. Anm. 36), 102. Vgl. ebd.: »Die Frage nach Sinn zeigt keine Mangelerscheinungen an, deren Hintergründe sozialgeschichtlich und – psychologisch befriedigend erklärt werden können: als Zerfallsprozeß, der uns zu Sinnsuche und Sinnfindung nötigt. (…) Was sich im Gesellschaftlichen und in der psychischen Verfassung tatsächlich gewandelt hat, kann ja von letzten Haltungen herrühren, für die eine soziale Mehrheit sich aus inneren Beweggründen entschieden hat und denen sich eine Normvorstellung gesunden Lebens und ein entsprechendes Krankheitsbild verdanken.«

Die moderne Diagnose eines Sinnverlustes steht, wie auch Armin Nassehi in eindrücklicher Prägnanz verdeutlicht, hinsichtlich ihrer religionssoziologischen Voraussetzungen auf tönernen Füßen.[67] Sie verdankt sich, so Nassehi, einer Grundoption der klassischen soziologischen Moderne, nämlich dass die Religion durch Gemeinschaftsstiftung und Vermittlung sittlicher Werte im Blick auf die Gesellschaft als ganze integrierend wirke. Religion ist, folgt man dem soziologischen Integrationsmodell von É. Durkheim, die Art und Weise, in der eine Gesellschaft ihren Zusammenhalt und ihre Kontinuität sicherstellt. Als ein solidarisches System von Glaubensvorstellungen und Praktiken[68] fügt sie die »widersprüchlichen Fakten und Prozesse in der Wirklichkeit in einer solchen Weise zu einem einheitlichen Ganzen« zusammen, »daß in ihm identisches Handeln für den Menschen möglich wird«.[69] Die Identifikation von Religion und Moral und die der Religion zugeschriebene Funktion einer gesamtgesellschaftlichen Integration im klassischen soziologischen Religionsverständnis aber beruhen, wie Nassehi einwendet, auf einer kategorialen Verwechslung. Religion ist nicht auf Moral reduzierbar. Der Zusammenhang von Religion und Moral ist nicht per se gegeben; beide sind nicht gleichursprünglich;[70] die Moralisierung von Religion ist vielmehr ihrerseits schon eine projektive Reaktion auf moderne gesellschaftsstrukturelle Veränderungsprozesse. Sie wirft weniger ein Licht auf das Proprium der (christlichen) Religion, als dass sich in ihr »die Reflexions- und Beschreibungsprobleme« der jungen Disziplin der Soziologie widerspiegeln, die sich im Spannungsfeld von Antimodernismus und Fortschrittseuphorie auf »Diagnosen des Gemeinschafts- und Sinnverlustes« als Grundkonstituenten der modernen Gesellschaft kaprizierte und hierbei ihr gesellschaftsdiagnostisches Begriffsarsenal und das eigene Selbstverständnis nicht zuletzt dem »Kontext des Untergangs einer vermeintlich durch Religion integrierten

---

[67] Vgl. A. NASSEHI, Religion und Moral. Zur Säkularisierung der Moral und der Moralisierung der Religion in der modernen Gesellschaft, in: M. KRÜGGELER/G. PICKEL u.a. (Hg.): Religion und Moral. Entkoppelt oder Verknüpft?, Opladen 2001, 21–38; vgl. auch DERS., Die Geburt der Soziologie aus dem Geist der Individualität. Einige systemtheoretische Bemerkungen, in: TH. KRON (Hg.), Individualisierung und soziologische Theorie, Opladen 2000, 45–67.

[68] Vgl. É. DURKHEIM, Die elementaren Formen des religiösen Lebens [1912], Frankfurt/M. 1981, 67.

[69] V. DREHSEN, Religion – der verborgene Zusammenhalt der Gesellschaft: Émile Durkheim und Georg Simmel, in: K.-W. DAHN /V. DREHSEN /G. KEHRER, Das Jenseits der Gesellschaft. Religion im Prozeß sozialwissenschaftlicher Kritik, München 1975, 57–88, hier: 66.

[70] Vgl. NASSEHI, Religion (s. Anm. 67), 23 und 28 ff. – mit Blick auf DURKHEIM, Formen des religiösen Lebens (s. Anm. 68), 75.

Gesellschaft«[71] entnahm. »Das klassische soziologische Religionsverständnis (...) weist Religion eine Orientierung am Ganzen zu, eine Sinnvermittlungsfunktion über die Partikularität des jeweiligen Hier und Jetzt hinaus. Als Repräsentantin des Ganzen ist Religion demnach nicht nur ein Partikular unter anderen, sondern eben jener Teil, der als Teil fürs Ganze steht. Religion verweist auf einen zentralen, höchsten Wert, auf ein sinnhaftes Zentrum und Moral ist dabei jenes Scharnier, das individuelles Handeln mit gesellschaftlicher Bedeutung versieht, das Handlungsnormen und Rollenzuweisungen plausibel macht. Religion fällt hier gewissermaßen mit der Grundfunktion des Gesellschaftlichen zusammen: (...) Erwartbarkeiten, Kontinuitäten, Kontrolle, Macht, Orientierung, Zwang, schlicht Ordnung zu generieren.«[72] Die Ineinssetzung von religiöser Kommunikation und »moralischer Kodierung gesellschaftlicher Ordnung« und die Verwechslung von »gesellschaftliche(r) Ordnung mit religiös gestifteter Gesamtintegration« verdanken sich, so Nassehi, »eine(r) Projektion, die sich aus der (...) Krisenerfahrung der Moderne im Hinblick auf segmentäre Gesellschaften ergibt, die man gerade aufgrund der Verunsicherung durch Modernisierungsprozesse ursprünglich, (sic!) oder im Falle Durkheims elementar nennt«.[73] Die im Blick auf einfache, kleine, segmentäre Gesellschaften geltende Identität von Religion und Moral und die durch diese erwirkte gesamtgesellschaftliche Handlungsintegrierung trifft nun aber schon nicht mehr auf stratifizierte Gesellschaften, wie sie etwa die antiken Hochkulturen oder das Mittelalter bildeten, zu. Anders als in segmentären Formen der Vergesellschaftung sind hier bereits neben die religiöse Kommunikation weitere, etwa politische und ökonomische, Mechanismen der sozialen Koordination getreten.[74] Dass andererseits die (säkulare) Moral eine Integration der Gesellschaft im Ganzen leisten kann, kann ebenfalls mit Gründen bestritten werden. Zum einen ist auch moralische Kommunikation mit zahlreichen Risiken behaftet – Moral integriert nicht nur, indem sie zwischen Ego und Alter eine Bindungswir-

---

71 NASSEHI, Religion (s. Anm. 67), 24. Vgl. dazu etwa É. DURKHEIM, Erziehung, Moral und Gesellschaft: Vorlesung an der Sorbonne 1902/1903, Frankfurt/M. [6]1999, 148 f.; zum Selbstverständnis der Soziologie als wissenschaftlicher Explikationsrahmen »moralischer Tatsachen«, dessen »erste Pflicht« die Bildung »eine(r) neue(n) Moral« sei, siehe É. DURKEIM, Über soziale Arbeitsteilung [1893], Frankfurt 1988, 480; vgl. auch M. WEBER, Gesammelte Aufsätze zur Religionssoziologie, Bd. I, Tübingen [6]1972, 564.

72 NASSEHI, Religion (s. Anm. 67), 24.

73 A.a.O., 29 – teilweise Hervorhebungen im Original. So schreibt Durkheim im Rückgang auf die elementare Gesellschaftsform des Clans und die Untersuchung des (v.a. australischen) Totemismus der Religion eine (gesamt-)gesellschaftliche Integrationsfunktion zu, vgl. DURKHEIM, Formen des religiösen Lebens (s. Anm. 68), 17 ff.

74 Vgl. NASSEHI, Religion (s. Anm. 67), 29 f.

kung entfaltet; sie steigert nicht nur Solidarität; sie schließt auch aus, versagt Achtung, sie polarisiert, erzeugt Differenzen, setzt Desintegrationsdynamiken in Gang.[75] Wie weit ihre Bindungseffekte reichen, hängt zudem von Bedingungen ab, über die sie in der Lage funktional differenzierter Gesellschaften nur zum Teil verfügen kann. Die großen gesellschaftlichen Teilsysteme Politik, Wirtschaft, Wissenschaft usf. folgen eigenen Kriterien des Richtigen. Sie sind für das Überleben aller wichtig und lassen die Inklusionsfunktion der Moral gewissermaßen ins Leere laufen.[76] In dem Maße, in dem sie das Leben der Gesellschaft konditionieren, tritt die Moral als Medium, das zwischen einzelnem und Gemeinschaft vermittelt, in den Hintergrund. Dies mindert zwar keineswegs die Bedeutung von Moral als solcher. Allerdings gilt es die Bindungskraft moralischer Kommunikation differenziert einzuschätzen – gerade wenn man sich über das ihr innewohnende Potenzial in komplex-differenzierten Gesellschaften, Orientierung zu bieten und Integrationsfunktionen wahrzunehmen, verständigen will. Darüber hinaus ist der Hiatus zwischen moralischer Kognition und sittlichem Handeln, zwischen Normakzeptanz und Normbefolgung bewusst zu halten, an dem bisher jede Moraltheorie ihre Grenze fand. Keine »Moral*begründung*« – welcher Provenienz auch immer – vermag, wie Nassehi mit Recht einschärft, »die tatsächliche

---

[75] Das reflektiert sich selbstredend auch in den verschiedenen Bereichsethiken und in deren normativ-ethischen Rahmentheorien, die als Reflexionstheorien faktisch gelebter Moral, sittlicher Normen und Werte zwar Distanz zu ihrem Gegenstand wahren, als normative Theorien aber immer auch moralhaltig sind. Noch hat, wie etwa die Medizin- und Bioethik zeigen, jede medizinisch-technische Entwicklung Anlass zu zahlreichen ethischen Dissensen gegeben. Dasselbe lässt sich aber auch vom normativ-ethischen Grundlagendiskurs sagen. Das Problem der Moralbegründung ist ja keineswegs gelöst, vielmehr hat der moralphilosophische Begründungsdiskurs einen »bleibenden und bislang unüberwindlich scheinenden Dissens« heraufgeführt (M.H. WERNER, Begründung nach der linguistisch-pragmatischen-hermeneutischen Wende, in: M. DÜWELL [Hg.], Moralbegründung und angewandte Ethik. Die Beiträge des dritten Treffens der Ethikzentren in Nijmegen und Tübingen 11./12. Juni 1998 in Tübingen, Tübingen 1998, 4–15, hier: 5 – im Internet: http://uni-tuebingen.de/zew/texte/nw9906.pdf – Aufruf vom 20.03.2010). Auch diskursethische Verfahren sind hier kein Allheilmittel. Auch sie teilen die Risiken moralischer Kommunikation. In jedem Fall kann, wie F. Lyotard oder G. Vattimo gegen die Idee des allgemeinen Konsenses m.E. mit Recht betonen, Konsens (und die aus ihm erwachsene Legitimation) unter den Bedingungen spätmoderner pluralistischer Gesellschaften immer nur lokal und zeitlich begrenzte Geltung beanspruchen. Vgl. dazu etwa G. VATTIMO, Kurze Geschichte im 20. Jahrhundert. Eine Einführung, 2002, 108; J.–F. LYOTARD, Das postmoderne Wissen. Ein Bericht, Wien 1998, 184, 190 u.ö.

[76] Vgl. dazu N. LUHMANN, Ethik als Reflexionstheorie der Moral, in: DERS., Gesellschaftsstruktur und Semantik, Studien zur Wissenssoziologie der modernen Gesellschaft, Bd. 3, Frankfurt/M. 1989, 358–447, hier: 378.

moralische Kommunikation [zu – meine Einf., S.K.] konditionieren«.[77] Keine moralische Kommunikation kann ihre Ansprüche erzwingen und ihre bleibende Geltung sicherstellen. Für die Gegenwart ist die Möglichkeit einer sozialmoralischen Gesamtintegration der Gesellschaft, auch wenn sie in zahlreichen soziologischen Analysen bis heute mitgeführt wird, kaum denkbar.

8. ZUR ORIENTIERUNGSAUFGABE THEOLOGISCHER ETHIK: DER RELIGIÖSE SINNHORIZONT DER ETHIK

Größere Orientierungskraft in der komplexen Situation differenzierter Gesellschaften dürfte hingegen die Reflexion auf die Risiken, Grenzen und die spezifische Eigenart moralischer und religiöser Kommunikation besitzen – Letzteres um so mehr, als nicht nur die Gegebenheit funktional ausdifferenzierter Gesellschaften, sondern auch gute theologische Gründe dagegen sprechen, Religion allzu schnell mit Moral zu identifizieren. Dass es zwischen beiden vielfältige Verbindungen gibt, mögen diese nun mit sozialer Kontrolle und Repression einhergehen, Konformität befördern oder ganz im Gegenteil Emanzipationsinteressen freisetzen, ist unbestritten. Religion geht jedoch nicht in Moral auf. Theologische Ethik kann sich als theologisches Interpretationsparadigma, das die Sinngestalten des Sittlichen nicht im primären Rückbezug auf soziale Sinn- und Ordnungsgestalten bezieht, sondern im Deutungshorizont des christlichen Glaubens entwickelt, nicht vornehmlich als Medium der Reproduktion und Durchsetzung gesellschaftlicher Ansprüche an das Individuum verstehen. Theologische Ethik bringt ihr spezifisch Eigenes vielmehr in den allgemeinethischen Diskurs gerade dadurch ein und entfaltet dadurch ihre orientierende Bedeutung, dass sie in immer neuen Reflexionsanstrengungen Analogien und Differenzen zwischen theologischen Perspektiven und den aus diesen gewonnenen ethischen Sinnorientierungen einerseits und ethischen Grundoptionen im säkularen Kontext andererseits herausarbeitet und die »Vorläufigkeit und Relativität aller menschlichen Normen« in Erinnerung ruft.[78] Gegenüber allen gesellschaftlichen Verfügungs- und sozialen Integrationsansprüchen wird sie im Rekurs insbesondere auf schöpfungstheologische, eschatologische und soteriologische Perspektiven zudem auf der unveräußerlichen Würde und Unverfügbarkeit der Person

---

77 NASSEHI, Religion (s. Anm. 67), 37 – Hervorhebung im Original.

78 W. HUBER, Anspruch und Beschaffenheit theologischer Ethik als Integrationswissenschaft, in: HCE 1 (1993) 391–406, hier: 399.

bestehen.[79] Die Auslegung der Differenz zwischen der Verheißung des Reiches Gottes und den Normen des sozialen Lebens, die dieses zu seinem Selbsterhalt hervorbringt, die Entfaltung des Gedankens der Geschöpflichkeit der Wirklichkeit und der Rechtfertigung des Sünders bereiten so auf fundamentaltheologischer Ebene einer ideologie- und moralkritischen theologischen Ethik den Boden, ohne dass diese sich in ein »Getto der Sonderwissenschaftlichkeit verschließen«, die Eigengesetzlichkeit der natürlichen und sozialen Lebenswelt leugnen und vom übrigen ethischen Diskurs isolieren müsste.[80]

---

[79] Vgl. a. a. O., 402 ff; vgl. hierzu wie im Folgenden auch J. GRÜNDEL, Die Kategorie der Schöpfung, in: HCE 1 (1993) 407–421; E. HERMS, Die Kategorie der Rechtfertigung, in: HCE 1 (1993) 422–440; D. WIEDERKEHR, Die Kategorie der Eschatologie, in: HCE 1 (1993) 440–458; CH. WALTHER, Die Kategorie der Versöhnung, in: HCE 1 (1993) 459–473.

[80] M. SECKLER, Theologie als Glaubenswissenschaft, in: HFTh (1988) 4, 179–241, hier: 208. – Zu einer aus christlichem Glauben motivierten Moralkritik, die zugleich Überlegungen von N. Luhmann aufnimmt, s. etwa U.H.J. KÖRTNER, Diesseits von Gut und Böse. Zum Umgang mit dem Bösen, in: ThBeitr 27 (1996), 254–273; DERS., Diesseits von Gut und Böse, in: Die Presse vom 23.08.2008, 5: Moral zum »Kern« der christlichen Religion zu erklären, heißt für Körtner, ihr »Wesen« gerade zu verfehlen: »Das Christentum, wie ich es verstehe, ist nicht so sehr Moralbegründung als vielmehr Moralkritik. Sein kritisches Verhältnis zur Moral unterscheidet sich signifikant von der Moralkritik einer philosophischen Ethik (…).Während eine allgemeine Ethik fragt, worin das Tun des Guten besteht, gibt der christliche Glaube eine spezifische Antwort auf die Frage, warum wir faktisch oftmals nicht tun, was wir als richtig und gut erkennen. Seine Antwort lautet hierauf einerseits, dass der Mensch Sünder ist, der sich seiner Bestimmung als verantwortliches Handlungssubjekt in einer letztlich widersinnigen Weise verweigert, andererseits, dass ihm seine Sünde unverdienterweise vergeben wird. Gerade durch diese Erfahrung, die Paulus als Rechtfertigung des Sünders beschreibt, wird der konkrete Mensch als verantwortungsfähiges Subjekt neu konstituiert. Wenn die Würde des Menschen darin besteht, dass er nicht aufgrund seiner Werke oder seiner Moral, sondern allein aufgrund der Gnade Gottes gerechtfertigt wird, folgt daraus, recht verstanden, die Entmoralisierung der christlichen Religion wie die Begrenzung der Moral in der funktional ausdifferenzierten Gesellschaft.«

Bernd Harbeck-Pingel

Nichts unbestimmt lassen

Ethische Signaturen für die Theologie

Hans Arnold Rau gewidmet

1. Facetten des Moral-Begriffs

In seiner berühmten Rede zur Verleihung des Hegel-Preises kennzeichnet Niklas Luhmann die Artikulation von Ethik als fin de siècle – Syndrom.[1] Da die Moral kein Subsystem ausbildet, sondern lediglich die Differenz gut-böse mit der vorangehenden Basisentscheidung, gut für besser als böse zu halten, markiert, kann er mit ihr nicht recht etwas für seine Theorie sozialer Systeme anfangen. Diese organisatorische Hilflosigkeit mache ich zum Ausgangspunkt meiner Analysen, weil es in Theologie und Kirche nicht nur fin de siècle eine organisatorische Hilflosigkeit auszumachen gilt, die von Vorzüglichkeitsurteilen überbeansprucht ist. Nun ist aber der fin de siècle ganz offenkundig vorüber, und trotzdem ist neben der theologischen Ethik eine auffällige Renaissance auch der praktischen Philosophie zu beobachten. Beide, Theologie und Philosophie, differenzieren sogenannte Angewandte Ethiken aus, was eine contradictio in adiecto darstellt, denn die Theorie soll Theorie sein und nicht *als Theorie* angewandt werden. Im Kontext der Theorie sozialer Systeme handelt es sich dabei wie zu erwarten um moralische *Kommunikation*, und daher schließt sich die Frage an, gut – in welchem Sinn? Als Garant des Guten überhaupt, also als summum bonum, oder gut für etwas, in welchem Sinn eine plausible Unterscheidung? Ganz offenkundig unterläuft die Theorie sozialer Systeme mit der Fokussierung von Kommunikationen mit der Bifurkation von Annahme und Ablehnung die polykontexturalen Orte, an denen Unterscheidungen markiert werden. Denn es ist von erheblicher Bedeutung, ob die Unterscheidung durch eine Person, sozusagen auf eigene Rechnung, erfolgt oder in repräsentierender Funktion, ob Unterscheidungen Gruppen, Organisationen zugemessen werden oder Staaten, oder ob sie für Stabilität von Subsystemen sorgen, um die Unterscheidungskraft zu stabilisieren. Die Diskursmacht der gut/böse-

---

[1] N. Luhmann, Paradigm lost. Die Moral der Gesellschaft, Frankfurt/ Main 2008, 253-256.

Unterscheidung, von Luhmann mit der Depotenzierung, sie wäre nicht systembildend, neutralisiert, kehrt wieder, wenn der Anwendungsbereich der Unterscheidung gut-böse betrachtet wird, kann er sich doch auf die Qualität der Unterscheidung, ihre kommunikative Funktion und mitlaufende Handlungen beziehen.

Aus diesem Grund schlage ich vor, anders als von Luhmann durchgeführt, die Formen der Unterscheidung als epistemologische Größe, diskursive Formen und Handlungen[2] für die Skizzierung der Moral zu verwenden. Die Markierung gut-böse artikuliert Präferenzurteile, welche die Relevanz und Gültigkeit selbstreferent einführen. Diese Einführung wird von Luhmann, indem er das Wort »Moral« einbezieht, mit einer schon als traditionell zu bezeichnenden Moralkritik in Frage gestellt, weil der Ausgangspunkt, die Bevorzugung des Unterscheidensollens, stets in zweiter Beobachtung begründet werden müsste. Dieses Verfahren ist unter der Bedingung iterativ, dass kein Anfangs- oder Endpunkt des Präferierens benannt werden könnte. Indem aber die semantische Präzisierung mit »gut« und »böse« erfolgt, wird das Unterscheiden mit einer schweren Hypothek belastet, denn sie muss das Pathos des Unterscheidens tragen, die entweder von der Diskursmacht, der Aura der Person oder dem Status des Handlungsortes zehrt. Genau darin wird auch die Hilflosigkeit moralischer Kommunikation ersichtlich, dass sie möglicherweise Redundanzen in Bezug auf die Interpretation sozialer Situationen erzeugt und sich mit der Aufgabe signifikanten Unterscheidens überhebt. Der Zusammenhang von Hybris und Moral ist aber kein zureichendes Argument gegen die Artikulation von Überzeugungen. Die Unterscheidbarkeit von Überzeugungen zeigt sich unter anderem darin, wie sie kommuniziert werden. Aber Überzeugungen werden dabei mit dem nötigen Wohlwollen als mit Absichten, Zielen, Verhalten, Denken, Emotionen und Einfällen stimmig gedacht. Der Theorieanspruch gegenüber der je konkreten Artikulation besteht darin, dass die Theorie nicht selbst Moral ist, sondern zur Aufklärung verhelfen möge, welchen Status das Artikulieren hat. Gerade diese Abstandnahme wird durch alltagssprachliche Ungenauigkeiten verwischt, z. B. »das ist ethisch nicht zu verantworten« statt »das ist moralisch ungerechtfertigt«. Indem die Theorie also erstens Präferenzurteile und zweitens den hohen Ton der Moral unterscheidet, wird man ferner weder in der praktischen Philosophie noch in der Theologie damit zufrieden sein, dass mit der Moral die normativen Aspekte der Ethik kommuniziert werden mit dem Ziel, Übereinstimmungen in Bezug auf den Zusammenhalt von Personen, die Kohärenz von sozialen Semantiken und die Funktion von Organisatio-

[2] Zur Differenzierung von Alterität, Kommunikation und Handlung vgl. B. HARBECK-PINGEL, Gesellschaft und Reich Gottes, Marburg 2003/ Leipzig 2007.

nen zu erzielen. Denn ganz offenkundig ist das zu wenig, um »der« Moral die Praxis der Theorieaufgabe Ethik zuzumessen. Wer die Konkurrenz ethischer Modelle übersieht, wird sich nicht mit einem Pragmatismus der Moral zufrieden geben, der sich auf Verhaltens- und Normativitätsaspekte beschränkt, sondern mindestens folgende Theoriefelder berücksichtigen:

(1) Den Zusammenhang zwischen deontologischen und teleologischen Beschreibungen,
(2) die Begründungsfunktionen bestimmter Menschenbildannahmen,
(3) die Ausdifferenzierungen sozialer Formen,
(4) den Status von Akteuren.

Die Gewohnheiten moralischer Kommunikationen stehen diesen Präzisierungen entgegen, und an dieser Stelle beginnt die Heuristik der theologischen Ethik. Hegels Bemerkungen in den Manuskripten zur Religionsphilosophie[3] treffen auch heute noch dahingehend zu, dass Religionen im Allgemeinen, also auch das Christentum Gemeinden ausbilden, philosophische Schulen dagegen nicht. Für die Artikulation von Moral, als Mitteilung von Präferenz gut gegenüber böse, als Mittel der Verhaltenskontrolle, der Überzeugungsarbeit, Identitätsstiftung, hat demzufolge die Organisationsform Kirche neben der jüngeren Konkurrenz von freien Wohlfahrtsverbänden und non-governmental organizations eine erwartungsbasierte Kommunikationsposition, der sie mit der Iteration von Standardillukotionen wie »mahnen«, »anprangern« und »sich einmischen« gerecht wird. Diese eingespielten Artikulationen sind indes nicht Produkt institutioneller Anonymität, sie lassen sich vielfältig von der Erbauungsliteratur bis zu Leitbildprozessen nachvollziehen und gehen deshalb von der inzwischen diskreditierten Bezeichnung »Moral« zur auch nicht unbedingt besser angesehenen Lobbyarbeit und zu Public Relations über. Gerade diese Unschärfe in Bezug auf die soziale Plazierung von »Moral« lässt es aber nicht angezeigt erscheinen, deren theologischen und philosophischen Status zu vergleichen, sondern zunächst den Begriff durch Selbstanwendung zur erledigen, um die Zuordnung von *Unterscheidung, Präferenz und Semantik* freizulegen.

2. ÜBERANSTRENGUNG UND SELBSTGERECHTIGKEIT

Die Geschichte der Moral läuft auf eine Überanstrengung zu, und diese möchte ich in Büchners »Woyzeck« aufzeigen: »Moral, das ist wenn man

[3] G.W.F. HEGEL, Vorlesungen über die Philosophie der Religion, hg v. W. JAESCHKE. Hamburg 1993, III 96 f.

moralisch ist. Versteht Er.«[4] Das Herrschaftswissen des Hauptmanns, seine Definitionsmacht gegenüber Woyzeck, bestimmt mit einer tautologischen Formel auf ironische Weise das Verhältnis von Begriff und Realisierung. Was aber beides, Begriff und Realisierung, anbetrifft, legt der Definierende fest, wie es um das Objekt, den Beobachteten bestellt ist. Das Opfer wehrt sich mit seiner Alltagstheologie:

(1) Der Herr sprach: Lasset die Kindlein zu mir kommen.
(2) Wenn wir in den Himmel kämen, so müssten wir donnern helfen.

Mit (1) reagiert Woyzeck auf die Bemerkung des Hauptmanns über das uneheliche Kind Maries und Woyzecks. Der Hauptmann operiert als Beobachter des Beobachters, wenn er auf den Argwohn des Garnisonspredigers anspielt, sich selbst aber davon sogleich distanziert. Das Moralangebot wird damit sogleich erweitert um die bereits lächerlich gemachte Kirchlichkeit, das hilflos daherphilosophierende Gutmenschentum des Vorgesetzten und die Pauperismusmotive, mit denen Büchner die Lebensverhältnisse Woyzecks und Maries umreißt. Das Wissen um die Haltung des HErrn ermutigt Woyzeck zu einer Kritik, nachdem er den Einlassungen des Hauptmanns noch stets mit »Jawohl« begegnet war.

Über seine eigene Lebenssituation hinaus greift der Sprechakt (2), die donnernde Kohorte »wir arme Leut« eröffnet die große Perspektive der Geschichtstheologie erneut, die der Hauptmann bereits in einem Diskurs zur Langeweile entfaltet hatte.

(3) Ich kann auch kein Mühlrad mehr sehn, oder ich werd melancholisch.

Bezogen auf die aus den Fragmenten Büchners zu rekonstruierende Dramaturgie des Stücks tritt bei der Moral und dem, was dafür gehalten wird, eine Konkurrenz ein, wer tragischer leidet, der Melancholiker, der Metaphysiker, der Christ, der Arme, der Reiche, der Wissenschaftler usw. Die Moral selbst wird sorgfältig zugeordnet, Prediger, Hauptmann, Woyzeck und sogleich wieder relativiert.

(4) Er ist ein guter Mensch, - aber Woyzeck, er hat keine Moral.

Macht nichts, möchte man ergänzen, denn begrifflich hat Büchner die Angelegenheit erledigt. Moral ist, wenn man moralisch ist. Der Beobachter wird schon Recht haben, der Beobachter setzt sich ins Unrecht.

---

[4] G. BÜCHNER, Woyzeck, in: Werke und Briefe, München 1988, 240. Die folgenden Zitate im Text a.a.O.

Die Überanstrengung des Terminus, die mit der Verwendung des Terminus Moral einhergeht, fällt mit der berechtigten Kritik der Moral und der Moralisierenden zusammen, wie sie vor und nach Büchner artikuliert worden ist. Die Liste der kritischen Bemerkungen möchte ich mit neuen Anwendungsbeispielen nicht erweitern, sondern einen Vorschlag unterbreiten, nicht zur Umformulierung, aber zur Erklärung auch der Hartnäckigkeit der Moraldiskurse. Ich beschränke mich auf die theologische Fragestellung, nicht ob Moral berechtigt ist, sondern wie handlungsmotivierende religiöse Überzeugungen artikuliert werden. Damit »Moral« dabei nicht erneut herauskommt, wird sich ein Umweg über »Heuchelei« nicht vermeiden lassen. Denn die Position des beobachtenden Moralkritikers geriert sich vermeintlich moralischer als die des Beobachteten! Indem aber im Prozess der Beobachtung Beobachter und Beobachtetes unterschieden sind, müssen im weiteren zur Transformation der Moral und des Moralbegriffs zwei Arbeitsgänge erledigt werden: Die Rekonstruktion der Expressivität religiöser Überzeugungen und die Rekonstruktion ihrer Beobachtung.

3. AKTEURE UND DIE ARTIKULATION RELIGIÖSER EXPRESSIVITÄT

Ich beginne mit der Expressivität religiöser Überzeugungen. Wenn Expressivität als sprachliche Form betrachtet wird, so ist zu erwarten, dass soziale Formen Artikulationsarten jenseits der frommen Rührung und des Klischees dezisionistischer Glaubenshaltungen erzeugen. Theologische Urteile z. B. referieren nicht allein auf religiöse Überzeugungen, sondern artikulieren sie, insofern sie als Steuerungsfunktion die propositionalen Gehalte nicht diskursiv übersetzen, sondern transformieren. Das Gleiche gilt auch für im engeren Sinn kirchenleitende Sprechakte. Unabhängig von der Funktion für religiöse Akteure gerinnen religiöse Überzeugungen zur ethischen Signatur, oder besser: expressiven Signatur. Die expressive Signatur wird dabei unterschieden von ihrem theoretischen Pendant, mit dem sie nie zusammenfällt, aber insofern korreliert, als jede Expression, die selbstreferentiell mit Aufmerksamkeit erfolgt, auch ihre Reflexion der Möglichkeit nach mit sich führt.

Die Bezeichnung sprachlicher Formen mit expressiv-religiöser Signatur ist zu kontrastieren mit dem nachdrücklichen Beschweigen von Religion. Sie ist aber auch zu unterscheiden von dem Originalitätsanspruch, der religiösen Signaturen einbeschrieben wird, je länger, je weniger in der Rezeptionsgeschichte des Christentums Innovation zu erwarten ist. Reflexhafte Unterscheidungen, wie sie zumal in Weihnachtsbotschaften kirchlicher Würdenträger jährlich wiederkehren, bestätigen zwar die Semantik, erzeugen aber keine Aufmerksamkeit mehr, weil die sich anschließenden Kommunikationsmöglichkeiten absehbar und wiederkehrend sind. Das schlägt auch auf die Artikulationsmöglichkeiten religiöser Akteure, diesseits von Formen der Repräsentation in Wissen, Kultur oder Gesellschaft, zurück. Denn sobald die religiösen Überzeugungen Text werden, sind sie von Standardreferenzen bedroht, die auf der Texthaftigkeit ihres religiösen Kanons beruhen.

Als Überzeugungen sind sie aber nicht gleichgültig gegenüber ihrer Artikulation. Sie müssen nicht unweigerlich sprachlich artikuliert werden, sind aber als Basisüberzeugungen und Formen des Wissens und Handelns insofern konstitutiv, als sie die Unvertauschbarkeit der Relation von Basisüberzeugungen sowie Wissen und Handeln bestimmen. Wie auch immer man die Omnipräsenz moralischer Diskurse kritisiert – ihr Vorhandensein gibt vor allem skeptische Fragen nach Authentizität auf. Weil die Überzeugungen für Akteure nicht indifferent sind, suchen sie in Kommunikation nach Artikulation, die sich daneben in Gefühlen, Haltungen, Verhalten, Tätigkeiten und Handlungen einstellt. Der auch bereits gängige Verdacht, es möchte sich bei der Äußerung um Heuchelei handeln, wäre auf diese Ebenen zu übertragen, weil der Akteur, dem doch eine gewisse Übung in Artikulation unterstellt wird, diese nicht zu leicht und nicht zu ostentativ in der Ausübung zeigen darf, ohne Argwohn zu erregen.

Die Expressivität und ihre Unsicherheit haben sich mithin auf den kommunikativen Bereich verlagert, also dorthin, wohin sie nicht gehören. Die Schranke zwischen im weiteren Sinn mentalen Prozessen, die sich in Wissen, Wahrnehmen, Fühlen oder dem Verfolgen von Absichten zeigen, und den kommunikativen Realisierungen dieser Prozesse ist nur eine wesentliche Unterscheidung in der Ethik. Bekannt sind weiter die Gräben zwischen Absicht und Erfolg, faktischer Realisierung und Ziel, und als Sonderfall religiöser Expressivität: Die Präsenz von kanonischen Texten und Ritualen gegenüber vermeintlich alltäglichen und dafür indifferenten sozialen Prozessen. Zuvor habe ich erwähnt, dass die Erledigung des Moralbegriffs keineswegs diese Probleme des Übergangs beseitigt. Es ist für theologische Fragestellungen eindeutig zu wenig, es bei der Kritik zu belassen, sondern sie müssen zunächst die je eigenen Bezeichnungsgewohnheiten reflektieren.

Wenn auch protestantisch-theologisch der Moralbegriff offenbar leicht entbehrlich ist, so wiederholt sich dort das besagte Übergangsproblem auf folgende Weise:

1) Aus einer singulären Definition des Menschseins oder Eigenschaftsbündeln, die zur Definition des Menschseins dienen, wird eine Struktur von Personalität abgeleitet, die die Last der Ausgangsdefinition nur deshalb zu tragen vermag, weil bestimmte philosophische Modelle der Subjektivität zugleich angeeignet werden. Daraus folgen optimistische Annahmen zur Handlungsfähigkeit des Menschen.

2) Die pessimistische Variante schließt an das Rechtfertigungsthema an und relativiert die Position der Freiheit des Menschen, wobei stereotyp soteriologische und ethische Fragestellungen vermischt oder indifferent behandelt werden. Daneben wird ausgehend vom Rechtfertigungsthema auch eine Evidenz ethischer Konstrukte wie Verhaltensdispositionen und Verhaltensgewohnheiten behauptet.

3) Der Ausgang vom Gottesbegriff erzeugt frei verschiebbar Ähnlichkeit und Unähnlichkeit bezüglich von Verhaltenserwartungen, führt aber stets die Frage mit sich, inwieweit Gottesbilder überhaupt ethisch qualifizieren, also Akteure, ihre Denkgewohnheiten, ihre Ziele prägen.

4) Wenn die Sicherung ethischer Verbindlichkeit eschatologisch erreicht wird, lassen sich bei Ziel- oder Normkonstellationen entweder Antizipationsmuster erkennen, die bis zur Form der Person die Unabgeschlossenheit zum Kriterium der Übergangsfähigkeit religiöser Semantik in ethische Modelle machen. Oder aber es ist die Unabgeschlossenheit der Welt insgesamt, die dafür Indizien bietet. Beide Varianten teilen mithin das Los der zuvor genannten.

Die Textualität der Ausgangssemantik wird mit dem Zweck der Theorieentscheidung ignoriert, also z.B. Mythenerzählungen, Gebet, Doxologie, Gleichnis, Streitgespräch. Diese Ignoranz ist unvermeidlich, weil Theorien Reduktionen anbieten müssen. Es scheint sich aber zu verdichten, dass die Kombination von teleologischen und deontologischen Fragen und nicht die Ausschließlichkeit ethischer Strukturbildungen zur Signifikanz ethischer Theoriebildungen beiträgt. Das hieße, dass in der theologischen Arbeit die Pluralität von Präsenzen religiöser Semantiken für ethische Prozesse mitreflektiert würde. Dies herauszustellen, ist keine Kritik der Originalität wissenschaftlicher Bemühungen, aber die Skepsis bezüglich der Gestaltungsfähigkeit, Selbstkontrolle und Selbstständigkeit des Subjekts, wie sie philosophische Diskussionen in den letzten 40 Jahren benannt haben, könnte auch auf das Selbstbild des Wissenschaftlers zurückschlagen.

Die Reduktion der Semantik muss also aufgefangen werden durch die Anerkennung - nicht Toleranz - divergenter Modellbildungen. Die gegenstandsbezogene Begründung wird ergänzungsfähig, wenn über den Sinn und den Sinn ethischer Theoriebildung grundsätzlich nachgedacht wird. Auf der Ebene der Person läuft mit der Expressivität die Fähigkeit zur Reflexion, aber nicht die Faktizität und Qualität von Reflexion mit. Dies wäre ein Ort, um die Differenzierung von Theorie und Praxis zu markieren, die für die Ethik typisch ist. Anders als ein ethisches Modell ergibt sich aber auf der Personebene ein Kontinuitätsproblem, das in der Theorie immer nur als Versagen thematisiert werden konnte.

Deshalb scheint es angebracht, die Ethik dahingehend umzubilden, dass sie für das Problem der Systematisierbarkeit von Lebenswelten, mentalen Prozessen und sozialen Prozessen zugänglich wird. Die Präferenz, die sich im sogenannten moralischen Urteil abzeichnet, wird auf Prozesse abzubilden sein, und damit unterscheiden sich die Grundfiguren des ethischen Modells ganz grundsätzlich von bisherigen theologischen Bemühungen, die in einem unspezifischen Sinn argumentativ verfasst waren und den theologischen Akzent auf die Begründung von Handlungen legten. Gleichgültig ob dies kulturhistorisch oder normativ im o.a. Sinn durchgeführt wird, ist doch die Gestaltungsbreite religiöser Expressivität in unangebrachter Weise reduziert. Angesichts der Aufgabenbereiche in der Ethik und der begrenzten Kommunikationsfähigkeiten theologischer Ethiken wird deutlich, dass religiöse Semantiken vereinfacht reflektiert werden, wenn sie nur in Begründungsfunktionen gebracht werden. Tatsächlich muss ja erklärt werden, warum Menschen einander achten und sich gegenseitig anerkennen. Es hat aber einen vermeidbaren belehrenden Gestus an sich, wenn theologische Ethiken sich moralisch als Begründungsinstanz ins Gespräch bringen. Der faktische Nutzen aber, den theologische Bemühungen aus philosophischen Modellen der letzten dreihundert Jahre ziehen, liegt auf der Hand; aus dem bisher Entwickelten könnte dies ein Indikator dafür sein, dass es eine endliche Anzahl ontologischer Orte gibt, von denen aus ethische Prozesse sinnvoll beschrieben werden können. Die von dort aus erzeugten Unterscheidungen, Präferenzen und semantischen Aktualisierungen ermöglichen die Explikation von Ethiken, die ihren Ansatz freilegen können und auch sollten. Indem aber von Orten aus, die Alteritäten, Kommunikationen und Handlungen strukturieren, ausgegangen wird, ist deutlich, dass der privilegierte Zugang über die Selbstproblematisierung des Akteurs nur einer, und auch nicht der maßgebliche Punkt ist, von dem aus ethische Theoriebildung beginnen kann. Weniger die Akteurbezogenheit als die Grundform der Intersubjektivität hat die Weiterentwicklung ethischer Figuren erheblich beeinträchtigt. So wird auch in der gegenwärtigen Sozialontologie die soziale Form vielfach noch auf die Bedeutung der Akteure in ihr zurückgeführt. Dieser Zugang zehrt von den überzogenen Erwartungen an die Reflexionsfähigkeit von Akteuren in Bezug auf ethische Prozesse und müsste zu dem Zweck, dass die religiöse Expressivität in ihrer Bedeutsamkeit erfasst werden kann, kritisch revidiert werden.

Aus diesem Grund schlage ich eine prozessontologische Transformation vor, die von folgenden Mindestbedingungen ausgeht: Unter der Voraussetzung der Kontinuität von Prozessen (psychischen, sozialen, natürlichen), die für Erfassungen zugänglich sind, bedeuten Erfassungen die Wiederholung des Prozesses für Erfassungsinstanzen. Der Status der Erfassungen ist internalistisch begriffen, wenn mentale Ereignisse bzw. die Kohärenz mentaler

Prozesse zum Wahrheitskriterium des Bezugs auf Prozesse gemacht werden. In einem weiteren Sinn internalistisch ist der Status der Erfassungen, wenn Erfassungsgebiete sozial derart komplex sind, dass die Erfassungsstruktur selbst eine wiederholbare Ordnung errichtet, welche die erfolgreiche Wiederholung der Erfassung dadurch wahrscheinlich macht. In diesem Fall spreche ich von einer sozialen Form. Externalistisch wird die Interpretation in dem Fall, in dem die von der Form selbst unterschiedenen Prozesse als beweglicher Aufbewahrungsort von Bedeutungen verstanden werden, während in einem strittigen Sinn externalistische Perspektiven verwendet werden, sobald soziale Formen selbst als vermeintlich invariante Struktur begriffen werden.

Wenn die Semantik des Christentums davon ausgehend als Aktualisierungsmöglichkeit einer endlichen Zahl von religiösen Bedeutungen (unabhängig von deren Abstraktionsgrad) begriffen wird, wird sie zugänglich in sozialen Formen und mentalen Prozessen. Diese Konkurrenz im wörtlichen Sinn ist unaufgebbar. Für die ethische Anwendung, soweit damit das Heraustreten aus der Prozesshaftigkeit der Lebensführung gemeint ist, muss der Moralbegriff aus theologischem Interesse transformiert werden, denn die jeweilige Inklusion in soziale Formen der Bedeutungsaktualisierungen übersteigt das normative wenn nicht präskriptive Moment der kasuistischen Regeln. Auf die theologische Urteilsbildung wirkt sich dieses Bemühen gleichfalls aus, insofern der dezisionistische Umgang mit den Bedeutungsvarianten, die die Semantik des Christentums eröffnet, gleichfalls unkritisch erscheint. Weil die Prozesse, in denen Bedeutungen für Erfassungen zugänglich werden, gemessen an der Ordnung der Prozesse selbst und der Struktur der Erfassungen Brechungen aufweisen, ist zu unterscheiden zwischen metaphysischer, semantischer und epistemischer Vagheit. Metaphysisch bedeutet hier, dass die Kategorien für die Erfassung in ihrer variablen Komplexität Undurchsichtigkeiten erzeugen, was die Wahrheitsbedingungen und die Güte oder auch nur die Bestimmtheit von Erkenntnis betrifft. In der Konsequenz dessen liegt es, dass das Wissen überhaupt und konkret die Taxonomien einer bestimmten Semantik, hier des Christentums, davon betroffen sind. Wie ist aber ausgehend von diesen Erfassungsbedingungen die Expressivität und insbesondere religiöse Expressivität zu verstehen?

4. Gelingensbedingungen religiöser Expressivität

Offenkundig ist die selbstreferentielle akteurrelative Präsentation semantischer Obligationen eine Ausnahmeerscheinung sowohl auf kommunikativer Ebene wie in Handlungen, denn der Selbstbeschreibungsaufwand wird nicht ohne Not vorgenommen. Auf dem Hintergrund nicht oder wenig präsenten Prozedierens finden Erfassungen und daran angeschlossene Selbstbeschreibungen dann statt, wenn die Aufmerksamkeit von Akteuren für Zustimmung und Ablehnung von Prozessen aktiviert ist. Die Moralkritik und auch die Kritik an einem moralisierenden Umgang mit religiösen »Gehalten« setzt an dieser Stelle völlig zu Recht ein, wenn sie nicht nur die divergente moralische Empfindlichkeit von Personen konstatiert, sondern die Bedeutung kommunikativer Akte insgesamt in Zweifel zieht.

Die Ausdifferenzierung des Modells zu einem prozessualen Verständnis der *Ethik* hat offenbar die Möglichkeit, das Gute, das Gelingen oder Glücken auf die Unterscheidungsebenen zu beziehen. Das Präferenzurteil indes muss, insofern es Präferenz ausdrückt, summarisch sein, und kann sich anders als etwa die ethische Beurteilung von medizinischen, politischen oder ökonomischen Prozessen vielfach nicht Zeit lassen. Das Problem der Zeitökonomie rechtfertigt demnach epistemologisch die Reduktion im Präferenzurteil, wie auch das Sich-Verpflichten auf Ziele als iterierendes Element für Prozesserfassungen seinen Sinn hat. Der Rückgang auf den Akteur, dem seine eigenen mentalen Prozesse nicht gleichgültig sind, veranschaulicht also ein Selbstinteresse, das ethische Konsequenzen hat, aber anthropologisch recht komplex ist.

Offenkundig helfen hierbei die Präferenz des Handelns vor dem Reden, des Fühlens vor dem Handeln, des Verhaltens vor dem Handeln, des Denkens vor dem Fühlen oder des Denkens vor dem Handeln nicht weiter, weil jede anthropologische Kategorie vor dem Scheitern religiöser Expressivität nicht gefeit ist. Das liegt zum einen (1) an der Relation von Überzeugung und Artikulation, die nicht statisch gedacht werden darf. Zum anderen (2) muss das Ideal der Selbstkontrolle revidiert werden.

1) Für die Semantik des Christentums ist entscheidend, dass sie als begrenzt variable Intertextreferenz primär bestimmt ist. Sekundär bestimmt ist sie durch die prozessuale Qualität dieser Referenzen. Die Überzeugungen religiöser Akteure sind aber nicht ein Wissen um Intertextreferenzen bestimmter Ausprägungen. Vielmehr sind sie für bekannte soziale Formen iterativ zugängliche Muster, die sich als Gefühl, Verhalten, Handlung, Denken und auch Wissen artikulieren. Sie sind akteurrelativ in dem Sinn wohlgeordnet, dass sie für soziale Situationen und Formen strukturierend relevant werden. Das schließt aber ein, dass nicht die Überzeugungen direkt strukturieren, sondern in Artikulationen strukturieren. Sie gewähren die Sicherheit für die Lebensführung der Akteure, um den Preis, dass sie möglicherweise tautologisch und nicht übersetzbar werden: veralten. Möglicherweise bleiben sie auch variabel, was auf das Verhältnis von Überzeugung und Aktualisierung zurückschlägt und auf die Struktur der Überzeugungen selbst. Denn neben religiösen Überzeugungen, die hier ohne religionsphilosophische Anleihen zunächst nur durch die Referenz auf die Semantik des Christen-

tums erläutert wurden, treten zahlreiche weitere, die sich auf Wissenschaften, gesellschaftliche Ordnung, Essen und Trinken, Sexualität, Wirtschaft und Mediengebrauch beziehen. Theologische und philosophische Interpretationen dieser Struktur von Überzeugungen bevorzugen einen Vorrang im engeren Sinne weltanschaulicher Muster oder diffamieren nichtreligiöse Interpretationen als Ersatzreligion. Der Geltungsanspruch religiöser Artikulation für möglicherweise jede Artikulationsform und jeden Artikulationsvorrang bedeutet aber nicht deren faktische Geltung bzw. die religiöse Überformung jedes Artikulationsprozesses.

2) In seinem Aufsatz »Über das Marionettentheater« hat Kleist[5] die Probleme der Artikulation noch vor deren Variabilität treffend benannt, wenn er die ideale Körperbewegung entweder Gott oder der Marionette zuschreibt, die mögliche Kontrolle des Tänzers aber auf Übung und Kontrollverzicht zurückführt.

> »Wir sehen, daß in dem Maße, als, in der organischen Welt, die Reflexion dunkler und schwächer wird, die Grazie darin immer strahlender und herrschender hervortritt. – Doch so, wie sich der Durchschnitt zweier Linien, auf der einen Seite eines Punkts, nach dem Durchgang durch das Unendliche, plötzlich wieder auf der andern Seite einfindet, oder das Bild des Hohlspiegels, nachdem es sich in das Unendliche entfernt hat, plötzlich wieder dicht vor uns tritt: so findet sich auch, wenn die Erkenntnis gleichsam durch ein Unendliches gegangen ist, die Grazie wieder ein; so, daß sie, zu gleicher Zeit, in demjenigen menschlichen Körperbau am reinsten erscheint, der entweder gar keins, oder ein unendliches Bewusstsein hat, d. h. in dem Gliedermann, oder in dem Gott.«

Wenn ich diese ästhetische Wendung des Problems einmal zurückführe auf die Artikulationsfähigkeit der Akteure insgesamt, verdeutlicht das Beispiel, dass Absichtlichkeit das Gelingen expressiver Bestimmtheit nicht garantiert. Vielmehr wird man für die Expressivität von Überzeugungen festhalten, dass, wer Übersetzungen mit Gefühl, Verhalten, Kommunikation, Handeln usw. inszeniert, einen Anerkennungsverlust erleidet, weil die Differenz von Übersetzung und Überzeugung freigelegt statt plausibilisiert wird.

Da die religiöse Artikulation nur um den Preis von Ideologie invariant zu halten ist und weil die Absicht der Artikulation ihrer Authentizität entgegenwirkt, wird man nicht in der öffentlichen Präsentation von Religiosität für Andere und fürs Anderes, z. B. Medienformate, die Spezifikation von Religion erkennen können. Das schlägt auf den anfangs erwähnten Moralbegriff insofern zurück, als es keine religiöse Moral geben darf, deren Artikulation Selbstzweck ist, weil sie dem Inszenierungsvorwurf nichts entgegenzusetzen hat. Weiterhin ist aber moralische Artikulation aus Religiosität insofern unterbestimmt, als die Kommunikation von Religiosität nur ein

5 H. VON KLEIST, Sämtliche Werke und Briefe 2, München 1987, 345.

Fragment von Religion darstellt. Deshalb wird erweitert sich der Blick von der Kommunikation religiöser Semantik zu der Konsequenz einer Lebensführung, die sich der Überzeugungskraft von bestimmten Formen der Religiosität verdankt. Die einschränkende Sicht bestimmter Formen rekurrierte darauf, dass sich Spiritualität nicht notwendigerweise als gesellschaftsverändernder Diskurs oder Appell an Diskurspartner missverstehen darf. So unterscheidet Corinna Dahlgrün zutreffend Formen der Spiritualität: Selbstbezüglichkeit, Alterität, Gemeinschaftsbezug, Einsamkeit, Vergebliche Suche und Orientierung am Alltäglichen.[6] Wenn die Phänomenalität der religiösen Erfahrung transformiert wird in eine Struktur religiöser Expressivität, dann liegt ausgehend von den berechtigten Formen der Moralkritik die Aufgabe der theologischen Ethik eine ihr gemäße Unbestimmtheit zu artikulieren, die nicht identisch ist mit dem konventionellen Beschweigen Gottes. Denn anders als ein Schweigen aus Pietät, Desinteresse oder Unwissenheit rekurriert die theologische Arbeit auf die Unbestimmtheit, mit der Prozesse sich als Explikation Gottes für Prozesse verstehen lassen. Die pneumatologischen Voraussetzungen sind es, und nicht der Status des Glaubens, von denen aus Prozesse theologisch ihre Relevanz erhalten. Nicht jede religiöse Expression wird auf die Komplexität des christlichen Redens von Gott rekurrieren, sie wird aber strukturell darauf zurückgreifen, dass die Artikulation der religiösen Semantik mit der Artikulation Gottes unkalkulierbar zusammenfällt. Diese Koinzidenz ermöglicht Präferenzurteile oder Zuordnungen nach dem Muster wahr/ unwahr, Bedeutung/ ohne Bedeutung. Diese sind mehrdeutig, weil die Artikulation Gottes nur im Medium der Kopräsenz mit der Aktualität der religiösen Semantik verstanden wird, in dem Sinn, dass die Artikulation Gottes strukturell und in semantischer Obligation sich realisiert. Von daher wird ersichtlich, dass Spiritualität als primäre religiöse Expressivität gedacht wird, und nicht Moral oder religiöse Moral oder moralische Religion.

Wenn aber die Expressivität raumzeitlich diskret ist, und damit für weitere Erfassungen zugänglich, so ist in divergenten Prozessarten ein Kontinuitätsproblem gestellt, das aber anders als die ethische Theorie es vielfach meint, nicht nur den Akteur betrifft, sondern gleichfalls soziale Formen.

5. KONSEQUENZ UND INKONSEQUENZ

Das Ideal der selbstbestimmten Persönlichkeit impliziert auch die Erwartungen an die Kontinuität von Überzeugungen und an die Konsequenz bezüg-

[6] Vgl. C. DAHLGRÜN, Christliche Spiritualität. Formen und Traditionen der Suche nach Gott, Berlin/ New York 2009, 6–82.

lich der ethischen Expressivität und der Handlungen. Dies bedeutet, dass Prozesse so beschaffen sein müssen, dass sie die Gelingensbedingungen für Konsequenz enthalten. Theologisch kann die Präsenz Gottes, die als Gelingensbedingung dafür in Anspruch genommen wird, dass die Kopräsenz von Prozessen und Anwesenheit ihrerseits glückt, aufgrund der Gegenwart Gottes für die Welt in *Form und Bedeutung* nicht auf spirituelle Sondererfassungen festgelegt werden. Deshalb eignet sich diese Rekurrenz auf die Präsenz Gottes gerade nicht für ethische Applikationen. Die Möglichkeit, von hier aus Anfechtungen zu denken, legt auch frei, worin das Problem der Konsequenz besteht. Denn die Sukzession muss durch Prozesse selber ermöglicht werden. Da aber sämtliche Prozesse als möglicherweise für religiöse Semantik zugänglich gedacht werden, wiederholt sich das Problem, wie Prozesse anfangen, aufhören, welche Dynamiken sie entwickeln, nicht allein in der Biographie der religiösen Existenz, worauf sich die Glaubenslehre ausrichtet. Bereits Schleiermachers Begrifflichkeit *Interesse* und *Impetus*[7] verdeutlicht zwar, dass dort, wo der Glaube markiert wird, das Kontinuitätsproblem ersichtlich wird, doch erweitert die prozessontologische Betrachtung den Blick auf die *Konsequenz als Prozesseigenschaft.* Während das prinzipienorientierte Denken Schlussfolgerungen oder Konditionale bevorzugt, ist mit der Deskription von Prozessen die lose Ordnung, die einer Kategorisierung im Erfassungsvorgang bedarf, eine weit einfachere Annahme, die veranschaulicht, dass für soziale Formen, natürliche Formen und für Akteure Regelungen zwar häufig, aber Konsequenz im Sinn einer prinzipienbezogenen Rekursivität unwahrscheinlich ist.

Wäre demnach ein Lob der Inkonsequenz zu singen? Durchaus nicht. Denn auf der Ebene der reziproken Artikulation mit Diskursen, Gefühlen und Handlungen wird die Reziprozität der Artikulation nur dann auf Dauer gestellt, wenn verlässlich auf die Expressivität von Akteuren reagiert werden kann. Diese unterliegen je für sich aber nicht den Kriterien der Selbstkontrolle oder Selbstbestimmung. Die Ursache-Folge-Beziehung, die mit dem Begriff der Konsequenz Überzeugung und Artikulation monodirektional festschreibt, vereinfacht die kausalen Bedingungen bereits bilateraler Erfassungen und reziproker Handlungen. Aus diesem Grund nützt der Rekurs auf den Akteur wenig, wenn es um die ethische Theoriebildung geht, denn mit der Möglichkeit zur Expressivität von Überzeugungen, die Maschinen, Medien und Institutionen nicht gegeben ist, wird der Akteur mitnichten auch ausgestattet, den Bedingungen von Heuchelei und Lüge entgegenzutreten, die durch ihn selbst und komplexere Artikulationen erzeugt werden.

[7] F.D.E. SCHLEIERMACHER, Die christliche Sitte, ND Waltrop 1999, 21 f.

Ethiken als Wissenschaftskonstrukt generieren neben der kausalen Beschränkung auch diskursive, mit denen sie zwischen Beobachtung und Anwendung unterscheiden und damit unterstellen, dass die Wissenschaft in einer standardisierten Applikationssituation zu durchschnittlichen Entscheidungs- oder Gestaltungsaufgaben stünde. Daneben wiederholt die Wissenschaft und die trivial daran anschließende mediale Öffentlichkeit Aufmerksamkeitssignale wie Wert, Glück oder Beratung, die indes durch Wiederholung ihre Adaptionsfähigkeit nicht verbessern. Das Phänomen der sozialen Repräsentation verdeutlicht dies.

6. Anstalt und Expressivität

Dem gängigen Abgleich von Organisation und Akteur folgend, nehmen Akteure für Organisationen repräsentative Funktionen wahr, sodass ihre Expressivität die vermeintliche Expressivität der Organisation repräsentiert. Da die Repräsentation an Funktionen gekoppelt ist, geschieht sie nicht beliebig, suggeriert aber, die Organisation sei anstatt einer Stabilisierung von Aktionen und Kommunikationen ein Zusammenschluss von Individuen. Doch selbst auf der Basis des sozialen Zusammenhalts und unterhalb des Unternehmens wird man die Eigenständigkeit geregelter Handlungen und Kommunikationen gegenüber der Expressivität von Personen in Anschlag dafür bringen, dass der Institution als solcher keine Expressivität zukommt und die kommunikative Selbstdarstellung der Institution erklärungsbedürftig wird.

Wenn also durch Wissenschaft das Problem des Abgleichs zwischen Expressivität und sozialen Formen (nicht Artikulationsformen!) nicht geleistet wird, müsste auf der Ebene sozialer Situationen und sozialer Formen danach gesucht werden. Die einfachste und auch plausibelste Lösung bestünde darin, die Expressivität in Repräsentation zu verlagern. Dieses diskursethische Verfahren hat den Vorteil, deren Legitimität zu begründen und zugleich an Entscheidungsprozesse auf der Ebene von Gremien zu begründen. Allerdings muss der Wahrhaftigkeitsvorschuss zunächst einmal aufgebracht werden. Denn es liegt ja nahe, dass sich mit der Zahl der Sprecher- und Verantwortungspositionen die Möglichkeit des Inszenatorischen auch vervielfältigt, was sich beispielsweise an dem Einfordern und Übernehmen von Verantwortung wie an ihrer Diffusion zeigt. Die Selbstkontrolle einer mitlaufenden Beobachtung ist eine Utopie, und auch die Kontrolle einer nachgeordneten Beobachtung stellt einen hohen – moralischen – Standard dar.

Was aber die Konstruktion der sozialen Form angeht, so ist sie durch die Expressivität der Akteure geradezu marginal tangiert, und die Unwichtigkeit für ihr Bestehen wird kompensiert durch die Artikulation von Moral. Wenn also nur die zaghafte Koppelung mentaler Ereignisse und diskursive und operativer Macht, die von Personen ausgeht, es ist, die Expressivität zu artikulieren vermag, so wird auch die Anmaßung deutlich, die sich von dort her ergibt. Die Überanstrengung mündet in eine Privateschatologie, mit der etwas als letztgültig bestimmt wird. Aber eine Privateschatologie ist per definitionem keine, gleichgültig ob sie ehrlich oder geheuchelt artikuliert wird. Die Schuld der Person liegt darin, dass sie den Segen ihrer Expressivität nicht verstanden hat, der nicht im Artikulationsverzicht besteht, aber im Maßhalten gegenüber dem l'art pour l'art und in der kritischen Sicht, was sie selbst verantworten und verändern kann.

Wenn aber die Person ausdrucksfähig ist, dann sind es um so weniger Interaktions- und Kommunikationszusammenhänge, wie sie für Organisationen und Institutionen benötigt werden. Darauf reagieren diese mit Alleinstellungsmerkmalen, Label, Image, Lobbyismus und grand récits in Gestalt von Leitbildern und Unternehmensethik. Aber diese Technik wiederholt nur die Bemühungen der Akteure an ungeeigneter Stelle, und daher wird die Reserve der Religion gegenüber der Ersatzeschatologie sozialer Formen verständlich. Mit Recht wird man bei der sogenannten Personalentwicklung darauf zu achten haben, die Funktion eines Unternehmens mit den Interessen der Mitarbeiter dahingehend abzugleichen, dass die berufsbezogene Fortbildung gerade keine Übung in ethischer Expressivität ist. Demzufolge sind Institutionen nicht an ihrer Expressivität zu messen, weil sie nämlich keine haben, und auch die Kirche als Organisationsform, als Anstalt des Reiches Gottes[8], besitzt als Organisation keine Expressivität, sondern nur geregelte Kommunikationen und Aktionen.

7. VORTEILE DER BEOBACHTUNG

Nun können Organisationen die Beobachtung und die darin mitlaufenden Beurteilungsformen gar nicht vermeiden. Denn nicht nur Personen, sondern soziale Formen erfassen Prozesse. Im Unterschied zu Akteuren stellt sich aber die Frage der religiösen Expressivität und der ethischen Artikulation für soziale Formen in anderer Weise. Wenn sie nicht auf dem Weg der prekären Delegation an Akteure Beurteilungen generiert, ist die soziale Form aus sich selbst nur zu solchen Unterscheidungen fähig, die mit ihrer Selbststeuerung und damit ihrer eigenen Erfassungs- und Prozessnatur zusammenhängen. Soziale Formen haben keine Schwierigkeiten mit ihrer Lebensführung, deshalb sollten sie auch nicht als Subjekte behandelt werden. Die Beobachtung

---

[8] I. KANT, Die Religion innerhalb der Grenzen der bloßen Vernunft. B 140 f.

wird aber benötigt, als rekursive Erfassung von Prozess und Erfassung und ihrer Konfigurationen.

Die Beobachtung der *Expressivität* erzeugt selbst eine Präferenz, wenn auch keinen religiösen Ausdruck. Die Beobachtung macht ihre Differenz von misslingendem und gelingendem Leben einseitig geltend anhand des Verhältnisses von Überzeugung und deren Artikulation. Zugleich sind die Probleme der Schuld und der Sünde akteurrelativ verstanden, und die Ambivalenz wird bereits in der Artikulation von Überzeugungen angesehen und nicht in der faktischen Unzugänglichkeit der Person für Kontrolle.

8. Echte und unechte Ethik – Theorie und Praxis

Die echte Ethik fing personalistisch dort an, wo zu der Faktizität von Verhalten, Denken, Handeln, Sprechen, also jedweder personaler Ausdrucksformen die Selbst- und Fremdbeobachtung hinzutritt und die scheinbare Selbstverständlichkeit dieser Faktizität befragt. Wen dieser individualistische Zugang nicht überzeugte, fand sich mit komplexeren Modi von Normativität, Teleologie oder Psychologie konfrontiert, welche die Skepsis der Akteure der Konvention gegenüber auf Prinzipien bezieht, im mindesten aber auf Modelle. Zuvor habe ich den Vorschlag unterbreitet, das Vorkommen religiöser Expressivität gesellschaftstheoretisch als Beispiel für eine bestimmte Art von Alterität zu begreifen, die sich in Präferenzurteilen abzeichnet, aber sogleich auch schon in jeder selektiven Wahrnehmung. Bezogen auf den kommunikativen Aspekt von Gesellschaft hieße dies, die sprechakttheoretische Beschreibung dieser Expressivität, aus Teilnehmer- und Beobachterperspektive durchzuführen. Auf den Handlungsaspekt bezogen, wäre die Expressivität aus den Interaktionen zunächst von Akteuren, zweitrangig erst von Organisationen, zu rekonstruieren, oder aber der Anschluss von Kommunikation und Handlung wäre als Erfassungsgebiet für die Kombination von Expressivität und Gesellschaft mitzuvollziehen.

Unechte Ethik wäre die Anwendung. Während die rekonstruierende Funktion der Ethik leicht plausibel zu machen ist und auch die anthropologische Figur, dass Akteure ausdrucksfähig sind, gut zu begründen ist, beginnt der Tragik der Theorie mit ihrer Praxis. Denn auf welche Praxis bezieht sie sich? Weder die praktische Philosophie noch die theologische Ethik sind mit den von ihnen verwendeten Grundbegriffen in der Lage, die Komplexität der Entscheidungsprozesse und der Handlungsarten steuernd zu begleiten. Dabei ist es gleichgültig, ob eher normative oder teleologische Figuren Anwendung finden. Die Abstinenz von der konkreten Beurteilungssituation wird einerseits Theologie und Philosophie entweder als Formalismus oder schlimmer noch als Weltfremdheit vorgehalten. Die Versuche, sich der Beurteilungssituation, durch Anwendungsformeln zu bemächtigen, geraten andererseits vielfach zur moralischen Sentenz, weil die Expressivität der vermeintlich rechten Überzeugung mit Normen abgesichert ist, die im Kontext ihrer Anwendung unverständlich sind. Die Karrieren der Angewandten Ethik reagieren darauf. Im Einzelnen finden sich dabei folgende Aufgabenbestimmungen:

So wäre das Verhältnis an Anwendung und Theorie so zu lozieren, dass die Angewandte Ethik auf den Bedarf an Beratung für Ethikberater reagiert.[9] (2) Angewandte Ethik übernimmt Aufgaben, die einmal der Moral zugehörten, und kompensiert Defizite der philosophischen Ethik.[10] (3) Die Ausdifferenzierung von Anwendungsbereichen und von ihnen zugeordneten ethischen Verfahren verunmöglicht die Einheitswissenschaft der Ethik und macht Bereichsethiken nötig.[11]

Ich möchte an dieser Stelle keine Vorentscheidungen über die Selbstdefinitionen der Bereichsethiken treffen. Was die Genese moralischer Sentenzen angeht, ist die Gefahr aber nicht dadurch gebannt, die Voreingenommenheit der Theorie durch eine Binnenstrukturierung der Bereichsethiken zu kompensieren. Denn jeder Strukturierung ist auch das Angebot offeriert, Meinung zu artikulieren, Lobby zu bilden oder kommunikative Posen zu wiederholen. Demzufolge ist also nicht die Applikation für sich besehen die Schwierigkeit für die Ethik, sondern dass das berechtige Moment der Expressivität, das ethischen Prozessen den Nachdruck des Engagements gibt, auch Gelegenheiten von der Simulation bis hin zu Selbsttäuschung erzeugt.

Die Grenze von echter und unechter Ethik läuft also nicht zwischen Theorie und Anwendung, sondern zwischen Struktur, Begründung und Revision einerseits und strategischer Theorieverwertung andererseits. Die Verwertung der Theorie kann von der Wortmagie des Biblizismus, über die Diskursfloskel bis hin zu programmatischen Summen reichen.

9. FLUCHEN UND SEGNEN

Wenn also die ethischen Verfahren im Rahmen der Theologie Aufklärung über ihr Verwertungsinteresse benötigen, hieße die Rückbesinnung auf elementare religiöse Expressivität: Fluchen und Segnen. Denn die religiöse Artikulation, insofern sie auf die Markierung von Misslingen und Gelingen aus ist, begegnet in Fluch und Segen. Während der Segen unverzichtbarer

[9] Vgl. A. VIETH, Einführung in die Angewandte Ethik, Darmstadt 2006, 19-21.

[10] U. THURNHERR, Angewandte Ethik zur Einführung, Hamburg 2000, 13, 17.

[11] J. NIDA-RÜMELIN, Theoretische und angewandte Ethik, in: Ders. (Hg.): Angewandte Ethik. Stuttgart ²2005, 62–63.

Bestandteil gottesdienstlicher Formen ist, überlebt der Fluch und mit ihm also die Kommunikation von Unheil für soziale Formen nur noch als Katachrese ohne große Metaphysik. Auf religiöse Expressivität übertragen wäre von der Geschichte des Fluchens zu lernen, dass die Intensität des Pathos passende Kontexte benötigt, und es mag bezweifelt werden, ob das Leitbild eines Pflegeheims der richtige Ort dafür ist. Was jedoch den Segen betrifft, ist dessen asymmetrische Bezeichnung des Gelingens geradezu ein Überschuss, mit dem die moralische Kommunikation gar nicht gerechnet hat, weil die Kopräsenz von ethischem Prozess und göttlicher Gegenwart die moralische Kommunikation glücklich relativiert.

10. NICHTS UNBESTIMMT LASSEN – ETHISCHE SIGNATUREN

Somit ist abschließend zu bedenken, was es heißt, dass religiöse Prozesse nichts unbestimmt lassen. Als Verhängnis für religiöse Akteure begegnete die automatische Antwort, das maschinelle Reagieren auf Zeichensequenzen, Kommunikationen oder Handlungen. Da zahlreiche Muster des Reagierens in den Tradierungsprozessen des Christentums gelernt sind, gehört nicht viel Energie hinzu, dies Reagieren zu wiederholen, kann sich doch der Reagierende von Fokussierungen konkreter Übersetzungsbedingungen entlasten. Es liegt auf der Hand, dass ihm dies Theorien nicht vorwerfen sollten, weil sie selbst diese Vereinfachungen durchaus benötigen, und zwar in demselben Maß wie auch organisierte Formen von Religion darauf zurückgreifen. Die Versuchung vollständiger Bezeichnung von allem und jedem nach je bekannten aber damit auch nicht per se verständlichen Bedingungen wäre kritisch auf die Aufgabe der Theologie zurückzubeziehen, mögliche Welten auf ihren eigenen Gegenstandsbereich, Erlösung, hin zu thematisieren. Die bekannten Reziprozitäten von Kirche und Welt unterlaufen diesbezüglich die Unschärfe, mit der Erlösung artikuliert werden muss. Aus diesem Grund ist es ebenso berechtigt, nichts unbestimmt zu lassen, weil alle sozialen Formen und Lebenssituationen von Akteuren möglicherweise für Erlösung zugänglich sind, wie es ein Verhängnis ist, adäquate und inadäquate Prozessrealisationen in ritualisierter Weise kommunizieren zu wollen. Die ethische Signatur für die Theologie *folgt* somit nicht aus ihrem Gegenstandsbereich, sondern sie läuft unvermeidlich mit, weil in professioneller und nichtprofessioneller Theologie stets die anthropologischen Konstanten, unter denen überhaupt etwas bestimmt werden kann, in Anspruch genommen werden. Diese liegen aber nicht einseitig bei der Kommunikation von Verhaltenserwartungen, wie es der gängige Moralbegriff unterstellt, sondern in theologischen Modellen der Person, der Gesellschaft und der Wirklichkeit Gottes. Nichts unbestimmt zu lassen als Verhaltenserwartung gegenüber religiösen Akteuren hieße also: Mit Signaturen rechnen ohne darauf zu spekulieren.

PETER FISCHER

Fitness und Wellness

Ethische Grundwerte heute

Yes, we can.
Barack Obama

Einige begriffliche Voraussetzungen meiner folgenden Überlegungen explizierend möchte ich zugleich zum Thema dieser Tagung[1] prinzipiell Stellung nehmen.

Das Tagungsthema lautet: »Moral – Fluch oder Segen?« Die Worte *Fluch* und *Segen* verstehe ich im umgangssprachlichen und nicht in einem spezifisch religiösen oder theologischen Sinne. Es gibt nun eine begriffliche Bedeutung von Moral, nach der es ein Widerspruch wäre, wenn Moral ein Fluch sein könnte. Bei dieser Bedeutung des Moralbegriffs wird vorausgesetzt, dass das folgende Kriterium erfüllt ist: Eine jede Moral muss gewährleisten, dass *jedes* menschliche Individuum *dann* sein in der *menschlichen Macht* stehendes *Optimum* an Glückseligkeit erfährt, *wenn* unterstellt wird, dass sich *alle* Adressaten an *alle* moralischen Normen halten. Dementsprechend wäre es ein entscheidender argumentativer Einwand gegen eine Moral, wenn gezeigt werden könnte, dass selbst ihre universelle Befolgung nicht das menschmögliche Optimum an Glückseligkeit eines jeden garantiert.[2] Nach dieser Bedeutung des Moralbegriffs ist es also ausgeschlossen, dass Moral ein Fluch sein kann: Sie ist mit begrifflicher Notwendigkeit ein Segen.

---

[1] Es handelt sich um die Jahrestagung der Kulturhermeneutischen Sozietät 2009 in Leipzig.

[2] Es ist unbedingt zu beachten, dass hier vom *menschenmöglichen Optimum* an Glückseligkeit die Rede ist, also weder von der Maximierung schlechthin noch von einer schlechthinnigen Garantie der Glückseligkeit. Mit der Rede von der Maximierung schlechthin würde erstens eine Festlegung auf quantitative und grenzenlose Steigerbarkeit unterstellende Glückskonzepte erfolgen und zweitens die wechselseitige Abhängigkeit der individuellen Glücksbestrebungen nicht angemessen berücksichtigt werden. Die schlechthinnige Garantie von Glückseligkeit scheitert daran, dass Schicksalsschläge wie Krankheiten, Naturkatastrophen oder unglückliche Liebe, die gänzlich auszuschließen nicht in der Macht der Menschen liegt, Menschen unglücklich machen können. Dennoch sind solche Schicksalsschläge bei universeller Befolgung der Moral leichter zu ertragen, weshalb auch in solchen Fällen das *Optimum* an Glückseligkeit garantiert wäre.

Eine Moral, die diesem Kriterium entspricht, nenne ich eine *gültige Moral.* Es sei noch einmal betont: Dass eine Moral dieser Anforderung genügt, also gültig ist, bedeutet nicht, dass sie allgemein befolgt wird, sondern dass ihre universelle Befolgung zum menschenmöglichen Optimum an Glückseligkeit eines jeden Menschen führen *würde*, wenn sie denn statthätte.

Auf dieses Verständnis von Gültigkeit gründet sich für mich die Rede von der Moral als Trumpf: Die Forderungen einer gültigen Moral besitzen gegenüber allen anderen Forderungen Vorrang.

Dem normativen Begriff der *gültigen Moral* möchte ich den empirischen Begriff der *geltenden Moral* gegenüberstellen und dabei drei Typen unterscheiden.

Den ersten Typus geltender Moral nenne ich *Scheinmoral.* Eine solche liegt dann vor, wenn Menschen bestimmte moralische Sätze zwar verbal vertreten, sich aber bewusst oder unbewusst selbst nicht an diese halten.

Einen zweiten Typus nenne ich *faktische Moral.* Damit ist der Fall gemeint, dass die Verhaltensweisen von Menschen eine bestimmte Moral zu erkennen geben, ohne dass ihnen diese als solche bewusst ist, weshalb sie von ihnen auch nicht verbal vertreten wird.

Den dritten Typus schließlich nenne ich *anerkannte Moral.* Eine solche ist dann zu konstatieren, wenn eine faktische Moral auch verbal vertreten wird.

Geltende Moral eines jeden Typs kann zugleich eine gültige Moral sein, muss aber nicht gültig sein. Ebenso kann umgekehrt eine gültige Moral in einem typischen Sinne in Geltung sein, was aber nicht der Fall sein muss. Eine anerkannte Moral ist also entweder gültig oder ungültig. Es kann eine gültige Moral verbal vertreten werden und zugleich das faktische Verhalten eine ungültige zu erkennen geben, und umgekehrt. Eine geltende Moral, die nicht gültig ist, kann und wird mit höchster Wahrscheinlichkeit zumindest langfristig ein Fluch sein.

Gegen die These, dass eine gültige Moral kein Fluch sein kann, scheint auf den ersten Blick der folgende Einwand möglich zu sein: Wenn eine gültige Moral nicht von allen Adressaten anerkannt wird, dann ist sie insofern ein Fluch, als die moralisch Gutwilligen ausgenutzt werden und bei den anderen Schuldgefühle auftreten können. Aber dieser Einwand trifft deshalb nicht zu, weil er das kontrafaktische Element im normativen Begriff der gültigen Moral ignoriert. Wenn eine gültige Moral nur von einigen, aber nicht von allen anerkannt wird, dann ist nicht die gültige Moral als solche ein Fluch, sondern ihre mangelhafte Anerkennung. Die Gründe für diese Schwierigkeit können daher nicht der gültigen Moral angelastet werden, sondern müssen in den Lebensbedingungen der Menschen gesehen werden. Deshalb sprechen einige Philosophen davon, dass die universelle Anerkennung einer jeden Moral auf entgegenkommende Lebensformen angewiesen ist.

Soweit zu den allgemeinen Voraussetzungen meiner Überlegungen. Im Folgenden werde ich mich der Frage nach der heute geltenden Moral zuwenden. Mit dem Terminus *gelebte Moral*, den ich dabei verwende, meine ich eine faktische Moral, die allmählich zur anerkannten Moral wird. Von *Werten* rede ich in einem handlungsfunktionalen Sinne: Werte sind danach jene Motive, die letztlich dazu führen, dass *Handlungsoptionen* tatsächlich ergriffen und *mögliche* Ziele tatsächlich als Handlungszwecke gesetzt werden. Ein solches Verständnis von Werten impliziert einen nur handlungsfunktionalen Unterschied zwischen Werten und Tugenden. Wenn nämlich in bester aristotelischer Tradition davon ausgegangen wird, dass Tugenden im Tätigsein erworben werden und dass tugendhaftes Handeln um seiner selbst willen erstrebt werden soll, Werte aber die entscheidenden Handlungsmotive sind, dann kann ein und dasselbe als Wert Handlungsweisen motivieren und durch Ausführung entsprechender Handlungen als Tugend, d.h. als Haltung und als Können, angeeignet werden.

Schließlich, und das ist meine letzte Vorbemerkung, ist bei der Analyse einer gelebten Moral zu beachten, dass die moderne, insbesondere kantische Differenzierung von Moral und Klugheit nicht unbedingt vorausgesetzt werden darf. Deshalb muss nicht nur mit dieser Differenzierung gerechnet werden, sondern auch mit anderen diesbezüglich denkbaren Varianten, also auch mit einer dem Phronesis-Konzept entsprechenden Undifferenziertheit von Moral und Klugheit oder mit einer Reduktion der Moral auf Klugheit im modernen Sinne.

Die These, für die ich argumentieren möchte, lautet: Fitness und Wellness sind Grundwerte der gelebten Moral heute. Belege für diese These möchte ich aus den Bereichen der Körpergestaltung, der Religionsgestaltung und der Seelengestaltung erbringen. Diese Nachweise sollen abschließend die Bestimmung der Begriffe Fitness und Wellness sowie einiger sich daraus ergebender Probleme ermöglichen.

1. KÖRPERGESTALTUNG

Wenn von Fitness und Wellness die Rede ist, wird wohl zuerst an die Bereiche Freizeit und Gesundheit gedacht: Joggen, Fitnessstudio, Beautyfarm, Diäten, Kochkurse, aber auch Leistungssport werden assoziiert, wie überhaupt alles, was zum Körperkult gehört, bis hin zu Mode und Hairstyling, Schönheitschirurgie und Biotechnologie. Körpergestaltung und Körperertüchtigung sind zu einem wichtigen Wirtschaftszweig mit enormer Medienpräsenz aufgestiegen.

Mittlerweile liegen elaborierte philosophische Untersuchungen vor, die sich der Deutung dieser Erscheinungen annehmen. Eine umfassende und tiefgründige Studie dieser Art ist das Buch *Körperutopien* von Volker Caysa, auf das ich mich im Folgenden teilweise stütze.[3]

Die zeitgenössische Körpergestaltung wird im Prozess der Rationalisierung, Disziplinierung und Technisierung der menschlichen Körper in der Moderne verortet. Die technisch-ökonomischen, also industriellen, Anforderungen an die Körper werden zunächst durch eine repressive Disziplinierung durchgesetzt, welche mit der Zeit durch eine vielfältig bewirkte Verinnerlichung von Normen und Werten der Selbstgestaltung ergänzt und teilweise ersetzt wird. Als wesentliches Element der Fitness- und Wellness-Orientierung muss die Flexibilisierungsnorm gesehen werden: Nicht nur das Produkt, der Körper, soll flexibel sein, sondern insbesondere auch der Produzent des Körpers und seine Praktiken.

Die verschiedensten Arten der Körpergestaltung lassen sich als Spezifikationen des neoliberalistischen Gesellschafts- und Menschenbildes interpretieren: Die Kategorien *Unternehmen* und *Humankapital* werden auf alle Lebensbereiche ausgedehnt.[4] Diese Sichtweise gestattet es, alle »Verhaltensweisen in Begriffen des individuellen Unternehmens zu analysieren, eines Unternehmens seiner selbst mit Investitionen und Einkommen«[5]. Fitness fungiert dabei zunächst als Leitwert für Investitionen, Wellness als Leitwert des Einkommens.

Das Wohlbefinden im Bereich der Körpergestaltung reicht von der körpereigenen Stimulation bei der Körperertüchtigung über Entspannungspraktiken, Anerkennung für gutes Aussehen bis zum Bewusstsein, teure Wellness-Angebote sich leisten und dies zur Schau stellen zu können. Sichtbares Wohlbefinden gilt in der Medien-Spektakel-Gesellschaft[6] als ein Ausdruck der Fitness, als ein Indiz für Leistungsfähigkeit und Leistungsbereitschaft.

---

3 V. CAYSA, Körperutopien. Eine philosophische Anthropologie des Sports. Frankfurt/M./New York 2003.

4 Vgl. M. FOUCAULT, Die Geburt der Biopolitik. Geschichte der Gouvernementalität II. Frankfurt/M.2006, 300 ff.

5 A. a. O., 321.

6 »In seiner Totalität begriffen, ist das Spektakel zugleich das Ergebnis und die Zielsetzung der bestehenden Produktionsweise. Es ist kein Zusatz zur wirklichen Welt, kein aufgesetzter Zierrat. Es ist das Herz des Irrealismus der realen Gesellschaft. In allen seinen besonderen Formen – Information oder Propaganda, Werbung oder unmittelbarer Konsum von Zerstreuungen – ist das Spektakel das gegenwärtige *Modell* des gesellschaftlich herrschenden Lebens. Es ist die allgegenwärtige Behauptung der *bereits getroffenen* Wahl in der Produktion und der von ihr untrennbaren Konsumtion. Form und Inhalt des Spektakels sind identisch die vollständige Rechtfertigung der Bedingungen und der Ziele des bestehenden Systems. Das Spektakel ist auch die *ständige Präsenz* dieser Rechtfertigung, als Besetzung des wesentlichen Quantums der

Fitness reduziert sich aber nicht auf Leistungsfähigkeit und Leistungsbereitschaft. Entscheidend ist die Marktfähigkeit, denn nur nachgefragte und verwertbare Leistung zählt als Leistung. Indem der Neoliberalismus alle Lebensbereiche einer formalisierten Kalkulation unterwirft, wird auch der Markt zum Modell aller Sozialbeziehungen: Neben dem Güter- und Arbeitskräftemarkt finden sich dann auch der Gesundheits-, Ausbildungs- und Beziehungsmarkt.

Die Marktfähigkeit der Körper wird durch Körpervorbilder aus den Bereichen des Leistungssports, der Mode und der Unterhaltungsindustrie veranschaulicht. Industriell genormte Körper »zirkulieren in der Öffentlichkeit als leibhaftig [bzw. virtuell] symbolisierte Sozial-Norm«[7]. Die Flexibilitätsnorm verhindert dabei das Ausrichten auf ein stabiles Endziel der Vervollkommnung: »Flexibilität wird so zu einer Macht, zu einem Kapital, um sich nicht nur anzupassen, sondern um im Existenzkampf überlegen zu sein, zu siegen. Wie aber das Kapital, das ruht, entwertet wird, so gilt nun auch der als wertlos, der sich nicht beständig bewegt, der nicht mobil und flexibel, der nicht fit ist.«[8]

Weil körperliche Fitness- und Wellness-Aktivitäten mit leiblich-seelischen Erfahrungen verbunden sind, scheint sich ihre Thematisierung in den Kontext einer philosophischen Anthropologie und Philosophie der Leiblichkeit einzuordnen.[9] Dabei muss aber beachtet werden, dass in der technisierten Welt und der ihr entsprechenden Erlebensweisen die leiblich-seelischen Erfahrungen reduziert werden und verkümmern. Sie können zwar nicht gänzlich ausgeschlossen werden, aber sie werden durch die Schaffung spezieller Räume, Apparate und Präparate für Fitness und Wellness einer starken Normierung unterworfen. Das leiblich-seelische Erleben wird damit selbst zur Wirkung eines technischen, also kausalen, Verhältnisses zum eigenen Körper. Auch im Hinblick auf die Körpergestaltung erhält damit die Philosophie der Technik eine korrektive, vermittelnde, wenn nicht sogar grundlegende Bedeutung gegenüber der Anthropologie und der Philosophie der Leiblichkeit. Die Rede von der Körpergestaltung ist nicht einer unreflektierten Übersetzung aus dem Englischen geschuldet: Es geht in der Tat zunächst um ein technisches Verhältnis zum Körper und nur über diese Vermittlung

außerhalb der modernen Produktion gelebten Zeit.« G. DEBORD, Die Gesellschaft des Spektakels. Berlin 1996, 14f (§ 6).

7 CAYSA, Körperutopien (s. Anm. 3), 213.

8 A. a. O., 215.

9 A. a. O., 36ff.

und auf das Nötigste beschränkt um den Leib. Die Leiblichkeit wird de facto der Körperlichkeit untergeordnet.[10]

Aufgrund der aufgezeigten Tendenzen und ihrer Interpretation lässt sich zunächst sagen, dass Fitness und Wellness Werte eines situationsvariablen, flexiblen Handelns sind, das auf die zunehmend technisierte und marktfähige Gestaltung von Körpern angewiesen ist. Die Perfektibilität der Körpermaschinen, ihre marktfähige Leistungsfähigkeit, Gesundheit und Schönheit, kennt kein stabiles Endziel der Perfektion.

2. RELIGIONSGESTALTUNG

Dass Fitness und Wellness Grundwerte im Bereich der Körpergestaltung sind, wird niemand überraschen, obwohl die Bedeutsamkeit dieser Thematik oft unterschätzt wird. Aber was haben Fitness und Wellness mit Religion zu tun? Diese Frage soll beantwortet werden, indem gezeigt wird, welche Rolle diese Werte erstens im Kontext neurologischer Erklärungen der Religion und zweitens im Kontext soziologischer und philosophischer Betrachtungen der sogenannten Neuen Religiosität spielen.

Die moderne Technik ermöglicht es, Gehirnströme zu messen und die Aktivität von bestimmten Gehirnregionen zu einer bestimmten Zeit und bei einem bestimmten Anlass sichtbar zu machen. Außerdem ist es den Forschern gelungen, bestimmte Gehirnfunktionen in bestimmten Gehirnregionen zu lokalisieren. Die sich damit bietenden Möglichkeiten nutzen Neurologen auch zur Erforschung des religiösen Glaubens.

Aufgrund solcher Untersuchungen verkündet der Wissenschaftssensationsjournalismus die Lokalisierung des Ursprungs der Religion im Gehirn und fragt, ob Gott im rechten Schläfenlappen sitze. Tatsächlich festgestellt wird dagegen, dass beim Meditieren bestimmte Gehirnareale in besondere Weise aktiv bzw. gehemmt sind, woraus erklärt werden kann, warum bei sogenannten mystischen Erlebnissen eine Entgrenzung des Ichs, d. h. eine Aufhebung der Unterscheidung von Ich und Nicht-Ich, zur psychischen Realität wird. Der Neurologe Andrew Newberg zieht aus diesen Beobachtungen verschiedene Schlüsse, deren kühnster auf eine Art neurologischen Gottes- bzw. Transzendenz-Beweis hinausläuft.[11] Für die Thematisierung von Fitness und Wellness relevanter ist aber seine Deutung der Fähigkeit zu mystischen Erlebnissen.

---

[10] Selbstverständlich sind hier Gegenbewegungen, ähnlich der Jugendbewegung zu Beginn des 20. Jahrhunderts, denkbar.

[11] Vgl. A. NEWBERG/E. D'AQUILI/V. RAUSE: Der gedachte Gott. Wie Glaube im Gehirn entsteht. München/Zürich ^{2}2003, 197 ff.

Diese Fähigkeit spricht Newberg allen Menschen zu, indem er schreibt: »Menschen sind eigentlich von Natur Mystiker, Wesen mit einer angeborenen Gabe zur mühelosen Selbsttranszendenz. Wer sich je von einem berückenden Musikstück bezaubern oder von einer patriotischen Rede mitreißen ließ, hat im Ansatz, aber in aufschlussreicher Weise das Wesen der mystischen Einheit gekostet. Wer sich verliebt oder von der Schönheit der Natur ergriffen ist, weiß wie es sich anfühlt, wenn das Ego entweicht und man für ein paar beglückende Augenblicke lebhaft begreift, dass man Teil eines größeren Ganzen ist.«[12] Solche Erlebnisse besitzen zunächst keinen religiösen Inhalt. Sie vermitteln eine emotionale Gewissheit der Harmonie und des Einklangs mit der Welt, die nach Newberg auch durch ein Wellness-Ritual erreicht werden kann: Er beschreibt ein Bad bei Kerzenschein, schöner Musik und einem guten Wein.

Religiöse und Wellness-Erfahrung beruhen also nach Newberg auf derselben Fähigkeit. Wenn aber diese Fähigkeit in der Evolution prämiert wird, dann muss sie einen Überlebensvorteil bieten. Newberg bringt zwei Argumente für diese These, welche die Wellness-Fähigkeit als Fitness-Eigenschaft ausweist.

Erstens beruft er sich auf empirische Erhebungen, aus denen hervorgehe, dass religiöse Menschen gesünder seien als nichtreligiöse. Sein zweites Argument ist eine evolutionstheoretische Spekulation. Es besagt, dass das mystische Erlebnis jene Zuversicht gebe, die zum erfolgreichen Überleben notwendig sei. Zur Veranschaulichung erfindet er die Geschichte eines zunächst erfolglosen urzeitlichen Jägers, der erschöpft über den Hirsch meditiere, den er gern erlegen möchte, sich dabei mystisch mit diesem vereinige, daraus Zuversicht beziehe und schließlich erfolgreich sei.

Entstanden sei die Fähigkeit zum mystischen und Wellness-Erleben als Nebenprodukt der Evolution: Es sei eine Variation der die Fortpflanzung stimulierenden sexuellen Empfindungsfähigkeit, wovon die Sprache der Mystiker zeuge, die von Verschmelzung, Entzückung und Ekstase spricht.

Newbergs neurologisch-evolutionstheoretische Deutung sieht das Wesen der Religion also in der Fähigkeit zum mystischen Erleben, welche aus der sexuellen Empfindungsfähigkeit hervorgeht, Wohlbefinden ermöglicht, gesund erhält und die handlungsnotwendige Erfolgszuversicht durch die psychische Realität einer höheren Einheit und Ordnung vermittelt.

Der in dieser Deutung enthaltene pragmatische Aspekt spielt auch eine wesentliche Rolle bei der Interpretation der sogenannten Neuen Religiosität.

---

12 NEWBERG, Gott (s. Anm. 11), 158.

Peter Sloterdijks Begriff der »Amerikanisierung des Religiösen«[13] meint einen pragmatischen Eklektizismus: Die experimentelle Lebensführung probiert die Angebote des religiösen und esoterischen Supermarktes aus und stellt sich zusammen, was Erfolg verspricht und zu wirken scheint. Es handelt sich nach Sloterdijk um verweltlichte Religionen, die »alle Methoden, das Jenseits im Diesseits präsent zu machen, mit letzter psychotechnischer und medientechnischer Skrupellosigkeit« durchspielen.[14] Die Sekten der amerikanisierten Religion seien daher »nichts anderes als Schulen der spirituell gestützten innerweltlichen Erfolgsgier: [...] sie versprechen allesamt Fitness von innen im Rennen nach dem Sieger-Prämien im Wirklichen, Allzuwirklichen. Daher sind die meisten von ihnen kommerziell, expressiv, autohypnotisch, interventionistisch; ihre Anhänger tragen das Seelenfünklein auf der Zunge und ihre Hoffnung im Scheckheft. Sie alle halten Gott für ihren Sponsor.«[15]

Zu ähnlichen Beschreibungen gelangt der Soziologe Ulrich Beck. Er spricht vom »religiösen Melange-Prinzip«, von individualisierten Formen einer »religionsübergreifenden Mischreligiosität«.[16] Allerdings sieht Beck die Funktion der Neuen Religionen nicht allein in der utilitären Erfolgsoptimierung, sondern auch und zuerst im Nachdenken über sich selbst, in der Suche nach einem Leitbild des sich selbst verantwortlichen Individuums.[17] Daher will er den Individualismus nicht mit dem Egoismus gleichsetzen, sondern als institutionalisierten Individualismus begreifen: Das Prinzip der religiösen Toleranz, die zivilen, politischen und sozialen Grundrechte wie auch die allgemeinen Menschenrechte erheben den Anspruch, dem Individuum seine Freiheit zu garantieren, für deren Gebrauch es selbst die Verantwortung übernehmen muss.[18] Dem Anspruch nach, und trotz ständiger Verletzungen in der Realität, verleihe der institutionalisierte Individualismus mit dem Begriff der Würde dem Einzelnen eine säkularisierte Heiligkeit: Das Individuum sei sein eigener Gott.

Diese Form der Religiosität hebe die Spaltung in Gläubige und Ungläubige auf, indem sie sie in das Individuum zurücknehme.[19] Der Widerstreit

---

[13] P. SLOTERDIJK, Chancen im Ungeheuren. Notiz zum Gestaltwandel des Religiösen in der modernen Welt im Anschluss an einige Motive bei William James. in: W. JAMES, Die Vielfalt religiöser Erfahrung. Eine Studie über die menschliche Natur. Übersetzt v. E. Herms u. Chr. Stahlhut. Frankfurt/M./Leipzig 1997, 26.

[14] A. a. O., 32.

[15] Ebd.

[16] U. BECK, Der eigene Gott. Friedensfähigkeit und Gewaltpotential der Religionen. Frankfurt/M. 2008, 86.

[17] Vgl. a. a. O., 162.

[18] Vgl. a. a. O.,124 ff.

[19] Vgl. a. a. O., 164.

zwischen dem Glauben an sich selbst und dem Selbstzweifel finde in dem Credo »Ich suche« seinen Ausdruck. Schärfer formuliert als bei Beck heißt das: Das Grundproblem dieser Neuen Religiosität und damit auch des modernen Individuums ist heute das Identitätsproblem. Konsequenz der individualistischen Selbstvergottung und der radikalen Verinnerlichung von Glaube und Unglaube ist eine existenziell-experimentelle Lebensführung mit dem Ziel der Selbstverwirklichung im Hier und Jetzt und mit der Gefahr des Abgleitens in das Esoterische, Absurde und sogar Gewalttätige. Zusammenfassend schreibt Beck: »Die Kommunikation mit dem der kirchlichen Autorität entwichenen »eigenen Gott« radikalisiert also die subjektive Erfahrungsbasis, Aktivität und Selbstverantwortung. Wer in diesem Begriffshorizont über Religion nachdenkt, denkt über sich selbst nach; was allerdings zugespitzt – hochambivalent – einerseits zur therapeutischen Kultur der friedfertigen Wellness-Spiritualität führt, andererseits zum Selbstmord als Massenmord für revolutionäre Zwecke motivieren kann.«[20] Fitness und Wellness zeigen sich deutlich als Grundwerte der »konkurrierenden »Religionen des wahren Selbst««[21]: Es geht darum, »eine Mixtur religiöser Praktiken und Symbole zu finden, die der eigenen Gesundheit, dem eigenen Glück, dem eigenen Leben dient«[22] und für die sich das Individuum ausschließlich selbst verantwortlich fühlt.

Beck führt die Abwendung von den traditionellen Religionen auf sich permanent verändernde Anforderungen in der Lebenswelt zurück, auf die kirchliche Institutionen zu langsam und nach der Einschätzung vieler Menschen unangemessen reagieren. Thomas Luckmann ergänzt diese Diagnose, indem er darauf verweist, dass die persönliche Identitätssuche jenseits der gesellschaftlichen, insbesondere der beruflichen Rollen erfolge und erfolgen müsse. Er schreibt: »Aus der Perspektive der institutionellen Bereiche wird der subjektive, biographische Zusammenhang der Rollenhandlungen bedeutungslos. Für sie ist nur eine wirksame Kontrolle dieser Handlungen von Interesse.«[23] Weil das Bedürfnis nach persönlicher Identität und Lebenssinn aber fortbestehe und weil das Individuum ihm entsprechende Gestaltungsmöglichkeiten am ehesten in der Privatsphäre finde, würden die individualistischen »Systeme »letzter« Bedeutung« scheinbar zu einer reinen Privatangelegenheit.[24] Die Zusammenstellung der eklektischen, veränderlichen, aber

---

[20] A. a. O., 166.

[21] A. a. O., 166.

[22] A. a. O., 174.

[23] TH. LUCKMANN: Die unsichtbare Religion. Frankfurt/M. 2005, 138.

[24] Vgl. a. a. O., 139, 149.

auch zerbrechlichen Privatreligionen[25] vollziehe sich auf der Grundlage der »allgegenwärtigen Konsumorientierung« und sei auf die Interessen individueller Selbstbestimmung und Selbstverwirklichung abgestimmt.[26] Stützende Gruppen, die sich in der Privatsphäre bildeten, würden in diesem Kontext nicht selten sektiererische Züge annehmen.[27]

Wenn bei der Körpergestaltung das Problem der marktgerechten Leistungsfähigkeit im Vordergrund steht, dann bei der Religionsgestaltung jenes der persönlichen Identität. Das Problem besteht darin, dass einerseits die Notwendigkeit der flexiblen und mobilen Anpassung an den Markt die Ausbildung einer persönlichen Identität, die sinnhafte Einheit einer Biographie, erschwert oder verhindert, aber andererseits die private Sinngebung die Markterfordernisse nicht ignorieren kann. Die Orientierung an den Grundwerten Fitness und Wellness ist daher auch bestimmend für die individualisierten Formen der Neuen Religiosität: Diese sind pragmatisch, eklektisch, flexibel, stets gefährdet und tendenziell sektiererisch.

3. SEELENGESTALTUNG

Das Problem der persönlichen Identität zeigt sich nicht nur auf der spirituellen Ebene, sondern auch auf der seelischen. Fitness und Wellness orientieren daher nicht nur das Streben nach körperlicher Marktfähigkeit und die geistige Identitätssuche in den Formen der Neuen Religiosität, sondern auch das Bemühen um psychische Stabilität. Dies verdeutlicht eine Untersuchung über den Wandel der vorrangigen psychischen Störungen und der Art und Weise ihrer Thematisierung in den letzten Jahrzehnten. Vorgelegt hat eine solche Studie der französische Soziologe Alain Ehrenberg im Jahre 1998. Sein Buch *Das erschöpfte Selbst* erschien 2004 auch in Deutschland.[28]

Ehrenberg kann belegen, dass die Depression seit den 60er und 70er Jahren des 20. Jahrhunderts zur häufigsten psychischen Störung aufsteigt und in

[25] Freilich wird auch für diese sogenannten Privatreligionen gelten, was Durkheim bezüglich ihrer ersten Anzeichen schrieb: »Obgleich also die Religion ganz im Innern des Individuums enthalten zu sein scheint, liegt die Quelle, die sie versorgt, wiederum in der Gesellschaft. Jetzt können wir ermessen, was jener radikale Individualismus wert ist, der aus der Religion eine rein individuelle Angelegenheit machen will: er verkennt die fundamentalen Bedingungen des religiösen Lebens. […] Eine Philosophie mag sich in der Stille innerer Meditation wohl ausbilden lassen, aber kein Glaube.« E. DURKHEIM, Die elementaren Formen des religiösen Lebens. Frankfurt/M. 1994, 568 f.

[26] Vgl. LUCKMANN, Religion (s. Anm. 23), 147.

[27] Vgl. a. a. O., 150.

[28] A. EHRENBERG, Das erschöpfte Selbst. Depression und Gesellschaft in der Gegenwart. Übersetzt v. M. Lenzen u. M. Klaus. Frankfurt/M./New York 2004.

allen Schichten der Bevölkerung anzutreffen ist. Obwohl der Begriff *Depression* in Psychiatrie und Psychologie keineswegs zu den wohldefinierten gehört und oft nur als Sammelname bzw. als Name für eine Familienähnlichkeit von unterschiedlichen Störungen dient, lässt sich doch ein gewisser Kernbestand an Symptomen angeben.

Die Depression äußert sich primär als Verlust der Initiative, des Elans, führt zur völligen Gehemmtheit und Handlungsunfähigkeit und geht mit Spannungsabfall und Apathie einher. Insbesondere die Einteilung der Symptome in vitale und emotionale zeigt die Depression als genaue Negation der Werte Fitness und Wellness. Das Gegenteil der Fitness stellt sich in den Vitalsymptomen der Erschöpfung, der Lethargie, der Abkapselung und der Gehemmtheit des Denkens, Handelns und Entscheidens dar. Die Negation der Wellness-Fähigkeit manifestiert sich in den emotionalen Symptomen der Unfähigkeit zu genießen, ein Interesse aufrecht zu erhalten sowie in der Abstumpfung der Gefühle. Depressive fühlen sich ausgebrannt, leer, klagen über Sinnlosigkeit und Ohnmacht und haben Minderwertigkeitsgefühle. Sie sind gefangen in der Gegenwart, insgesamt verunsichert und zeigen Bindungsängste.

Ehrenberg sieht in der Depression die Krankheit des Massenmenschen, der sein eigener Souverän zu sein versucht. Persönliche Initiative, Eigenverantwortung und Leistungsfähigkeit sind die Maßstäbe dieser Existenzform. Sie ist ohne Außenstabilisierung durch Traditionen, sozial geltende Religion, Moral und Autorität. Das souveräne Individuum unter dem Anpassungs- und Erfolgsdruck einer sich permanent verändernden Massen- und Spektakel-Gesellschaft muss sich selbst motivieren, Projekte machen sowie vielfältige, wechselnde und oft oberflächliche Kommunikationsbeziehungen eingehen. Indem die Depression in ihren Symptomen die Negation der Grundwerte Fitness und Wellness darstellt, bestätigt sie zugleich das Selbstbild bzw. Ich-Ideal des souveränen Individuums im Moment seines Zerbrechens.

Das Selbstverständnis des souveränen Individuums liegt aber auch der Art und Weise der Thematisierung der Depression zugrunde. Ehrenberg kann zeigen, dass Ende des 19. und in der ersten Hälfte des 20. Jahrhunderts psychische Störungen, insbesondere unter dem Einfluss der Psychoanalyse, mit Hilfe eines *Identifikations- und Konflikt-Modells* gedeutet werden.[29] Nach diesem Modell ergeben sich psychische Störungen aus einem Konflikt des Subjekts mit den normativen Erwartungen einer vorgegebenen Rolle. Das

---

[29] »Die Übertragungsneurose entspricht dem Konflikt zwischen Ich und Es, die narzißtische Neurose dem zwischen Ich und Über-Ich, die Psychose dem zwischen Ich und Außenwelt.« S. FREUD: Neurose und Psychose, in: DERS.: Essays. Hrsg. v. D. SIMON. Berlin 1988, Bd. III, 91.

Problem wird also in der gestörten Identifikation mit relativ fixen rollenspezifischen Anforderungen gesehen. Zwar kann das Bewusstmachen der individuellen Geschichte solcher Konflikte diese nicht endgültig auflösen, aber doch dem Subjekt helfen, seine Identifikationsprobleme zu verstehen und ihnen durch Kompromissbildung eine erträgliche Form zu geben. Die eigene Geschichte, der bewusst gemachte Konflikt und der Kompromiss zwischen dem Individuum und den Rollenerwartungen sind also Momente gelingender Subjektkonstitution. Das Identifikations- und Konflikt-Modell, welches während der genannten Zeit nicht nur für die individuelle Psyche sondern in gewisser Weise auch im politischen Bereich gilt, wird im Zeitalter der Depression durch ein neues Modell verdrängt.

Dieses neue Modell kann das *Identitäts- und Defizit-Modell* genannt werden. Die Anforderungen an das Individuum treten diesem nicht mehr in Form fixer Rollenerwartungen gegenüber, mit denen es sich identifizieren soll und arrangieren kann, sondern in Form rollenneutraler und rollenübergreifender Zumutungen. Flexibilität, Mobilität, Eigeninitiative und Eigenverantwortung werden abverlangt, welche das Subjekt befähigen sollen, sich permanent selbst zu transformieren: Eine beständige Veränderung, die keine Entwicklung mehr ist, weder im Sinne des Hineinwachsens in eine Rolle noch im Sinne fortschreitender Konfliktbewältigung. Wer diesen neuen Erwartungen nicht entspricht, empfindet daher nicht Schuld wegen mangelnder Identifikation mit einer vorgegebenen Rolle, sondern erlebt sich als defizitär wegen mangelnder Fitness, d. h. wegen der mangelnden Fähigkeit, permanent ein anderer zu werden, sich selbst zu erfinden oder wie die einschlägigen Formulierungen alle lauten mögen. Es liegt also kein Identifikationsproblem, sondern ein Identitätsproblem vor: Wer bin ich, wenn ich ständig ein anderer werden soll, wenn ich ständig Ausbildung, Beruf, Wohnort und soziales Umfeld wechseln muss, wenn mir die permanente Selbsttransformation eben nicht Wohlbefinden vermittelt? Im Falle des Depressiven lautet die Antwort: Ich bin defizitär, minderwertig, handlungsunfähig, apathisch; es gelingt mir nicht, der zu werden, der ich doch sein können sollte und müsste.

Das Identitäts- und Defizit-Modell unterstellt also nicht mehr die Identitätsbildung durch zielorientierte Entwicklung und Konfliktbewältigung als den Normalfall. Als normal gilt es, in permanent neue Relationen gestellt sich ständig verändern zu können, ohne einer Vervollkommnungsaussicht zu bedürfen. Die damit für das Individuum oft einhergehende Zukunftsunsicherheit hat ihre Kehrseite in der depressiven Befangenheit in der Gegenwart.

In dem Maße, in dem die Identität zum Problem wird, verstärkt sich die Suche des Subjekts nach Bestätigung seines individuellen Soseins durch andere. Die Formen der identitätsstabilisierenden Selbstbestätigungsgemeinschaften reichen von der Familie und Vereinen über Selbsthilfe- und Therapiegruppen bis zu Sekten und radikalen politischen Vereinigungen.

Das Identitäts- und Defizit-Modell versteht also die Depression als Krankheit des erschöpften Selbst, das mit der ihm zugemuteten und von ihm in sein Selbstbild aufgenommenen Souveränität überfordert ist, in eine permanente Identitätskrise gerät und sich als defizitär erlebt. Es ist die Krankheit des Subjekts, welches nach Fitness und Wellness strebt, in diesen Werten aber weder Halt noch Sinn findet.

Aber nicht nur die Symptome und das Deutungsmodell der Depression bestätigen Fitness und Wellness als Grundwerte der gelebten Moral, sondern auch ihre Behandlungsweise. Diese nämlich verpflichtet sich im Verlauf ihrer Geschichte im 20. Jahrhundert selbst diesen Grundwerten.

Im Rahmen des Identifikations- und Konflikt-Modells wird therapeutisch versucht, die Lebensgeschichte und die Lebenssituation des Patienten aufzuarbeiten, die Konflikte bewusst zu machen. Physiologisch wirksame Medikamente und Techniken, wie z. B. ab 1938 der Elektroschock, werden nur eingesetzt, um die Therapierbarkeit herzustellen und um die eigentliche Therapie zu unterstützen. Mit der fortschreitenden Entwicklung der Psychopharmaka, aber auch mit dem Übergang zum Identitäts- und Defizit-Modell verändert sich diese Einstellung. Es geht jetzt nicht mehr um die Aufarbeitung der Konflikte und ihrer Geschichte, sondern nur noch um die Wiederherstellung der Handlungsfähigkeit: Der Patient soll wieder fit sein und sich wohlfühlen.

In Analogie zum Diabetes wird die Depression als chronische Krankheit gesehen, die eine dauerhafte Medikamentengabe erfordert. Ziel ist nicht die Heilung, sondern die Sicherung von Wohlbefinden, Lebensqualität und Handlungsfähigkeit. In diese Richtung der von der Individualgeschichte unabhängigen Verhaltensregulation zielen nicht nur der Einsatz der Psychopharmaka, sondern auch die Gesprächs- und die Verhaltenstherapie. Es handelt sich also streng genommen weniger um Therapien als vielmehr um Technologien der Verhaltensregulierung. Solche Technologien können nicht nur Verhaltensdefizite beheben, sondern erwünschte Fähigkeiten auch optimieren.

Die Pharmakologie und andere Technologien ermöglichen es also, auf das unzulängliche Subjekt einzuwirken, unabhängig davon, ob es krank oder gesund ist. Insbesondere die Psychopharmaka können daher auch zur Leistungssteigerung und zum Management der Stimmungen eingesetzt werden. Die technologische Verhaltensmedizin führt deshalb folgerichtig zu einer Diskussion über die Freigabe des Psychodopings im Namen von Fitness und Wellness.

Die Befürworter der Freigabe bzw. der Dauermedikation berufen sich darauf, dass diese Drogen nicht der Weltflucht und der direkten Lusterzeugung dienen würden, sondern Freude durch wiederhergestellte bzw. gesteigerte Handlungs- und Leistungsfähigkeit bewirkten, dass sie nicht die Wahrnehmungen verzerrten, keinen Bruch mit der Gesellschaft herbeiführten und individuelle Fähigkeiten verbesserten, ohne schädliche Nebenwirkungen zu haben. Letztlich sprechen sie davon, dass eher von einem Tonikum als von einem Medikament die Rede sein sollte, und vergleichen Psychopharmaka mit Aspirin, Schönheitschirurgie, Hormonbehandlung und künstlicher Befruchtung, um sie als Mittel zur Verbesserung der Lebensqualität anzupreisen. Dass diese Verbesserung ohne Arbeit, ohne Willensanstrengung, ohne Entwicklung der Persönlichkeit zustande kommt, spielt keine Rolle mehr. Ehrenberg schreibt daher: »Bei der Droge fehlt gewissermaßen systematisch das Subjekt beim Appell.«[30]

Zusammenfassend kann gesagt werden: Die Symptome der Depression sind die genaue Negation der Grundwerte Fitness und Wellness. Das Identitäts- und Defizit-Modell zur Deutung der Depression setzt diese Grundwerte als Werte des souveränen Individuums voraus und erkennt sie damit implizit an. Die Behandlungsweise der Depression ist diesen Werten verpflichtet, denn sie will ein ihnen gemäßes Leben ermöglichen und Technologien zu ihrer Herstellung anbieten.

4. Begriffsbestimmung und offene Fragen

Mit den folgenden Thesen sollen die Ergebnisse dieser Betrachtungen auf den Begriff gebracht und offene Fragen formuliert werden.

1) Fitness ist im Kern marktfähige Selbstgestaltung des sich als souverän erachtenden Individuums. Der Begriff des Marktes muss im Sinne einer neoliberalistischen Gesellschaftstheorie verstanden werden, welche die Begriffe Unternehmen und Markt auf alle Lebensbereiche ausdehnt. Der Einzelne ist danach ein Unternehmer seiner selbst, der die Aufgabe hat, sein Humankapital optimal zu verwerten, indem er in allen Lebensrelationen auf eine sich permanent verändernde Nachfrage reagiert bzw. unter der Bedingung markttypischer Unsicherheit eigenverantwortlich und initiativ agierend Angebote unterbreitet. Die Selbstgestaltung muss sich daher in der Form permanenter Selbstveränderung vollziehen. Fitness ist also nicht Anpassungsverhalten im Sinne der Einordnung in vorgegebene fixe Umstände, im Sinne

[30] EHRENBERG, Subjekt (s. Anm. 28), 265.

der Identifikation mit einer beständigen Rolle, sondern Verhaltensregulierung als permanente Selbsttransformation.

2) Der Fitnessbegriff verdeutlicht, dass die individuelle Biographie nicht mehr unter dem Gesichtspunkt der Entwicklung, sondern unter dem der Evolution gesehen wird. Das Entwicklungsparadigma unterstellt Stadien der Reife und eine Bildung der Persönlichkeit, die als zielgerichtete Vervollkommnung gedacht wird. Das aus der Biologie stammende Evolutionsparadigma kennt keine Entwicklung in diesem Sinne. Es kennt aber Fitness, und zwar in einer doppelten Bedeutung. Geläufig ist die Bedeutung der Fitness als Anpassungs- und damit Überlebensfähigkeit einer Art in einer spezifischen Umwelt. Bei genauer Betrachtung erweist sich aber auch der Begriff der Mutation als ein Fitnessbegriff. Denn erfolgreiche artbildende Mutationen sind Ausdruck der Überlebensfähigkeit des Lebens überhaupt: Das Leben erhält sich insofern, als es seine Art veränderten Umweltbedingungen entsprechend verändern kann. Fitness als Grundwert des souveränen Individuums entspricht eher der Mutationsfitness als der Anpassungsfitness: Das Individuum soll im Verlauf seines Lebens fähig sein, seine Lebensart mutieren zu lassen. Fitness ist sozusagen Mutationspermanenz im Rahmen des individuellen Lebens.

3) Der Wellness kommt eine doppelte Funktion zu. Das körperliche, geistige und seelische Wohlbefinden ist zum einen Grundlage der Handlungsfähigkeit und der Leistungsoptimierung, zum anderen Lohn der Fitness. Wenn Fitness im permanenten Wechsel der Lebensart besteht, dann ist das durchgängige Wohlbefinden vielleicht das einzige identitätsstiftende Moment: Mit sich eins zu sein, das zeigt sich nur noch als Wohlbefinden, nicht mehr im Aufgehen in einer Sache, nicht mehr in der Identifikation mit einer Rolle. Wellness ist die affektiv kurzgeschlossene Identität; gestörte Identität daher in erster Linie ein Wellness-Problem.

4) Als Grundlage und Lohn der Fitness steht die Wellness mit der Fitness in einem gegenseitigen Bedingungsverhältnis. Insofern sie aber affektiv kurzgeschlossene Identität ist, kann auch versucht werden, sie auf direktem Wege technisch herzustellen. Der technologisch direkteste Weg ist die Einnahme von Psychopharmaka. Zugleich wird damit eine Bedingung der Fitness produziert. Ebenso ist die technologische Produktion körperlicher und im zunehmenden Maße geistiger Fitness möglich. In dem Maße, in dem versucht wird, die Grundwerte Fitness und Wellness technologisch zu verwirklichen, versteht sich der Mensch selbst als bloßes Lebewesen und reduziert sich theoretisch wie praktisch auf seine Körperlichkeit. Dies geschieht zunächst durch eine Aufwertung der Affektionen gegenüber den sogenannten höheren geistigen Funktionen, sodann durch eine Rückführung der Affektionen auf neurologische, allgemein: biologische, Bedingungen, welche schließlich

direkt der kausalen Manipulation zugänglich sind. Fitness und Wellness sind damit der Wertkontext, in dem sich die Technisierung des Menschen auf der Grundlage seiner Biologisierung und vielleicht künftig noch weitergehenden Naturalisierung vollzieht.

5) Die den Grundwerten des souveränen Individuums entsprechende Lebensweise und ihre Negation in der Depression werfen Fragen der Moral und des Menschenbildes auf. Die grundlegende Frage lautet: Ist diese Lebensweise der menschlichen Natur angemessen? Die Rede von der menschlichen Natur gilt vielen Philosophen als ein substanzmetaphysischer und daher zu verabschiedender Topos. Aber die signifikante Zunahme der depressiven Störungen und die hier nur wenig beachtete Suche nach alternativen Lebenskonzepten sprechen vielleicht doch gegen eine allzu voreilige Ablehnung. Gewiss ist die menschliche Natur nicht in gleicher Weise auf artspezifische Fähigkeiten festgelegt, wie die der Tiere. Dem Menschen werden das universelle Vermögen der Vernunft und die Hand als universelles Werkzeug zugeschrieben. Diese nicht durch Instinkte, Schlüsselreize und artspezifische Umwelt definierten Vermögen sind zweifellos die Grundlage für die menschliche Kulturgeschichte, einschließlich der Lebensweise des souveränen Individuums. Dennoch stellt sich die Frage, ob diese universellen Vermögen auch die letztlich hinreichende Grundlage für die Mutationspermanenz innerhalb einer Biographie sind, ob es nicht ein Maß der Plastizität der menschlichen Natur gibt, dessen Überschreitung den Einzelnen überfordert. Die Frage nach der menschlichen Natur ist also keine Abkehr von der Analyse der historisch konkreten Verhältnisse, sondern schlicht die Frage, ob und inwiefern diese Gesellschaft und diese Lebensform menschlich sind.

6) Im engen Zusammenhang mit der Thematisierung der menschlichen Natur steht die Frage nach der Subjektkonstitution. Die Diskussion dieses komplexen Problems hätte zumindest die folgenden Teilfragen zu berücksichtigen. Wer ist im Falle der Depression die wahre Person: die depressive oder die pharmakologisch justierte? Muss sich die Subjektkonstitution notwendigerweise durch Persönlichkeitsbildung und Konfliktaufarbeitung in einem Leben mit Entwicklungsziel vollziehen oder kann das Subjekt genauso gut technisch produziert werden? Verdeckt und verdrängt die Defizitbeseitigung zugrunde liegende Konflikte? Und wenn es solche Konflikte gibt, was bedeutet es dann langfristig, wenn sie verstellt werden und unthematisch bleiben?

7) Die auf Fitness und Wellness ausgerichtete Lebensweise verändert möglicherweise nicht nur die moralische Bewertung bestimmter Handlungsoptionen, sondern sogar den Begriff der Moral selbst. Die Haltung zu Drogen bzw. Medikamenten ist nicht mehr davon abhängig, ob sie persönlichkeitsverändernd sind und ob eine Erkrankung vorliegt, sondern einzig und

allein davon, ob sie Fitness und Wellness fördern oder nicht. Dieser Veränderung einer konkreten Bewertung liegt ein Wandel im Moralbegriff zugrunde: Ist für die Moral traditionell das Verhältnis zwischen dem Möglichen und dem Erlaubten konstitutiv, so ist es für die Moral des souveränen Individuums das Verhältnis zwischen dem bereits Möglichen und dem noch Unmöglichen. Es wird nicht gefragt, ob das Mögliche erlaubt ist, sondern wie bisher Unmögliches ermöglicht werden kann. Die Imperative der Limitierung weichen den Imperativen der Ermöglichung, der Enthemmung und der Transformation. Das Erlaubte ordnet sich dem Möglichen unter; das Machbare wird zum Gebotenen. Die moralische Antwort auf solche Gebote muss dann lauten: Ja, wir können.

Die Betrachtung von Fitness und Wellness als Grundwerte der gelebten Moral des vermeintlich souveränen Individuums bietet also reichlich Stoff für eine Diskussion der Frage, ob diese Moral ein Fluch oder ein Segen sei. Eine gültige Moral ist sie trotz ihrer Geltung offensichtlich nicht.

Friedrike Schick

Der gute Mensch und die gute Entscheidung

Beobachtungen zur Rolle des Gewissens in moralisch-praktischen Diskursen

1. Ein nachdenkenswertes Phänomen

Der Leitfrage dieser Tagung zum Thema »Moral – Fluch oder Segen?« sucht der folgende Beitrag nicht durch eine robuste Entscheidung der Alternative gerecht zu werden, sondern durch den Versuch, ein Teilphänomen zeitgenössischer Moralität herauszuarbeiten und einer Erklärung zuzuführen. Das gemeinte Phänomen nimmt sich so aus:

In zeitgenössischen moralisch-praktischen Diskursen lassen sich Begründungszüge beobachten, in denen die subjektive Seite moralisch-praktischer Überzeugung und Überzeugungsbildung hervorgehoben und als mit eigener argumentativer Kraft ausgestattet behandelt wird. Dieses Phänomen tritt bevorzugt dann auf, wenn es um Entscheidungen geht, in denen einer oder mehreren betroffenen Parteien etwas zugemutet wird. Die Begründung solcher Entscheidungen spielt dann gern auf zwei Ebenen: Zum einen werden direkt Gründe der Notwendigkeit oder doch des Vorzugs der umstrittenen Maßnahme vorstellig gemacht, die diese im Licht eines als konsensuell vorausgesetzten übergeordneten Zwecks haben oder haben sollen. Zum anderen bleibt der Diskurs oft nicht auf diese Form der Reflexion auf Sachgerechtigkeit beschränkt; darüber hinausgehend wird auf Fragen der Art rekurriert, wie glaubwürdig, wie vertrauenswürdig, wie gewissenhaft die Personen sind, die von Rechts oder Amts wegen dazu bestallt sind, die in Rede stehende Entscheidung schlussendlich zu fällen. Was es mit dieser zweiten Ebene auf sich hat und wie sie mit der ersten Ebene moralisch-praktischer Gründe verbunden sein könnte, möchte ich im Folgenden eruieren.

Vorab mag ein Beispiel zur Illustration des Gemeinten dienen; es ist beliebig herausgegriffen, denn die Presse liefert für das Phänomen allwöchentlich neues gutes Anschauungsmaterial. Das Beispiel stammt aus einem Interview, das der damalige Bundeswirtschaftsminister im Juni 2009 einer Wochenzeitschrift gegeben hat. Den Kontext des Ausschnitts und des Interviews bildet die zu dieser Zeit lebhaft geführte Diskussion um die Frage, in welchem Maß der Staat Unternehmen, die im Zuge der Weltfinanz- bzw.

Weltwirtschaftskrise zahlungsunfähig wurden oder zu werden drohten, durch politischen Kredit retten sollte. Der Wirtschaftsminister stand dabei für eine Position ein, die realistisches Augenmaß einforderte und sich dem Inhalt nach etwa so zusammenfassen lässt: Rentabilität kann nicht *pauschal* durch politischen Kredit kompensiert werden, und es wäre ein Trugschluss, aus der Not massenhaft drohenden Arbeitsplatzverlustes auf die Möglichkeit politischen Handelns zu schließen, den Verlust durch Kredite oder Bürgschaften abzuwenden. – Nun der Ausschnitt selbst:

»*Focus*: Politik und Wahrheit haben nicht immer viel miteinander zu tun ...
zu Guttenberg: Aufrichtigkeit sollte die Grundlage jeder Politik sein. Das ist auch ein Grund, warum ich mich den 7000 Arcandor-Mitarbeitern gestellt habe, die hier vor dem Wirtschaftsministerium demonstriert haben. Obwohl ich keine positive Kunde für sie hatte.
In solchen Momenten geht es ausschließlich um Ernsthaftigkeit und nicht um die Frage, ob man daraus politische Gewinne ableiten kann. Die Gefühle der betroffenen Menschen darf man nicht für das politische Spiel nutzen.
[...]
Focus: Sagen Sie nein [zur Kreditvergabe; d.V.], kommt schnell der Vorwurf, der Baron aus Bayern habe kein Herz.
zu Guttenberg: (lacht) Ich gehe mit sehr viel Herz an diese Dinge heran. Dazu gehört aber auch, dass man keine Heilsversprechen abgibt, die bei den betroffenen Menschen Hoffnungen wecken, die man dann enttäuschen muss.
Wenn man die Dinge abwägt und ehrlich entscheidet, wenn man versucht, kein politischer Gaukler zu sein, dann hat das sehr viel mit Herzensbildung zutun. Ich habe kein kaltes Herz. Das haben diejenigen, die politisches Kapital aus den Sorgen anderer schlagen und am Ende nur noch zynisch ›Holzmann, Holzmann‹ rufen.«
(»Aufrichtigkeit sollte Grundlage jeder Politik sein«, *Focus*, 29.06.2009)

Aufrichtigkeit, *Ernsthaftigkeit*, *sorgfältiges Abwägen* und *ehrliches Entscheiden*, *Herz* und *Herzensbildung* – was hier zur Sprache kommt, ist ein Ensemble formaler subjektiver Tugenden (nicht nur) politischer Verantwortungsträger. Natürlich ersetzt der Verweis auf einen solchen Tugendkatalog nicht die Angabe der sachbezogenen Gründe und Kriterien, nach denen die Frage der Unterstützung des krisengeschüttelten Konzerns entschieden und gerechtfertigt werden, und im gegebenen Beispiel ist er offensichtlich auch gar nicht dazu gedacht, sachbezogene Gründe zu *ersetzen*. Aber es scheint doch auch wichtig zu sein, dass diejenigen, die die Entscheidung schließlich fällen, sich foro publico als solche darzustellen wissen, die solche Entscheidungen aus dem Herzensgrund eines allseitig gebildeten wachen Gewissens treffen.

Solche Phänomene sind weit verbreitet und nicht auf die Sphäre der Politik beschränkt. Im Geschäftsleben, im Kulturleben, im Privatleben tritt dieses Muster ebenso auf: Wo Entscheidungen getroffen werden, die für andere eine Zumutung darstellen, scheint eine solche Reflexion zweiter Stufe mit zum Spiel zu gehören. Auch für die jeweiligen Adressaten würde anscheinend ein wichtiges Moment fehlen, wenn solche Reflexionen zur moralischen Qualifikation von Personen und der allgemeinen Art und Weise ihrer Urteilsbildung weggelassen würden. Ihr Ausfall könnte bei den von einer Entscheidung unmittelbar negativ Betroffenen den Verdacht nähren, ihr Los und ihr Interesse seien am Ende doch nicht ernsthaft berücksichtigt worden.

Es handelt sich um ein vertrautes, aber auch um ein nachdenkenswertes Phänomen. Man kann ja den Standpunkt einnehmen: Wenn die dargelegten sachbezogenen Kriterien und Gründe für eine bestimmte Entscheidung für alle betroffenen Parteien einsehbar und eindeutig diese Entscheidung begründen, so ist ein zusätzlicher Hinweis auf die oder Ausweis der Gewissenhaftigkeit der Subjekte der Entscheidung überflüssig. Begründungen für praktische Entscheidungen verhalten sich in dieser Hinsicht wie theoretische Begründungen: Wer einen überzeugenden theoretischen Beweis geführt hat, muss denen, die ihn verstehen, nicht auch noch sagen, wie sorgfältig er vorgegangen ist. Dass er sorgfältig genug vorgegangen ist, sieht man daran, dass der Beweis beweist, was er beweisen soll. Wenn, umgekehrt, die dargelegten Kriterien und Gründe die Entscheidung tatsächlich nicht begründen, dann wird die Begründung der Sache nicht dadurch rund, dass auf die Gewissenhaftigkeit der Personen, die an der Entscheidungsfindung beteiligt gewesen sind, verwiesen wird – auch dann nicht, wenn es sich um einen wahrhaftigen und wahren Hinweis handelt. Die Alternative ist einfach: Entweder die Gewissenhaftigkeit des Subjekts äußert sich in intersubjektiv nachvollziehbaren Entscheidungen – dann wird sich das an der Güte dieser Entscheidungen zeigen; oder die Gewissenhaftigkeit des Subjekts kann sich – aus dann zu bestimmenden Gründen – nicht in allseits einleuchtenden Entscheidungen äußern – dann wird die Entscheidung durch die Gewissenhaftigkeit nicht besser als sie ist.

Dem eben skizzierten Phänomen möchte ich im Folgenden nachgehen. Die Frage ist: Wie kommt es, dass das Gewissen, allgemein: die subjektive Seite des Moralischen, mit der Aufgabe beladen wird, für die Güte einer Entscheidung mitzubürgen – einer Aufgabe, mit der das Gewissen auf der anderen Seite zugleich überlastet wird? Die These, die ich dazu zur Diskussion stellen möchte, lautet: Die Reflexion auf die subjektive Seite des Moralischen setzt da ein, wo auf dem Boden geteilter allgemeiner inhaltlicher Maßstäbe die Bestimmung der richtigen Entscheidung aus inhaltlichen Gründen defizient bleibt. Die formal bestimmte Güte moralischer Qualifikationen der entscheidenden Subjekte gewinnt ihre praktische Bedeutsamkeit für den Begründungsdiskurs daraus, dass die Voraussetzung der Möglichkeit der allseitig zustimmungswürdigen Lösung sub specie eines konsensuellen Allgemeinen der Sache nach entweder nicht erfüllt oder fraglich ist. Wenn sich diese These erhärten lässt, dann zeigen sich die beiden oben unterschiedenen

Begründungsebenen als miteinander verschränkt: Die Relevanz des Subjektiven spiegelt dann einen Klärungsbedarf hinsichtlich derjenigen Inhalte, die das konsensuell zugrundegelegte Allgemeine definieren.

2. DAS GEWISSEN UND DAS OBJEKTIVE GUTE – ERSTE BESTIMMUNGEN

Im vorigen war schon vom Gewissen oder, sehr allgemein, von der subjektiven Seite moralisch-praktischer Überzeugungen die Rede. Soll das skizzierte Phänomen der Relevanz jener subjektiven Seite in moralisch-praktischen Diskursen theoretisch bestimmt werden, ist zunächst ihr Begriff zu bestimmen und einzugrenzen. Das möchte ich im folgenden Abschnitt im Ausgang von Johann Gottlieb Fichtes und Immanuel Kants Bestimmungen zum Begriff des Gewissens tun, ehe im dritten und vierten Abschnitt zwei Antworten auf die Ausgangsfrage erwogen und im fünften Abschnitt Konsequenzen gezogen werden.

Auf die Frage, wie ein denkendes Subjekt handeln soll, gibt Fichte in seinem *System der Sittenlehre* von 1798 eine bestechend schlichte Antwort:

> »*Handle stets nach bester Überzeugung von deiner Pflicht*; oder: *handle nach deinem Gewissen.*« (System der Sittenlehre § 13)[1]

Nun lebt die Schlichtheit dieser Antwort davon, dass sie nicht gleichzeitig versucht, zu bestimmen, *was* getan werden soll, oder zu bestimmen, worin denn in einem konkreten Fall die Pflicht besteht. Die Antwort, die auf das eigene Gewissen als Richtschnur des Handelns verweist, ist keine materiale Antwort auf die Frage, wie zu handeln sei. Fichte kennzeichnet sie entsprechend als die *formale* Bedingung der Moralität, die erst zusammen mit den materialen Bedingungen des Moralischen (der »*Legalität*« einer Handlung) die volle Bestimmung des moralischen Handelns konstituiert.[2]

Aber was zeigt eine solch formale Antwort eigentlich? Ist sie vielleicht nur darum so schön einfach, weil sie einfach trivial ist? Der Gedanke, der Verweis auf das eigene Gewissen sei trivial, kommt von der Erinnerung an den Sachverhalt her, dass jemand, was immer er bewusst tut, dies mit der Überzeugung tut, dies zu tun sei gut. Dass ich etwas bewusst tue und dass es mich gut dünkt, dies zu tun, dies scheinen zwei begrifflich zusammengehörige Seiten ein und desselben zu sein. Ebendarum wäre es müßig, jemanden dazu

[1] J. G. FICHTE: System der Sittenlehre nach den Prinzipien der Wissenschaftslehre (1798), Einleitung und Register von M. ZAHN, Hamburg ^{2}1969, 153.

[2] Vgl. a.a.O., S.153.

aufzufordern, das und nur das zu tun, was zu tun ihm als gut und richtig erscheint.

Sobald man diesen Sachverhalt, der dem Verdacht der schieren Trivialität des Gewissensappells zugrunde liegt, erst einmal ausgesprochen hat, sieht man auch, worin Fichtes formaler Imperativ des Gewissens ungeachtet seiner Formalität tatsächlich nicht trivial ist. Es sind drei Momente, in denen er sich von der müßigen Aufforderung, so zu handeln wie man ohnehin handelt, unterscheidet:

Erstens: Der Begriff des Gewissens ist spezifischer als der Begriff der praktischen Überzeugung, d. h. der Überzeugung, so zu handeln sei – in irgendeinem Sinne – richtig oder gut. Das Gewissen ist die Überzeugung nicht von irgendeinem Richtigen, sondern die Überzeugung von der *Pflicht*. Damit ist eine Abgrenzung nach zwei Seiten getroffen und ein zweiseitiger Freiheitsappell lanciert: Mach dich nicht zum Büttel *fremder* Interessen, nur weil sie Interessen einer Instanz sind, die mächtiger ist als du; und mach dich geradeso nicht zum Büttel deiner *eigenen* Interessen, nur weil sie die eigenen sind – folge vielmehr deiner Überzeugung davon, was in Unterscheidung von diesen beiden möglichen Formen von Fremdbestimmung das objektiv Vernünftige ist.

Zweitens: Der Begriff des Gewissens ist auch noch spezifischer als der Begriff der Überzeugung von der Pflicht. Nicht jede Überzeugung von meiner Pflicht, sondern erst die *beste* Überzeugung in dieser Sache qualifiziert eine Überzeugung nach Fichtes formalem Imperativ zu einem Spruch des Gewissens.

Was lässt sich in formalem Sinne von dieser Qualifikation sagen, wie lässt sie sich fassen, ohne schon auf den Inhalt einer Überzeugung von der Pflicht einzugehen? Fichte und vor ihm Kant haben diesen Aspekt herausgearbeitet, der sich zusammenfassend so darstellen lässt: Die eigene Überzeugung, der zu folgen dann tatsächlich moralisch geboten ist, muss Resultat einer *habitualisierten gewissenhaften Reflexion* der erwogenen *Handlung* auf den *Begriff der Pflicht* sein. Das Verhältnis zur Pflicht zu erfragen, soll gleichsam die allgemein leitende methodische Voreinstellung gegenüber all meinem Handeln sein.[3]

Von Kant her lässt sich dies durch ein formales Moment ergänzen, das für die aktuelle Durchführung einer solchen Reflexion relevant ist. In einer Passage der Kantischen *Religionsschrift* heißt es dazu:

---

3 Fichte schreibt dazu: »Ich soll *überhaupt* mit Besonnenheit und Bewußtsein, nicht blind und nach bloßen Antrieben, und *insbesondere* mit dem Bewußtsein der Pflicht handeln, so gewiß ich handle; nie handeln, ohne meine Handlung an diesen Begriff gehalten zu haben« (a. a. O., S. 152 f).

> »Das Gewissen richtet nicht die Handlungen als Casus, die unter dem Gesetz stehen; denn das tut die Vernunft, sofern sie subjektiv-praktisch ist [...], sondern hier richtet die Vernunft sich selbst, ob sie auch wirklich jene Beurteilung der Handlungen mit aller Behutsamkeit (ob sie recht oder unrecht sind) übernommen habe, und stellt den Menschen *wider* oder *für sich* selbst zum Zeugen auf, daß dieses geschehen oder nicht geschehen sei.«
>
> (*Religionsschrift* § 4)[4]

Der in Kants Sinn spezifischen Rolle des Gewissens ist hier vorausgesetzt, dass die Bestimmung des Verhältnisses zwischen einer konkreten, von mir erwogenen Handlung zum Begriff der Pflicht die Form der mittelbaren Subsumtion der Handlung (des »Casus«) unter ein in moralisch-praktischem Sinne gültiges »Gesetz« habe. Gewissenhaft gehandelt habe ich in diesem Rahmen nicht schon dann, wenn ich eine solche Subsumtion überhaupt durchgeführt habe; es kommt auch und gerade darauf an, ob das »Gesetz«, unter das ich die Handlung subsumiere, nur meine unmittelbare subjektive Gewissheit für sich hat oder auch objektive Gewissheit für sich beanspruchen kann. Gewissen in diesem Sinn ist nicht selbst als Fundus solcher Gesetze (und auch nicht ihres Prinzips, des allgemeinen kategorischen Imperativs) konzipiert und auch nicht als Vermögen oder Inbegriff moralischer Reflexion selbst, sondern als ein selbstkritisch begleitendes Mit-Bewusstsein (eine »conscientia«), eine Art Reflexivität moralischer Reflexion, die verlangt ist, soll die moralische Reflexion selbst nicht zum Mittel der scheinhaften Rechtfertigung meiner Vorhaben vor mir selbst und anderen verkehrt werden.

Während Kant im Zusammenhang der *Religionsschrift* den Begriff des Gewissens durch den besonderen Aspekt der »Behutsamkeit«, der reflektierten Gewissenhaftigkeit in der Bildung einer moralischen Überzeugung bestimmt, formuliert er in seiner *Metaphysik der Sitten* ebenso einen Begriff des Gewissens, der mit Fichtes erster formaler Bedingung der Moralität kongruiert.[5] In diesem Sinn ist ihm das Gewissen »die dem Menschen in jedem Fall eines Gesetzes seine Pflicht zum Lossprechen oder Verurtheilen vorhaltende praktische Vernunft.«[6] Unabhängig von der terminologischen Frage, ob das Wort »Gewissen« seinem Sinne nach nun eher auf das *Dass* moralischer Reflexion – der Beurteilung konkreter Handlungen am Maßstab mora-

---

[4] I. KANT: Die Religion innerhalb der Grenzen der bloßen Vernunft (1793), in: Kants Werke. Akademie Textausgabe Bd. VI, Berlin 1968, 186.

[5] Vgl. Fußnote 3 dieses Beitrags.

[6] I. KANT: Die Metaphysik der Sitten (1797), Zweiter Theil. Metaphysische Anfangsgründe der Tugendlehre, in: Kants Werke. Akademie Textausgabe Bd. VI, Berlin 1968, 400. – An dieser Stelle zieht er auch eine Konsequenz dieser Bestimmung von Gewissen für die Frage des »irrenden Gewissens«: »In dem objektiven Urteil, ob etwas Pflicht sei oder nicht, kann man wohl bisweilen irren; aber im subjektiven, ob ich es mit meiner praktischen (hier: richtenden) Vernunft zum Behufe jenes Urteils verglichen habe, kann ich nicht irren, weil ich alsdann praktisch gar nicht geurteilt haben würde« (a. a. O., S. 401).

lisch-praktischer Gesetze – oder auf das *Wie* solcher Reflexion bezogen sein soll, lassen sich beide Momente als formal-subjektive Bedingungen festhalten, die die Aufforderung »Folge deinem Gewissen!« von der Tautologie »Tu, was du für richtig hältst!« unterscheiden.

Drittens: Es scheint auch keine trivialerweise entschiedene Frage zu sein, ob jemand einer solchen »besten Überzeugung von der Pflicht« in seinem Handeln auch tatsächlich folgt oder nicht. Wissen, was – in diesem eingeschränkten, qualifizierten Sinn – von mir zu tun oder zu unterlassen sei, übersetzt sich nicht schon als solches, nicht von selbst in den Anfang einer entsprechenden Handlung. Fichte hält entsprechend als zweite Teilbedingung formaler Moralität fest: »*Ich soll nie gegen meine Überzeugung handeln.* Dies ist völlige Verkehrtheit und Bosheit« (*Sittenlehre* § 13, a.a.O. S. 153) – eine Verkehrtheit, die durch das Vorliegen einer »besten Überzeugung von der Pflicht« im eben skizzierten Sinn offenbar noch nicht ausgeschlossen zu sein scheint.

Ebendiese Bestimmungslücke zwischen Wissen und Tun, die im Fall des Pflicht-Bewusstseins auftreten kann, ruft das Gewissen noch einmal auf den Plan. Einem solchen Wissen nicht zu folgen, erzeugt Gewissensbisse. Der in der Form eines bestimmten praktischen Gefühls keineswegs neutral, sondern bedrängend geäußerte und auf tätige Aufhebung drängende Spruch des Nicht-Sein-Sollens des dann bestehenden Missverhältnisses zwischen besserem Wissen und schlechterem Tun ist selbst wiederum Äußerung des Gewissens und Indikator der Nichttrivialität der Fichteschen Formel.

Der praktische Satz »Folge im Handeln deinem Gewissen!« unterscheidet sich also deutlich von einer bloßen Tautologie, nämlich 1. durch den bestimmteren Inhalt: Pflicht, 2. durch qualifizierende Anforderungen an die Bildung moralischer Urteile und 3. durch die Nichttrivialität der praktischen Umsetzung moralischer Urteile. Nicht jede praktische Gewissheit ist Pflichtbewusstsein, und nicht jedes Pflichtbewusstsein ist gewiss; nicht jedes moralische Raisonnement trifft das objektiv Gute, und nicht jedes moralische Raisonnement verdichtet sich zu einer handlungswirksamen Gewissheit.

Nach dieser Eingangsrunde stellt sich die Sache zunächst so dar: Es gibt, auf der einen Seite, das *objektiv Gute*, das sich im Bezug auf menschliches Handeln als das objektiv Gesollte geltend macht; und auf der anderen Seite, auf der Seite der subjektiven Formen der Beziehung auf das Gute und das Gesollte, gibt es das *Wissen* um das objektiv Gute. Und es gibt Formen der subjektiven Gesinnung und der subjektiven Verfahrensart, die es wenigstens wahrscheinlich machen, dass das Subjekt wirklich moralisches Wissen statt moralisierender Meinung erwirbt und am Ende besitzt. Sowohl das Ensemble dieser theoretisch-praktischen Einstellungen und Verfahrensweisen als auch ihr (wahrscheinliches) Resultat: moralisches Wissen im Bezug auf konkrete Entscheidungsfälle, können von dem Terminus »Gewissen« umfasst werden. Der Terminus »Gewissen« scheint damit ein analogisches Bedeutungsspektrum zu haben. In dessen Zentrum lässt sich aktuelles, fallbezogenes und potenziell handlungswirksames moralisches Wissen lokalisieren, und in Beziehung darauf werden entsprechende habitualisierte Voreinstellungen, reflexiv-methodische Verfahrensweisen und entsprechende »Nach«-Einstellungen – nämlich: die Entschiedenheit, dem Wissen das Tun folgen zu lassen – nachfolgend unter den Begriff des Gewissens gefasst.

Nun ist diese Bestimmung des Gewissens offenbar komplementär zu einem inhaltlichen und objektiv bestimmten Guten und Gesollten im Allgemeinen und im Besonderen verfasst. In seinem weiten, die Aspekte der Bildung und der Umsetzung moralischer Urteile mitumfassenden Sinn und hinsichtlich seiner Aspekte stellt sich der Begriff des Gewissens als auf moralisch-praktische Objektivität bezogen dar. Auf dieses objektive Komplement verweist die Rede von der »besten Überzeugung von der Pflicht« unmittelbar: Sie setzt voraus, dass es da etwas gibt, von dem ich zu Recht überzeugt sein kann. Und wenn moralische Beurteilungen konkreter Handlungen und Handlungsoptionen sich als Konklusionen mittelbarer Subsumtionen unter moralisch-praktische Gesetze darstellen lassen, so hängt die Güte solcher Konklusionen offenbar von der Gültigkeit, der nicht nur subjektiven, sondern auch objektiven Gewissheit ihrer Obersätze, der angenommenen moralisch-praktischen Gesetze, ab.

Doch damit beruht die eben nachvollzogene Bestimmung des Gewissens auf einer Grundannahme, die weder unumstritten noch unproblematisch ist. Gibt es denn – auf der Ebene des Allgemeinen und nachfolgend auf der Ebene der besonderen und einzelnen Situationen des Handelns – jenes objektiv Gute oder jene objektive Pflicht, die es dann zu wissen und praktisch zur Richtschnur des eigenen Handelns zu machen gilt? Dass es sich mit dem Guten und der Pflicht nicht so einfach verhält, ist in gewisser Weise schon den drei Momenten einbeschrieben, die den Ruf des Gewissens zu einer besonderen Art von praktischer Überzeugung machen. Genau die Momente, die den Antrag, dem eigenen Gewissen zu folgen, von einer praktisch folgenlosen Trivialität unterscheiden, drücken zugleich ein Bewusstsein der Schwierigkeit dieses Antrags selbst aus.

Im Einzelnen zeigt sich dies so:

In Bezug auf das erste Moment (Pflicht): Wenn es eine eigene Reflexion darstellt, Handeln auf Pflichtgemäßheit zu beziehen, dann ist darin ein Blick auf dasselbe Handeln unterstellt, der nicht auf Pflicht geeicht ist. Was hat es dann mit dieser unterstellten Betrachtungsweise auf sich? Ist es denn so klar, dass sie immer weniger gilt als die Beziehung auf die Pflicht? Jedenfalls zeichnet sich ab: *Weil* es an dieser Stelle zwei allgemeine Optionen gibt, eigene und fremde Handlungen zu beurteilen, ist das pflichtbewusste Handeln nicht trivial; *wenn* es aber zwei gleich allgemeine Optionen gibt, ist es nicht von selbst einleuchtend, dass man tun soll, was die Pflicht gebietet.

In Bezug auf das zweite Moment (die beste Überzeugung): Wo es der Behutsamkeit, des selbstkritisch begleitenden Kontrollbewusstseins in der Bildung des moralischen Urteils bedarf, verhält es sich anscheinend so, dass die Verkehrung, die darin besteht, nicht das eigene Vorhaben an der Pflicht zu messen, sondern die Pflichtförmigkeit als Einkleidung des eigenen Interesses zu gebrauchen, irgendwie nahe liegt. Je allgemeiner, habitueller, intensiver, unverzichtbarer die methodische Selbstkontrolle in diesem Punkt sein muss, desto allgemeiner und naheliegender scheint auch die Umkehrung zu sein. Die Instrumentalisierung des Pflichtbewusstseins scheint nicht etwas zu sein, was jemandem so zufällig unterläuft wie ein Rechenfehler oder ein sachlicher Irrtum. Was ausdauernd verhütet werden muss, das muss irgendwie enger zur Sache und zu mir selber gehören als ein akzidenteller Missgriff.

In Bezug auf das dritte Moment (die Nichttrivialität praktischer Umsetzung): Die antizipierende Mahnung und die retrospektive Selbstbezichtigung (das schlechte Gewissen) richten sich an mich als jemanden, der zwar in diesem Punkt *nicht* das Gute oder das Gebotene gewollt hat – der aber durchaus *etwas* gewollt und entsprechend gehandelt hat, dessen Wille also durchaus bewusster und inhaltlich definiter Wille gewesen ist. Die Nichttrivialität des Handelns nach dem Gewissen impliziert eine entsprechende Selbständigkeit des Handelns ohne Rücksicht auf das Gewissen.

An allen drei Punkten zeigt sich: Die Besonderheit derjenigen Überzeugung vom Richtigen, die Gewissen heißt, zeigt sie als eine, die die Konkurrenz im eigenen Hause, in der eigenen Subjektivität hat. Sein Gewissen zu bilden und nach ihm zu handeln, scheint nicht-marginale Hinderungsgründe, gegenläufige Bestimmungsgründe des Handelns vorauszusetzen.

Was können das für Hinderungsgründe sein? Zwei Erklärungsweisen oder zwei Typen von Gründen bieten sich an, extern die einen, intern die anderen:

Auf *externe* Gründe rekurrieren psychologische und anthropologische Erklärungen, und auch Kant und Fichte nehmen sie an. Gemäß Erklärungen dieses Typs sind es die unmittelbaren Triebe und Neigungen, ist es das »untere Begehrungsvermögen«, was material gegenläufige Bestimmungsgründe für Wollen und Handeln liefert: ein Stück widerständiger, außervernünftiger Natur im Menschen. Ob das Subjekt sich gegen sie bestimmen kann oder nicht, gehört dann zur innertheoretischen Alternative dieser Weise der Erklärung. »Extern« nenne ich die dann ins Auge gefaßten Gründe in Bezug auf den *Inhalt des angenommenen moralisch Richtigen*. Dass es schwer ist, sich urteilend und handelnd auf das Richtige auszurichten, hat solchen Erklärungen gemäß gegenüber dem Moralischen selbst äußere Gründe. Der eben angesprochene Gegensatz von Vernunft und Sinnlichkeit bildet den klassischen, aber möglicherweise nicht den einzigen Vertreter dieses Erklärungstyps.

Logisch kommt noch ein zweiter Typ von Gründen in Betracht: Man kann sich nämlich fragen, wie es mit der Beziehung des jeweils vorausgesetzten objektiven Guten auf den konkreten Fall einer Entscheidung und mit der Bestimmung dieses Guten selbst aussieht. Es könnte sein, dass in dieser Bestimmung und jener Beziehung selbst Gründe der Unbestimmbarkeit der richtigen Entscheidung liegen. Solche Gründe nenne ich *intern* und bezeichne damit den Umstand, dass sie konstitutiv für den Inhalt des angenommenen moralisch Richtigen sind. Wo interne Gründe vorliegen, ist ihre Überwindung eo ipso keine Frage der Selbstdisziplin, sondern zunächst einmal eine Frage der Aufklärung.

3. DIE BEDEUTUNG DES SUBJEKTIVEN FAKTORS: DIE ANTWORT DES MORALISCHEN STANDPUNKTS

Mit dem erreichten Zwischenstand verlasse ich nun die Gefilde der Grundlagentheorie und kehre zum konkreteren und engeren Gegenstandsfeld zurück. Die Frage war: Wie kommt es, dass Reflexionen auf Formeigenschaften der Charakter- und Urteilsbildung in zeitgenössischen praktischen Diskursen mit moralischer Dimension die bedeutende Rolle zukommt, die sie darin spielen? Warum ist es mit der praktischen Äußerung des Inneren im Urteilen und Handeln noch nicht getan?

Aus dem Umkreis und vom Standpunkt der einschlägigen Diskurse selbst aus läßt sich eine Antwort etwa der folgenden Art nachzeichnen:

Dass in öffentlichen und auch in privaten Debatten, in denen es um gewichtige Entscheidungen geht, in denen Lasten zugeteilt, Interessen voroder zurückgesetzt werden, auch von der moralischen Qualifikation der Entscheidungsträger, von ihrem Gewissen und ihrer Gewissenhaftigkeit die Rede ist, braucht nicht zu verwundern. Das liegt einfach daran, dass solche formal-subjektiven Bestimmungen selber eminent wichtig sind für die Frage, ob die Entscheidungen, die gefällt werden, gut ausfallen – nämlich so, dass ohne partikulare Eingenommenheit das allgemeine Interesse auf zweckmäßige Weise verfolgt wird.

Diese Antwort liegt nahe – und zwar liegt sie nahe auf dem Boden der doppelten Voraussetzung, dass es 1. – im je diskutierten Fall – ein Interesse gibt, das den konsensuell geteilten allgemeinen Bezugspunkt der Beurteilung besonderer Entscheidungsalternativen darstellt und das auch zweckmäßig verfolgt werden kann, und dass es 2. (im eben definierten Sinn) externe

Gründe gibt, die es fraglich machen, ob das vorausgesetzte allgemeine Interesse von den Subjekten der Entscheidung tatsächlich zweckgerecht verfolgt wird.

Verweilen wir noch ein wenig bei dieser zweiten Voraussetzung. Dass sie der skizzierten Antwort zugrunde liegt, geht daraus hervor, dass im Fall der Annahme interner Gründe die Frage nach der moralischen Qualifikation der Entscheidungsträger hinter die inhaltliche Frage zurückträte, was es mit dem Allgemeinen auf sich hat, dem sich alle Beteiligten verbunden wissen. Darin zeigt sich ein Zusammenhang mit der ersten Voraussetzung: Wenn ein als gültig anerkannter Bezugspunkt der Beurteilung zugrunde liegt, wird man die Hinderungsgründe schwerlich in ihm, man wird sie relativ zu ihm extern suchen. Auch faktisch treten beide Voraussetzungen zusammen auf. Für Betriebsschließungen oder -verlagerungen fungiert beispielsweise *Arbeitsplatzerhaltung* als gleichsam lokaler oberster allgemeingültiger Gesichtspunkt praktischer Beurteilung – ein Gesichtspunkt, den Unternehmen, Arbeitnehmer und Politik über ihre auch als divergierend gewussten Interessen hinweg als den ihren wissen. Parallel dazu wird dann als Erklärungsgrund für massenhafteren Arbeitsplatzabbau (sofern nicht die höhere Gewalt des Marktes zu Rate gezogen wird) gern unternehmerisches oder politisches Fehlverhalten diagnostiziert. Auf der Grundlage solcher anerkannter lokaler praktischer Allgemeinheiten haben externe Gründe in zeitgenössischen Debatten und Diagnosen die überwältigend bessere Konjunktur als interne Gründe. Krisen, persönliches wie gesellschaftliches Unglück, soweit sie als mit individuellen oder kollektiven Entscheidungen ursächlich verknüpft gewusst sind, werden einem Interpretationsschema unterzogen, das die als nicht tolerabel eingestufte Schädigung der übertriebenen, der *maßlosen* Betätigung eines Interesses oder praktischen Standpunkts zur Last legt.

Darin ist als unverrückbare Grundlage festgehalten: Es gibt den Gesichtspunkt des Allgemeinen, in dem die beteiligten besonderen Interessen an sich aufgehoben sind. Darin liegt auch: Das jeweils in Rede stehende oder ob seiner Konsequenzen ins Gerede gekommene Interesse ist als Teil und Beitrag des Ensembles der besonderen Interessen anzuerkennen: Es selbst ist nicht schlecht. Auf dieser Grundlage wird die tatsächliche Praxis dieses Interesses unterschieden in einen an sich seienden guten substanziellen Kern und eine akzidentelle Weise seiner Betätigung. Dieser akzidentellen Art und Weise seiner Betätigung muss es dann geschuldet sein, wenn sich dieses Interesse als unverträglich mit anderen zeigt. Dieselbe Unterscheidung wird konsequenterweise auch in Bezug auf das je eigene Interesse vorgenommen. Auch es unterscheidet sich in den guten substanziellen Kern und die akzidentelle Weise seiner tatsächlichen Verfolgung. Folgeschäden der Betätigung des einen Interesses am anderen werden entsprechend sortiert in solche, die unabwendbarer Kollateralschaden der Betätigung des Anerkannten und Anzuerkennenden, und andere, die der egoistischen Absolutsetzung des in seiner Partikularität weiter Anerkannten geschuldet sind.[7] Eine Lösung scheint dann immer auch nahe zu liegen: Das gegenüberstehende Interesse muss gleichsam nur an sein eigenes besseres Wesen, sein eigenes Maß, erinnert werden. Das Übermaß selbst aber bleibt dann letzten Endes der Subjektivität derer geschuldet, die das in Rede stehende Interesse betätigen.

Diese gleichsam vom moralischen Standpunkt selbst aus formulierte Antwort scheint mir in sich ganz konsequent zu sein: Wenn es den allgemeinen Gesichtspunkt gibt, an dem verschiedene bis entgegengesetzte praktische Standpunkte den vernünftigen Maßstab ihrer relativen Geltung haben und es gleichwohl durch die Betätigung jener Standpunkte zu Kollisionen und Schädigungen kommt, die von Betroffenen oder Beobachtern als nicht hinnehmbar eingestuft werden, bleibt nur anzunehmen, dass der eine oder der andere Standpunkt oder beide jenseits ihres vernünftigen Maßes betrieben wurden. Relativ zum Allgemeinen bleibt der Grund extern, und wenn so der Modus der Betätigung von Interessen zum entscheidenden Grund der Beurteilung aufrückt, tritt auch der subjektive Faktor gesondert als wesentlich in den Blick: Wenn erst einmal gilt, dass das Ausbleiben der Harmonie der Interessen nicht deren Inhalt, sondern der Art und Weise geschuldet ist, in der sie von denen betrieben werden, die sie haben, dann ist es nur konsequent, auf die Moralität der Subjekte zu achten. Davon, ob ein Unternehmer oder ein Politiker nur das Wohl seines Kontos respektive seine Macht im Auge hat oder ob er in seinem Tun das Wohl aller maßgeblich Betroffenen bedenkt, ob er die habitualisierte Voreinstellung der Reflexion aufs Allgemeine hat oder nicht, ob sein Herz kalt oder warm ist, hängt aus dieser Warte gesehen dann ja auch wirklich viel ab.

Doch diese Form des Raisonnements hat einen Haken: Die Geltung der resultierenden Diagnosen steht und fällt mit der ersten Voraussetzung: ob es jeweils den allgemeinen Gesichtspunkt gibt, an dem verschiedene bis entgegengesetzte praktische Standpunkte den vernünftigen Maßstab ihrer relativen Geltung haben. Um dies für die thematisch unterschiedlichen moralisch-

---

7 Dieses Interpretationsmuster ist beispielsweise in Kommentaren zu jener Finanz- und Wirtschaftskrise zu beobachten, deren thematischem Kontext das Einführungsbeispiel entnommen war. In vielen Kommentaren wird für die Erklärung der Krise als Grund geltend gemacht, daß hier das Bankgeschäft nicht als das partikuläre Geschäft betrieben worden sei, das es doch eigentlich ist: Angenommen wird ein übertriebenes Gewinninteresse, das seine funktionalen Wechselbezüge mit anderen Departments der Gesellschaft aus den Augen verloren hat. – Daß es sich um die Anwendung eines Interpretationsmusters handelt, wird kenntlich, wenn die Bestimmung der Grenze zwischen wohlverstandener und übertriebener Finanzspekulation in Termini der Folgen, die jedenfalls nicht eintreten dürfen, gegeben wird.

praktischen Diskurse herauszufinden, wird es nicht genügen, festzustellen, dass die Diskursteilnehmer solche Gesichtspunkte konsensuell zu bezeichnen wissen. Die subjektive Gewissheit allein reicht hier nicht zu.

An diesem Punkt neigen die wirklichen Debatten dazu, dem folgenden Zirkel anheimzufallen: Nach der einen Seite stützt sich die Gewissheit, in subjektiven Defizienzen, Egoismen, mangelnder Wahrnehmung von Verantwortung den Grund nicht-sein-sollender Resultate ermittelt zu haben, auf die vorausgesetzte Vernunft des zuständigen Allgemeinen, während dieses selbst der Analyse und Kritik gar nicht erst ausgesetzt wird, weil für die Erklärung des Nicht-Sein-Sollenden immer schon externe Gründe eingesprungen sind.

Solche Zirkel pflanzen sich auf der mittleren Ebene, der Einordnung und Beurteilung von besonderen Interessen fort. Der Wille zur Unterscheidung zwischen gutem ›Kern‹ und schlechter ›Schale‹, zwischen Inhalt und Modus der Betätigung eines Interesses, schafft sich dann seine Anwendungsfälle durch Subsumtion der Phänomene unter sich selbst.[8]

4. Die Bedeutung des subjektiven Faktors: eine aussermoralische Antwort

Die eben verfolgte erste Antwort auf die Frage nach dem Grund der Bedeutung des Gewissens in zeitgenössischen moralisch-praktischen Diskursen nahm die Maßstäbe des Gesollten und die Bestimmbarkeit der guten Entscheidung in konkreten Fällen als gegeben an. Ihr Mittelglied war entsprechend die Annahme externer potenzieller Hinderungsgründe, die der Wirklichkeit moralischer Einstellung und Entscheidung entgegenstanden und das Gewissen gleichsam als vorbeugende und entgegenwirkende Kraft auf den Plan riefen.

Auf dem bisher erreichten Stand steht nicht fest, dass eine solche Antwort unter allen Umständen im schlechten Zirkel enden muss. Wovon ich hingegen ausgehe, ist die Annahme, dass solche Zirkel mehr als eine bloß theoreti-

---

8 Ein Fall davon scheint mir die im Zuge der Finanz- und Wirtschaftskrise der letzten Jahre verhandelte Frage zu sein, wie weit das legitime Interesse der Finanzspekulation gehe. Soll die Antwort nicht nur ex post aus den angenommenen negativen Folgen der Abweichung abgelesen werden, liegt abstrakt eine Antwort nahe, die in den Feuilletons auch nachzulesen war: Das legitime Interesse der Finanzspekulation reicht genau so weit, wie die Betätigung dieses Interesses mit dem Dienst an den legitimen Interessen der anderen involvierten ökonomischen Parteien zusammenfällt. Die Legitimitätsklausel für die anderen betroffenen Parteien ist wichtig: Schließlich kann man von keiner Bank verlangen, daß sie gewusst schlechten Schuldnern Kredit gibt, nur weil diese ihn brauchen. Wo also ist das Maß für die vernünftige Finanzspekulation?

sche Möglichkeit, dass sie in moralisch-praktischen Diskursen auch wirklich sind.[9] Auf dieser Grundlage lässt sich eine alternative Erklärung für unser Ausgangsphänomen entwickeln:

Gesetzt, ich vertrete im Allgemeinen und im Besonderen den Standpunkt der ersten Antwort, und weiter angenommen, ich vertrete ihn in der skizzierten zirkulären Weise. Dann entsteht eine Kluft zwischen meinen subjektiven Gewissheiten und dem, was ich tatsächlich weiß. Ich gehe, zum Beispiel, davon aus, dass Arbeitsplatzerhaltung – zumeist spezifiziert: in diesem Land, in dieser Stadt ... – ein gutes und hinreichend definites Ziel sei; ich gehe davon aus, dass die maßgeblich involvierten Interessen – von Arbeitgebern, Politik, Arbeitnehmern – an diesem Ziel intrinsisch zu messen sind und dass sich die Betätigung dieser Interessen danach unterscheiden lässt, ob sie sich diesem Ziel unterordnet oder nicht. Entsprechend unterscheide ich zum Beispiel verantwortungsvolle und verantwortungslose Unternehmens- und Gewerkschaftspolitik. Genauer gesagt: Ich will sie unterscheiden. Aber wenn meine Gewissheiten auf allgemeiner, besonderer und einzelner Ebene wechselseitig zirkulär gestützt sind, verfüge ich nicht über inhaltliche Kriterien der Unterscheidung. Meine Gewissheiten sind dann inhaltlich zu abstrakt, um in einem praktischen Syllogismus, einer mittelbaren Subsumtion des Einzelfalls unter das Allgemeine, zu definiten Ergebnissen zu führen. Wenn ich eine – in meinem Land, meiner Stadt, ...– laufende Massenentlassung von dem Standpunkt aus beurteile, dass so etwas nicht hätte passieren dürfen und nur passiert sein kann, weil Entscheidungsträger ihre Verantwortung nicht wahrgenommen haben, und umgekehrt das Maß der Unterscheidung zwischen verantwortlicher und unverantwortlicher Betätigung letztlich vom Eintritt oder Nicht-Eintritt der Massenentlassung abhängig mache – dann sind meine Diagnosen nur noch der Form nach begründet. Ich habe dann Einschätzungen, ich vertrete sie, ich lese die Zeitung und habe eine Meinung, die tatsächlich nicht nur meine partikulären Interessen und Tagungsneigungen spiegelt. Aber der Sache nach habe ich nichts als die unvermittelte subjektive Gewissheit eines Maßes, das ich nicht habe.

Unter dem Vorzeichen zirkulärer Wechselbestimmung des Einzelnen und des Allgemeinen wird das Gewissen, die subjektive Seite des Moralischen, und wird die intersubjektive Darstellung des Gewissens in spezifischer Weise wichtig:

Erstens wächst der abstrakt subjektiven Form des Moralischen eine praktische Bedeutung zu, die sie im allgemeinen Begriff des Gewissens, wie er im zweiten Teil des Beitrags vorgestellt wurde, nicht hat. Das Verhältnis zwischen der subjektiven Form der Überzeugung und Überzeugungsbildung

---

[9] Vgl. Fußnoten 7 und 8.

und der Objektivität des Inhalts kehrt sich um. Wo, der allgemeinen Bestimmung nach, das Gewissen die subjektive Form der Aneignung eines objektiven Inhalts ist, wird nun ein subjektiver, ein meiniger Inhalt mit der Form der Objektivität bekleidet.

Zweitens erhält die intersubjektive oder die Außen-Darstellung moralischer Subjektivität nach ihren formellen Momenten eine eigene praktische Bedeutung – der letzte Baustein zur Erklärung des eingangs beschriebenen Phänomens. Damit, dass man die moralischen Qualitäten der Subjekte einer Entscheidung für maßgeblich dafür hält, ob am Ende eine Entscheidung herauskommt, die wirklich allen betroffenen Interessen ihr relatives Recht widerfahren lässt, ist es natürlich noch nicht getan. Es bleibt ja die Frage, ob die Entscheidung selbst tatsächlich so beschaffen ist. Nach Voraussetzung wird diese Frage am Inhalt der Entscheidung und an ihren Folgen nicht mehr begründet entschieden. Aber die Beteiligten sind der festen und ehrlichen Überzeugung, dass für die Entscheidung selbst dieser Maßstab allseitigen Rechts tatsächlich gilt, dass es *ihr* Maßstab ist und nicht nur eine sachferne Wunschvorstellung von ihr. Dann muss sich das aber auch im Bezug auf die Entscheidung selbst zeigen lassen. Wenn er an ihrem Inhalt nicht gezeigt wird und sich doch zeigen soll, dann sucht sich der Bedarf der Vergewisserung ein anderes, aber weiter auf die zu beurteilende Entscheidung bezogenes Feld. Und an diesem Punkt wird die Art und Weise der Darstellung und Selbstdarstellung der an der Entscheidung aktiv oder passiv Beteiligten wichtig. Wenn etwa das Subjekt der Entscheidung glaubwürdig den Eindruck vermitteln kann, dass es besten Wissens und Gewissens gehandelt habe, kann das als Indiz dafür durchgehen, dass die Entscheidung wirklich und letzten Endes im Sinne aller vernünftig war. Und dieser Eindruck ist auch dann wichtig, wenn er nicht als ein solches Indiz durchgeht.

Das zu erklärende Phänomen besteht ja nicht darin, dass inhaltliche Gründe durch Berufung auf die formale moralische Qualifikation, das Gewissen und die Gewissenhaftigkeit des Subjekts einfach ersetzt würden. – Wo letzteres geschieht, wird die subjektivistische Verkehrung leicht durchschaut: Wenn die Berufung auf das eigene Gewissen und die eigene Gewissenhaftigkeit für die Rechtfertigung des Inhalts des Gewissens zureicht, dann gilt das nicht nur für mich, dieses eine urteilende Individuum, sondern für jedermann. Dann ist die Rechtfertigung aber auch einfach dadurch entwertet, dass andere, der Selbstdarstellung ebenso fähige Gewissen einen von dem meinigen abweichenden Inhalt haben. Spätestens wenn Meinung gegen Meinung steht, zeigt sich, dass das Haben einer Meinung noch kein guter Grund für sie ist. – Aber mit einfacher Ersetzung haben wir es nicht zu tun. Hier scheint es sich eher so zu verhalten: Das Bedürfnis, Gewissenhaftigkeit darzustellen, auszustellen und vom anderen dar- und ausgestellt zu sehen, setzt schon voraus, dass man erstens von der Voraussetzung eines geteilten allgemeinen Zwecks ausgeht und sich zweitens in dieser Überzeugung erhält, unabhängig davon, ob die Wirklichkeit sich als Wirklichkeit des Zwecks zu erkennen gibt oder nicht. Was man dann sucht, ist ein Unterpfand für die Beziehung der Wirklichkeit auf das vorausgesetzte Gute. Dass man es in der Außendarstellung des Gewissens der beteiligten Subjekte sucht, ist ebenso konsequent wie widersprüchlich. In der wechselseitigen Versicherung der Ernsthaftigkeit der Orientierung auf das gemeinsame Gute gibt sich der Glaube daran dann ein objektives Dasein abgesehen von der Wirklichkeit.

5. EINE KONSEQUENZ

Die Voraussetzung dieser zweiten Erklärung begrenzt zugleich den Anspruch ihrer Reichweite: Sie ging davon aus, dass die moralische Urteilsbildung durch zirkuläre Stützungen zwischen Urteilen zum jeweiligen allgemeinen Guten, zu den besonderen Interessen, ihrer Betätigung und schließlich einzelner Handlungsoptionen gekennzeichnet sei. Es war dies keine allgemeine Voraussetzung über moralisch-praktische Urteilsbildung überhaupt. Aber wenn solche Zirkelstrukturen vorliegen, stellt sich die Frage, wie sie aufgebrochen werden können. Eine Antwort auf diese Frage liegt nach den vorangehenden Überlegungen nahe: Es scheint sinnvoll, dabei geradewegs das als selbstverständlich zugrundelegte Gute – die vorhin an Beispielen illustrierten lokalen Allgemeinheiten – anzusteuern und zum Gegenstand der Analyse zu machen – solche guten Dinge, wie sie sich einträchtig auf den Werbeplakaten von Parteien verschiedener Couleur finden und auf die wir, die Umworbenen, gern so reagieren: ›Nun versprechen sie wieder – Arbeitsplatzsicherung, Frieden, Umwelt … – und hernach machen sie doch, was sie wollen.‹ Vielleicht verläuft die Alternative ja nicht einfach zwischen *Können* und *Wollen*. So sieht sie aus, wenn wir die lokalen Allgemeinheiten als selbstverständliche Fixpunkte zugrundelegen. Aber dass sie so zugrundegelegt werden, ist noch kein guter Grund, es zu tun.

Arbeitsplatzerhaltung, zum Beispiel, scheint näher betrachtet eher kein solcher Fixpunkt der Beurteilung zu sein: Arbeitsplätze werden im Allgemeinen eingerichtet zur Erzielung eines in Geld gemessenen Gewinns seitens des Unternehmens, das sie einrichtet. Wenn sich Arbeitsplätze im Licht von besseren Gewinnaussichten oder einfach nicht mehr in diesem Sinn lohnen, werden sie gestrichen. Von der anderen Seite sind Arbeitsplätze die conditio sine qua non des Lebens derer, die sie besetzen. Eine bedingte und eine unbedingte Notwendigkeit stehen einander gegenüber. Welche von beiden zählt, und welche von beiden schwebt jemandem vor, der Arbeitsplatzerhaltung fordert oder verspricht?

Die allgemeine Richtung, in die diese Überlegungen weisen, hat Hegel ausformuliert. Darum soll er hier das letzte Wort haben:

> »Das Gewissen ist als [...] Einheit des subjektiven Wissens und dessen, was an und für sich ist, ein Heiligtum, welches anzutasten *Frevel* wäre. Ob aber das Gewissen eines *bestimmten Individuums* dieser Idee des Gewissens gemäß ist, ob das, was es *für gut hält* oder ausgibt, auch wirklich gut ist, dies erkennt sich allein aus dem *Inhalt* dieses Gutseinsollenden.« (*Grundlinien* §137)[10]

[10] G. W. F. HEGEL, Grundlinien der Philosophie des Rechts oder Naturrecht und Staatswissenschaft im Grundrisse (1821), in: G.W.F. HEGEL, Werke in zwanzig Bänden, Bd. 7, Frankfurt a. M. 1970, 255.

BERND HARBECK-PINGEL

Religiöse Gefühle und ihre Medien

Für Benedikt Hämmerl

Ein kulturhermeneutischer Blick auf die Theorie der Emotionen bezieht sich auf die Unterscheidung von physischer Präsenz (Gefühle) und diskursiver Präsenz (Emotionen). Das bloße Insistieren auf Gefühle, die scheinbar einem religiösen Ausdrucksbedürfnis Authentizität verleihen, entspricht einer Neigung zur Moral, die an anderer Stelle erörtert wurde.[1] Die diskursive Präsenz besitzt methodisch Vorrang vor der Lagerung von Emotionen in sozialen Formen, weil die kommunikativen Bedingungen, unter denen sich Religion ereignet, jedenfalls im Kontext des Christentums als vorrangig gegenüber den sozialen Formationen angesehen werden (nicht gegenüber Sozialität überhaupt). Wenn aber soziale Formen mit der Funktion der Repetition und Variation Alteritäten, Kommunikationen und Handlungen geregelt aufführen, so haben Emotionen darin zunächst die Bedeutung von Statusmarkern. Eine Analyse von Frömmigkeitstypen, die sich in der Geschichte des Protestantismus etablieren konnten, würde die Diskursformationen und die sozialen Funktionen von Emotionen erschließen können. Demgegenüber bescheiden sich die folgenden Überlegungen damit, Neutralisierung und Devianz zu beobachten, ohne auf Milieuanalysen einzugehen.

1. KULTUR

Unter der Voraussetzung, dass soziale Formen bestimmte diskursive Verfahren, in denen Emotionen artikuliert werden, bevorzugen und andere zurückdrängen, sind sie als Notationsort zuverlässiger als kulturtheoretische Erwägungen, die stets auf die Diffusion von Kulturbegriffen zurückverwiesen sind. Die semantische Unbestimmtheit, die Dirk Baecker historisch und kategorial präzise rekonstruiert[2], macht indes nicht das Wort »Kultur« obso-

---

[1] Vgl. dazu den Beitrag »Nichts unbestimmt lassen« im vorliegenden Band.

[2] Im Einzelnen unterscheidet Baecker die Phasen von Antike, Moderne 1 und Moderne 2 mit den Basisunterscheidungen paideia/polis, Vergleich/Zivilisation, Code/ Technik. Die kategorialen Zuordnungen fächern auf der Grundlage von Ort/Stelle/Territorium die Zuschreibungen fremd/vertraut, richtig/falsch, Erinnern/Vergessen auf. Formal ist zu unterschei-

let. Auf das Problem emotionaler Codierung von Religion bezogen, sind die Kategorien sozialer Formen abzubilden auf diskursive Verfahren. So erzielen Emotionen derartige Markierungen für eine bestimmte soziale Formen gemäß Thema, Referenz, Situation, Prozess, Organisation und Systemunterscheidung, die unter der Voraussetzung der basalen Schranke des Selbst[3] gewöhnliche Kommunikationen ermöglichen. Das Außerordentliche der Religion wird also wiederholbar und damit normalisiert, auch die Ekstase.

Im Einzelnen konstruieren thematische Sequenzen wie Wiedergeburt – Rechtfertigung – Heiligung emotionale Zuschreibungen, Zerknirschungserwartungen, Gewissensbisse und Teilnahmefreude. Dabei ist zu unterscheiden, wie die Referenz auf Lebenssituationen oder Textsituationen mit einer emotionalen Codierung (Lob, Dank, Klage usw.) korreliert oder wie sich soziale Situationen (Bußrituale, Abendmahlsfeier) auf eine eigene semantische Codierung hin entwickeln, die Zugehörigkeiten und Teilnahmebedürfnisse ermöglichen. Mimesis wirkt als Vereinfachung der Lebenswirklichkeit, und schon die didaktische Grundanlage bestimmter Textmuster (der Gleichnisse zumal) verstärkt sich in Imitationstraditionen, die die vermeintlich geteilte Emotionalität von Textsituation (also Textgemeinde, Textjesus) und Standardsituation gelebter Religiosität parallel schalten.

Nun sind aber religiöse Prozesse soziale Prozesse, und der organisatorische Aufwand, Emotionen diskursiv wiederholbar zu gestalten, rechnet sich nur gemessen an der Ökonomie, die Emotionen dort auch erwarten zu dürfen, wo sie gesucht werden. Analog gilt dies für die Erwartung, dass im Religionssystem spezifische Emotionen artikuliert werden, die anderswo nicht artikuliert werden oder werden dürfen.

2. HERMENEUTIK

Es wäre interessant zu untersuchen, ob die in Religionen zu artikulierenden Emotionen dabei kompensatorisch auf organisatorische Gestalten anderer Systeme reagieren, indem sie Erfolgmedien und Basisunterscheidungen betreffen[4], oder ob sie im Medium des Selbst auftreten. Luhmanns Aufmerksamkeit auf die Seelen-Semantik vereinfacht an dieser Stelle etwas, was im Medium einer Unterscheidungslogik ohnehin schwierig zu bezeichnen ist. Denn es ist ja nicht nur die Konkurrenz auf Systemebene, die das Religionssystem zu kritischen Formationen nötigt, dass etwa das Lebensglück im

den zwischen Imitation (Mimesis) und Variation, die als Störung (agon) begriffen wird. D. BAECKER, Die Form der Kultur, Risse im System 2, Berlin 2006.

[3] Vgl. P. FUCHS, Das System SELBST. Weilerswist 2010, 163–167.

[4] N. LUHMANN, Die Gesellschaft der Gesellschaft, Frankfurt/ Main 1997, 202–205.

Machtgebrauch, ökonomischen Zugewinn oder einem Erziehungsideal gesucht wird. Weit eher wird wohl eine graduelle Partizipation anzunehmen sein, die sozialen Formen eine begrenzte Berechtigung einräumt. Dabei handelt es sich nicht nur um die Partizipation von Akteuren, sondern auch von Formen in Formen, sodass das dialektische Moment von Zugehörigkeitskonkurrenzen intensional verschränkt ist.

Für die Lokalisierbarkeit emotionaler Beschreibungen folgt daraus, dass sie als diskursive Muster eine Verstehensofferte für Intensitäten in sozialen Formen darstellen, die nicht über semantische Oppositionen eingeholt werden können. Die in der theologischen Theorietradition üblichen Ausweichstrategien in die Richtung der Metaphorik verunklaren, dass zum Zweck des (sozialen) Verstehens auf diskursive Muster zurückgekommen werden muss und dass damit Wiederholbarkeit logisch anders konstruiert, aber eben nicht unlogisch gearbeitet wird. Dabei muss nicht die Kontinuität organischer Prozesse, also des Fühlens, behauptet werden, sondern lediglich die Referenz auf das Fühlen als Artikulationsort für das Verstehen von Intensitäten.

3. GROSSER KOMMUNIKATIONSRAUM

Der klassische Ort, wo Gefühle beobachtet werden, ist der große Kommunikationsraum: das Restaurant, das Großraumbüro, die Bahnhofshalle, nicht aber das gesellschaftstheoretische Versuchslabor, in dem scheinbar homogene soziale Situationen gebildet werden. Die Parallelität von Emotionsdiskursen fällt zwar operational auseinander in diskrete Beschreibungen. Sie wird aber nicht aufgehoben in die Homologie.

In Botho Strauß' »Der Narr und seine Frau heute abend in Pancomedia« hält eine scheinbar alleinerziehende Mutter dem Zögling vor, was sie alles für ihn getan habe. Der antwortet: »Was ist das schon!«[5] Ablehnung, Ignoranz, Gleichgültigkeit, Egomanie, die als Illokutionen hier angeschlossen werden können, sind auch in Räumen möglich, wo Zustimmung erwartet wird, wenngleich unter der liturgischen Macht die emotionale Verfasstheit der sozialen Situation ins Selbst, die Wahrnehmung, verlagert ist. Denn was die Mutter ihm Gutes getan hat, muss ja nicht verstanden und beachtet werden (Ps 103). Der Schluss des Präfationsgebets

> »Wir stimmen ein in ihren ewigen Lobgesang und bekennen anbetend ohne Ende:«

---

[5] B. STRAUSS, Der Narr und seine Frau heute abend in Pancomedia. München 2001, 118: »Die Mutter: Ich habe dir viele Dinge geschenkt, die dir Freude bereiteten. KONSTANTIN: Was ist das schon?« Die Floskel wird viermal wiederholt.

referiert auf eine Überforderung der Sprecher, nämlich auf die Ökonomie der Gefühle, zu der es gehört, Gefühle zu teilen, und darauf, Gefühle von Abwesenden zu teilen.

4. EWIGE FREUDE, GETEILTE GEFÜHLE

Dasselbe gilt für die »Ewige Freude«, eine transzendentale Emotion. Recht basal wirkt dagegen die Aufforderung, einer sozialen Situation durch adäquate Kommunikation über Gefühle gerecht zu werden. Die Untertanen teilen die Gefühle, sofern es sich für Untertanen gehört.[6]

Da die Ausdrucksmuster zum Glückwunsch und zur Beileidsbekundung als Scripts richtige Befolgungen ermöglichen und demnach Handlungssequenzen kalkulierbar machen, entfällt die Semantik der Störung, die Theophanieerzählungen begleitet, für die Alltagssemantik der Religion. Diese Unterscheidung fällt auf *Beobachtung*, nicht auf das ohnehin noch nicht mögliche *Fühlen* der »ewigen Freude« zurück. Solange sich die Ewigkeit in Grenzen hält[7], wird sie in sozialen Räumen Referenzpunkt von Homologien, genauer: von emotionalen Homologien.

5. GEMISCHTE GEFÜHLE

Nun darf es nicht verwundern, dass auf der Ebene der Selbstwahrnehmung Entscheidungskonflikte auch als Emotionskonflikte repräsentiert werden. In sozialen Formen ist dagegen die ungeordnete Mischung die Regel, weil die Festlegung diskursiver Muster in bestimmten sozialen Formen nicht außerordentliche semantische Zuordnungen verhindert. Wenn soziale Formen Wiederholungen über die Wiederholung ihrer Semantik erzielen, so wiederholen sie ihre epistemische Vagheit auch über Devianzen. Bezogen auf die Artikulation von Emotionen in religiösen Kontexten gilt es festzuhalten, dass die Überlieferung von Diskursformationen[8] nicht mit der wissenschaftlichen Bemühung um Trennschärfe einhergeht, sondern dass die Emotionsmuster gleichzeitig und unverstanden Verwendung finden.

Unter der Voraussetzung, dass Gebete die Behandlung Gottes als Person präferieren, sind jegliche Interaktionen zwischen Personen prinzipiell auf Gott übertragbar. Da es auf dem Hintergrund einer Geschichte der Zweier-

---

[6] G. BÜCHNER, Leonce und Lena. Werke und Briefe, hrsg. v. K. PÖRNBACHER u.a. München 1988, 184: »PRÄSIDENT: Wir teilen sämtlich die Gefühle Eurer Majestät, so weit es für Untertanen möglich und schicklich ist.«

[7] P. CELAN, Schneepart. Frankfurt/ Main 1971. V 11.

[8] M. FOUCAULT, Archäologie des Wissens. Frankfurt/ Main [5]1992, 48–60.

beziehung vielfältige Artikulationsmöglichkeiten gibt, sind Prädikationen, wie sie im Jargon der Alltagspsychologie seit den 70er Jahren gängig sind, ebenso und gleichzeitig erwartbar wie Wiederholungen der Barock-Anthropologie oder des existentialistischen Entschlossenheitspathos. Die Kontrolle über diese Artikulationsgewohnheiten hat niemand, weil die Emotionsdiskurse in den seltensten Fällen Erfindung sind; und selbst dort, wo Erfindungen gegeben waren, erzeugen Wiederholungen Gleichgültigkeit gegenüber dem Akt und der Initiative des Erfindens.

Die Reduktion tritt nicht auf begrifflicher Ebene ein, sondern durch die Referenz auf die Bezeichnung eines Gefühls, die indes nur anzeigt, was bei Metaphern die Katachrese wäre, den Begriffsmüll. Das gebetsmühlenartige Beten »Wir bringen vor dich X« ersetzt Personen, Ereignisse und Situationen durch das Emotionswort und produziert damit aber die Gleichgültigkeit des Fühlens gegenüber und mit dem kommunikativen Akt.

6. Ende des Fühlens

Ob damit ein Ende des Fühlens, Langeweile oder Gleichgültigkeit eintreten, lässt sich selbstbezogen bedenken oder öffentlich artikulieren. In jedem Fall leiden Emotionsdiskurse unter Verschleiß, wenn sie repressiv zur Produktion von Emotionen anleiten wollen. Alternativ lässt sich die diskursive Stabilität aufrechterhalten bei mitlaufendem Ausfall der Partizipation, ob sie nun Anwesenheit, kognitive und emotionale Präsenz betrifft. Das Ende des Fühlens, obgleich schwer zu beobachten, signalisiert als Erfahrungsarmut in sozialer Perspektive, was in gängiger Technik dem »Subjekt« anzulasten wäre. Die Regelung der Emotionen im Modus sozialer Formen misslingt dann, wenn sie organisiert werden soll bzw. wenn der Prozess und die Strategie des Organisierens durchsichtig werden. Nun mag es zwar plausibel sein, Akteuren nicht grundsätzlich Neutralität zu unterstellen, und so die Vermutung anzubringen, dass evaluierende Prozesse in Wahrnehmungen stets mitlaufen. Wenn sich aber gemäß den unter (1) notierten Kategorien Beschreibungen und Beobachtungen ausfallen, wird Indifferenz im wörtlichen Sinn erkennbar. Während sich die Aggression gegen etablierte Gefühlswelten noch im Affekt gegen tradierte Verstehensformen ausdrücken lässt, verdeutlicht die Erwartbarkeit gängiger Deutung, dass sowohl notorische Anschlussfähigkeit als auch Isolation eines (sozialen) emotionalen Formats beschwiegen und gelöscht werden können. Dem begegnen Unverzichtbarkeitserklärungen:

7. WIEDERBRINGUNG DER EMPFINDUNG

Als die religiöse Empfindung schon fast durch den belehrenden Gestus der Aufklärung überwältigt ist, bricht sie sich in ästhetischen Verhältnissen Bahn. Nach Schleiermachers Neujustierung der Unendlichkeitsbeziehung in der anthropologisch noch unklaren Sphäre zwischen Moral und Metaphysik[9] und den romantischen Versuchen in neuer Mythologie und Kunstreligion eröffnet Kleist die Deutungsalternative von Heiligenwunder oder Gewalt durch Musik. Die »Heilige Cäcilie«[10] wird als Verursacherin in Anspruch genommen, wenn es um die Verhinderung eines Bildersturms in einem Nonnenkloster geht.[11] Die gottesdienstliche Musik, die nicht von einer todkranken Nonne, sondern nur ihrer Erscheinung geleitet worden sein kann, bringt die gewaltbereiten Protestanten dazu, in Anbetung überzugehen.[12] Die wundersamen Umstände oder die übrigens an der Musikästhetik der Kleist-Zeit orientierte Wirkung der gottesdienstlichen Musik werden als zwei Interaktionsordnungen aufgeboten, während die Verdammnis zum Gesang und Gebet dazu dient, die zwanghafte Ausübung der tradierten

---

9 F.D.E. SCHLEIERMACHER, Über die Religion. Reden an die Gebildeten unter ihren Verächtern. StA, hrsg. v. G. MECKENSTOCK, Berlin/ New York 1998.

10 H. V. KLEIST, Die heilige Cäcilie oder Die Gewalt der Musik, Sämtliche Werke und Briefe. Münchner Ausgabe. München 2010, II 221–233.

11 Der Untergang des Klosters ist dann aber mit dem westfälischen Frieden besiegelt, wie der Erzähler nüchtern kommentiert, nachdem er einen kuriosen Blick auf die wundersame Aufführung geworfen hat: »Eben schickten sich die Nonnen auf dem Altan der Orgel dazu an; die Partitur des Musikwerks, das man schon häufig gegeben hatte, ward vertheilt, Geigen, Hoboen und Bässe geprüft und gestimmt: als Schwester Antonia plötzlich, frisch und gesund, ein wenig bleich im Gesicht, von der her erschien; [...] verteilte die Partitur, die sie bei sich trug, und setzte sich selbst, von Begeisterung glühend, an die Orgel [...]. Demnach kam es, wie ein wunderbarer, himmlischer Trost, in die Herzen der frommen Frauen; [...] – das Oratorium ward mit der höchsten und herrlichsten musikalischen Pracht ausgeführt; es regte während der ganzen Darstellung, kein Oden [!] in den Hallen und Bänken; besonders bei dem salve regina und noch mehr bei dem gloria in excelsis, war es, als ob die ganze Bevölkerung der Kirche todt sei: dergestalt, daß den vier gottverdammten Brüdern und ihrem Anhang zum Trotz, auch der Staub auf dem Estrich nicht verweht ward, und das Kloster noch bis an den Schluß des dreißigjährigen Krieges bestanden hat, wo man es, vermöge eines Artikels im westphälischen Frieden, gleichwohl säkularisirte.« (223 f.).

12 »antworteten ihr – der Mutter – die Vorsteher: ›daß sie bloß in der Verherrlichung des Heilands begriffen wären, von dem sie, nach ihrem Vorgehen, besser als andre, einzusehen glaubten, daß er der wahrhaftige Sohn des alleinigen Gottes sei.‹ Sie setzten hinzu: ›daß die Jünglinge, seit nun schon sechs Jahren, dies geisterartige Leben führten; daß sie wenig schliefen und wenig genössen; daß kein Laut über ihre Lippen käme; daß sie sich bloß in der Stunde der Mitternacht einmal von ihren Sitzen erhöben; und daß sie alsdann, mit einer Stimme, welche die Fenster des Hauses bersten machte, das gloria in excelsis intonirten.‹« (225).

Religion als psychische Erkrankung zu lesen. Die Restunsicherheit bezüglich der Ursächlichkeiten muss, wenn sie musikästhetisch interpretiert wird, mit der Rettung durch Ausdruck enden. Die befriedende Funktion der Musik mündet ins leere Ritual, weil die Beteiligung am tradierten Kult zwanghaft erfolgt und damit auf die Funktion religiöser Rituale insgesamt zurückschlägt.

8. WIEDERBRINGUNG DER SPRACHE

Die Figuren artikulieren ihre Religion mechanisch, aber wenigstens der Erzähler gewinnt auf dem Weg der Beschreibung den authentischen Ausdruck:

> »die Söhne aber starben, im späten Alter, eines heitern und vergnügten Todes, nachdem sie noch einmal, ihrer Gewohnheit gemäß, das gloria in excelsis abgesungen hatten.«[13]

Wenn nun in Kleists »Heiliger Cäcilie« die Emotionen der religiösen Äußerung prekär gesichert sind, scheint ein Übergang von Praxis und Theorie erkennbar zu sein, der sich jenseits der Artikulationsmöglichkeiten in sozialen Formen abzeichnet.

9. KOMMUNIKATION DER EMOTIONEN, KOMMUNIKATION ÜBER EMOTIONEN

Gefühle müssen nicht notwendigerweise kommunizierbar sein, aber sobald sie theologisch funktionalisiert werden, sortieren sich die kommunizierbaren aus, weil die Theologie eine elaborierte Form von Kommunikation darstellt und deshalb gesprochene, geschriebene oder gelesene Texte verwendet. Ganz offenkundig reicht sie damit, wie jede Kommunikation, nicht recht an die Emotionen heran, die körperlich, mit sinnlicher Wahrnehmung, in der psychischen Realität und zuletzt erst in der Kommunikation eine Eigenmacht erzeugen, der ein routiniert kognitiver Umgang nur sehr bedingt Herr wird.

Es geht auch gar nicht um die Kontrolle der Gefühle, auch nicht um die Frage, was religiöse Gefühle von nichtreligiösen unterscheidet, sondern wie religiöse Gefühle und ihr zugehörige Medien mit dem Faktum der Indifferenz zurechtkommen; nicht also mit der Tatsache, dass Gefühle umschlagen können, Freude in Trauer oder Wut, Furcht in Sicherheit, Liebe in Hass, sondern mit dem Umstand, dass für die Religion gar kein Gefühl und damit

[13] KLEIST, II 233.

kein epistemisches Aufmerksamkeitssignal[14] mehr übrig bleibt. Denn zusätzlich zu einer vorauszusetzenden Wachheit korreliert das religiöse Wissen mit Bewertungskonventionen, z.B. auch mit Haltungen wie Liebe und Hass. Und wenn selbst Atheisten die Abwehrhaltung noch als Affirmation einer verlorengegangen Anerkenntnis religiösen Wissens – nicht der Teilnahme an der Religion – unterstellt werden kann, bildet die Indifferenz in Religion und in der Logik der Emotion überhaupt ein Rätsel.

Möglicherweise ist aber für die Theologie ihre eigene Emotionalität das Problem, dass sie als Erklärungsform der Form der Kirche[15] sich darüber im Unklaren ist, inwieweit sie die emotionalen Strukturen, welche die Religion sozial speichert, wiederholen darf und soll. Die Flucht in den Begriff bewahrt die Theologie möglicherweise vor der Sprache der Gemeinde, nicht aber vor den emotionalen Mustern beispielsweise der Subjektivitätsphilosophie, der Existentialontologie oder französischen Postmoderne. So wenig ein neutrales Erzählen unverdächtig ist, sind Verzichtserklärungen durch Theoretiker vertrauenswürdig, wenn gerade die vermeintliche Versachlichung Evaluationen durch Beschweigen ausmisst.

Die emotionalen Muster als Gegenstand der Theorie führen zwangsläufig auf Beobachtungen, die die eigene Religion mitunter als irritierend oder trivial erscheinen lassen, aber dies scheint der einzig plausible Weg zu sein, um das Verhältnis von Ausdruck und Inszenierung mittels Theorie unter Kontrolle zu bringen.

10. DIE ENTFERNUNG

> Und es waren viel Weiber da/ die von ferns zusahen/ die da Jhesu waren nachgefolget aus Galilea/ und hatten im gedienet.[16]

Wenn die Konstellation von Theorie und sozialer Form in den Blick genommen wird, ist zuallererst eine Abstandnahme der drei Beschreibungsweisen Welt, Theorie, Person nötig, weil sie aus theoretischer Gewöhnung eng beieinander sind und so schwer zu sehen ist, was die Aufgabe theologischer Beschreibung wäre. Seit die dogmatische Theologie die Theorie des Bewusstseins dergestalt verinnerlicht hat, dass die Perspektive auf die Themen der Theologie gerade mit Bewusstsein und daran gekoppelt – aus Glauben – vorgenommen wird, hat sich die Theorie der Person zur Domäne der Theologie entwickelt. Nun ist die Berechtigung theologischer Anthropologie nicht zu bestreiten, allerdings reduzieren sich die Explikation wissenschaftlicher

[14] B. SCHEELE, Emotionen als bedürfnisrelevante Bewertungszustände, Tübingen 1990.

[15] In der theologischen, nicht soziologischen Bedeutung.

[16] Mt XXVII (Luther 1545).

Beschreibungskonkurrenzen von Welt und die Qualität theologischer Beschreibung auf eine internalistische Explikation des Selbstbewusstseins, wenn die Erfassung der Wirklichkeit und der theologischen Themen an den Modus des Bewusstseins gekoppelt und ethisch mit der Emphase einer Theorie der Person verlängert wird.

Die Orts- und Geländemetapher *Entfernung* signalisiert dagegen, dass Personen für eine theologische Beschreibung von Personalität allererst geortet werden müssen, und nicht weil dem Subjekt eine Krise nachzusagen wäre, sondern weil es selbst seine eigene Krise ist. Der nicht unbeträchtliche Bezeichnungsaufwand, der das Sprechen von Personen um 1800 kennzeichnet, also Subjekt, Individuum, Selbstbewusstsein, Vernunft, Gefühl, Freiheit, Gemüt usw. artikuliert neben dem Wahrheitsproblem die Begründbarkeit von Freiheit im Kontext von politischer Unfreiheit. Diese Debatte wird im Folgenden nicht deshalb nicht mehr wiederholt, weil sie gleichsam passé wäre, sondern sie ist theologisch nachrangig geworden, weil die protestantische Apologetik anders als um 1800 nicht mehr nachweisen muss, dass sie ihre Theologie im Modus des deutschen Idealismus darstellen kann.

Die topos-Metaphern der Entfernung halten etwas auseinander, was die reflexionslogische Form ihrer Intention nach unter Kontrolle zu haben meinte. Dass es sich aber bei letzterem um ein irrtumsbehaftetes und vagantes Erfassen handelt, signalisieren emotionale Muster, die sich auf Weltgebäude, Theoriegelände und den Status der Person richten. Es konvergieren dabei Prozesserfassungen und diskursive Muster in dem o.a. kulturtheoretischen Sinn, dass Emotionen Textmuster neben und in sozialen Formen strukturieren.

11. Das Weltgebäude

Emotionen reduzieren die Möglichkeiten zu adäquaten Beschreibungen, indem sie ökonomisch abkürzen. Die Welt wird im größeren Zusammenhang des Universums in eine Erhabenheitserfahrung integriert: »So hängt denn alles in dem ganzen Umfange der Natur in einer ununterbrochenen Gradfolge zusammen, durch die ewige Harmonie, die alle Glieder auf einander beziehend macht.«[17]

[17] I. Kant: Allgemeine Naturgeschichte und Theorie des Himmels oder Versuch von der Verfassung und dem mechanischen Ursprunge des ganzen Weltgebäudes, nach Newtonischen Grundsätzen abgehandelt (1755). Werkausgabe 1. Frankfurt/ Main 1977, A 196.

Ferner wird sie beruhigender, weil erwartbarer Gegenpol einer Selbstexklusion:[18]

»Himmel, reiße, Welt, erbebe, fallt in meinen Trauerton,
sehet meine Qual und Angst, was ich, Jesu, mit dir leide,
deine Schmerzen, o zerschlagner Gottessohn,
ich erwähle Golgatha, vor dies schnöde Weltgebäude.
Werden auf den Kreuzeswegen deine Dornen ausgesät,
weil ich in Zufriedenheit mich in deine Wunde senke,
so erblick ich in dem Sterben, wenn ein stürmend Wetter weht,
diesen Ort, dahin ich mich täglich durch den Glauben lenke.«

Sogar der Blick aus der eschatischen Vollendung wird dabei riskiert:[19]

»Das siehst du, sagst dann deinem Freund, der mit dir geht: ‚Dort lag die Erde einst, und jener Berg hieß damals Belchen. Nicht gar weit davon lag Wislet. Sieh, dort habe ich gelebt, hab Ochsen eingespannt und Holz geführt, geackert und bewässert, Lichtspän' geschnitzt, gespielt dazu bis an mein selig End'. Ich möcht' jetzt nimmer hin.«

Der Wechsel zwischen diesen Haltungen bildet sich als Variabilität nicht nur der Person, sondern der sozialen Formen und ihrer theologischen Repräsentation aus. Die faktische Unübersichtlichkeit, auf die eine heterarchische Beschreibung reagiert, wird in der Perspektivität des eschatologischen Blicks aufgenommen, der Gesamteindruck der Welt aber, als Film, verflüssigt.

12. Das Theoriegelände

Wenn soziale Formen bestimmte emotionale Muster speichern, dann sind sie dort wiederholbar erreichbar für die Theorie, und bilden Orte, Stellen und Territorien (s.o.) aus, die von einem Theoriegelände aus beschrieben werden können. Von einer Statik der Muster oder der sozialen Form kann indes keine Rede sein, weil nur die Topologien und ihre Metaphern diese Stabilität generieren. Allerdings sind emotionale Muster theologisch gleichfalls konfi-

---

18 J.S. Bach, Aria: Himmel, reiße, Welt, erbebe. Passio secundum Johannem, BWV 245, 11+. Kassel 1973, 232–240.

19 J.P. Hebel, Die Vergänglichkeit. In: Alemannische Gedichte, Stuttgart 1969, 144 f.:
»das siehsch/
und seisch dim Kamerad, wo mitder goht:
‚Lueg, dört isch *d'Erde* gsi, und selle Berg
het Belche gheiße! Nit gar wit dervo
isch Wisleth gsi; dört hani au scho glebt,
und Stiere gwettet, Holz go Basel gfüehrt,
und brochet, Matte graut, und Liechtspöh' gmacht,
und gvätterlet, bis an mit selig End,
und möcht jez nümme hi.'«

guriert über Themen (Erlösung, Schuld, Endlichkeit der Existenz), Referenzen, diskursive Muster, Situationen usw. Daran schließen sich Aufenthaltskonkurrenzen an, insofern Themen durch mehrere emotionale Muster konfiguriert werden und die Maßgeblichkeit des einen oder anderen Musters nicht über die Authentizität der Person, die Adäquation einer sozialen Form oder ein korrespondenztheoretisch vereinfachtes Modell von »Welt« festgelegt werden kann. Einzig und allein die irrtumsbehafteten Konfigurationen von sozialer Form und der temporär artikulierten Semantik des Christentums geben darüber Aufschluss, wie diese möglicherweise durch die theologischen Theoriegelände wiederholt werden können.

13. Der Status der Person

Diese artikulationsfähigen Konfigurationen gruppieren sich im Christentum entweder begrifflich oder narrativ. Wenn nicht die begriffliche Vereinzelung als Beschreibungsmuster ausreichen soll, muss man von narrativer Lagerung sprechen. Diese narrative Lagerung kann aber, anders als noch die Metapher des Archives möchte, nur dann erfolgreich auf Dauer gestellt werden, wenn jenseits der strebsamen Bemühungen von Personen Konfigurationsbedingungen angegeben werden können, unter denen eine Artikulation wiederholbar zu erwarten ist. Es besteht kein Grund, hier einen Vorrang der Einzelperson oder der Struktur der Personalität anzunehmen. Aber auch kein Vorrang der Gemeinschaft wird sichtbar und kein Vorrang der sozialen Form Kirche.

Dass die Dogmatik artifiziell erscheint, lässt nicht den Schluss zu: dort wo über Personen geredet wird, wären umso authentischere Zugänge zu gewärtigen. Die Ordnungsgewohnheiten dialektischer Logik orientieren sich am klassischen Personverständnis, aber insofern wir ärmere oder reichere Strukturen als sie denken können, fällt dies zurück auf die semantischen Ordnungen, wie diese selbstreferentiell, zum Eigengebrauch oder zur Fremddarstellung, man möchte sagen kirchenleitend, erzeugt werden. Die Vorläufigkeit dieses Unterfangen fällt schon deshalb ins Auge, weil die Verständlichkeit eine soziale Kategorie ist, und keine endgültige, insofern Diskurse und Artikulationen Zeit verbrauchen.

14. Gefühle von Dogmatikern für Dogmatiker

Die Konfiguration von Theorien demonstriert im schlimmsten Fall die Selbstbezüglichkeit der theoretischen Arbeit, dass sie nämlich nicht die sozialen Formen und ihre Semantik, im vorliegenden Fall: emotionale Muster, wiederholt und auf diese Art und Weise begrifflich zugänglich macht, sondern für sich selbst wiederholt und damit korrekturindifferent, mithin gefühllos wird. Gegen die Unempfindlichkeit der Theorie hilft nur Ironie, und in dieser Hinsicht hat die Theologie im Unterschied zur politischen Theorie einiges zu lernen.[20] Die Motivation, Theorie für die soziale Formen, die Religion artikulieren, variabel zu erzeugen, verweist darauf zurück, dass die nötige Entfernung der Theorie von ihrem Gegenstand ihrerseits auf einen Impuls zurückgeht, der die thematische Präsenz von Religionen nicht auf den Sonderfall vermeintlich kognitiver Selbsterfassung beschränkt. Im besten Fall ergibt sich aus der Konkurrenz von Theorien eine Konkurrenz in der Erfassung und Bewertung emotionaler Muster, die die Religion über sich selbst aufklären oder dabei zur Pose zu verkommen.

[20] Vgl. H. WILLKE, Ironie des Staates. Grundlinien einer Staatstheorie polyzentrischer Herrschaft, Frankfurt/ Main 1996, 316–326, 362–372.

PETER FISCHER

Kausalität – Geist – Evolution.

Philosophische Reflexionen über neurobiologische Emotionstheorien

Eine zeitgemäße kulturhermeneutische Beschäftigung mit den Gefühlen der Menschen sollte jene Diskurse und Praktiken analysieren, in denen heute die Gefühle thematisiert und zu beeinflussen versucht werden. Ohne den Anspruch auf Vollständigkeit zu erheben und ohne eine Rangfolge aufzustellen, wären auf jeden Fall zu nennen: das therapeutische Gespräch sowie alle Therapieformen, in denen es um pathologische Gefühle geht; der feministische Diskurs oder – allgemeiner und neutraler – der Diskurs über die Geschlechterdifferenz; die Kulturindustrie, insbesondere hinsichtlich der Gefühlsrelevanz der populären Musik, des Fernsehens, der Computerspiele, des Internets und des Films; die Rolle von Gefühlen in pädagogischen Ansätzen; die Marktrelevanz von Gefühlen, z.B. wie sie sich in den Anforderungsprofilen von Stellenausschreibungen auf verschiedenen Ebenen der Wirtschaftshierarchie auf dem Arbeitsmarkt oder bei der werbetechnischen Präsentation von Produkten und Dienstleistungen auf dem Warenmarkt zeigt; der bio- und insbesondere neurowissenschaftliche Diskurs, einschließlich seiner Beobachtungs- und Experimentalprozeduren. Außerdem könnte jeder dieser Bereiche hinsichtlich seiner Geschichte untersucht werden.

Auch wenn letztlich alle diese kulturhermeneutischen Untersuchungsfelder – und vielleicht noch weitere – Aufmerksamkeit verdienen, so drängt sich doch ein Diskurs selbst in den Vordergrund. Es ist der neurowissenschaftliche. Er erhebt nämlich offensiv, um nicht zu sagen: aggressiv, den Anspruch, grundlegend für jede Thematisierung von Gefühlen zu sein, weil allein er eine wissenschaftliche Erklärung der Gefühle liefern könnte. Beim Einklagen dieses Vorrechts wird nicht selten zu verstehen gegeben, dass der philosophische Diskurs über Gefühle, der bisher die Grundlegungskompetenz für sich reklamiert habe, verabschiedet werden kann, weil er zu keinen wissenschaftlichen Resultaten geführt hätte.

Im Folgenden[1] möchte ich unter drei Gesichtspunkten diesen Anspruch des neurowissenschaftlichen Diskurses diskutieren. Dazu werde ich mich auf

[1] Es handelt sich um meinen Beitrag zur Jahrestagung der Kulturhermeneutischen Sozietät

eine Position beziehen, von der ich glaube und hoffe, dass sie repräsentativ für neurowissenschaftliche Theorien der Gefühle ist. Es handelt sich um das Konzept von Antonio Damasio. Durch meine Darstellung seines Ansatzes soll meine Lesart solcher Theorien überprüfbar werden. In einem ersten Schritt werde ich daher kurz rekonstruieren, was Damasio unter Emotionen und Gefühlen versteht. Ausgehend von dieser allgemeinen Grundlage möchte ich dann die Probleme der kausalen Erklärung, des Mentalen und der evolutionstheoretischen Erklärung diskutieren.

1. EMOTIONEN UND GEFÜHLE IM ZUGRIFF DER NEUROWISSENSCHAFTEN

Das Wort *Emotion* bedeutet etymologisch soviel wie *Hinausbewegung*.[2] Damit ist auf die *Äußerung* einer Bewegtheit verwiesen, welche sich bei Emotionen in beobachtbaren Körperzuständen und Verhaltensweisen zeigt, die beide unwillkürlich auftreten. Ausgehend von diesem Verständnis und in kritischem Anschluss an Überlegungen von William James entwickelt Antonio Damasio seine Theorie der Emotionen.

Damasio unterscheidet zwischen Emotionen, Gefühlen und dem Bewusstsein von Gefühlen.[3] *Emotionen* werden durch einen Auslösereiz unwillkürlich ausgelöst; die automatisch ablaufenden Gehirn- und Körperprozesse, welche als Reaktionsbündel die Emotionen definieren, bleiben unbewusst. *Gefühle* sind neuronale und mentale Muster, die Veränderungen des Körperzustandes und Veränderungen des kognitiven Zustandes im Gehirn repräsentieren.[4] Diese Repräsentationen müssen nicht bewusst sein, sind aber quasi die Schwelle[5] zum Bewusstsein. Das *Bewusstsein von Gefühlen*, von Damasio gelegentlich auch das *Fühlen von Gefühlen* genannt, besteht in Repräsentationen zweiter Ordnung, bei denen das Proto-Selbst, d.h. eine zeitweilige integrierte Repräsentation des Organismus, stabilisiert und ins Verhältnis gesetzt wird zur neuronal repräsentierten Emotion und vielleicht auch zum Auslösereiz. Mit der dabei vonstattengehenden Veränderung des Proto-Selbst wird der Übergang zum Kernbewusstsein, welches diese Veränderung repräsentiert, vollzogen.[6]

2010 in Leipzig, die sich dem Thema »Theorien der Gefühle« widmete.

2 Weitere etymologisch aufweisbare Bedeutungen sind: *hinaus-* und *wegschaffen*, *entfernen*, *erschüttern*, *in Bewegung setzen*, *bewegen*, *erregen*.

3 Vgl. A. R. DAMASIO, Ich fühle, also bin ich. Die Entschlüsselung des Bewusstseins, übersetzt von H. Kober, Berlin [5]2004 [1999], 50 ff.

4 Vgl. a. a. O., 102 ff.

5 Vgl. a. a. O., 58.

6 Vgl. a. a. O., 335 ff.

Damasio ist sich im Klaren darüber, dass es schwierig ist, die Unterscheidung zwischen dem Gefühl und dem Bewusstsein des Gefühls zu verstehen. Daher schreibt er: »Der eine oder andere Leser mag verwirrt sein von der Unterscheidung zwischen ›Gefühl‹ und ›wissen, dass wir ein Gefühl haben‹. Setzt der Zustand des Fühlens nicht notwendigerweise voraus, dass der fühlende Organismus sich der Emotion und des Gefühls, die sich in ihm entfalten, vollkommen bewusst ist? Ich meine, dass dies nicht der Fall ist, dass ein Organismus in neuronalen und mentalen Mustern den Zustand repräsentieren kann, den wir bewussten Lebewesen ein Gefühl nennen, ohne je zu wissen, das Fühlen stattfindet. Diese Trennung ist schwer vorstellbar, nicht nur weil die herkömmlichen Bedeutungen der Wörter uns den Blick verstellen, sondern weil wir dazu *tendieren*, uns unserer Gefühle bewusst zu sein. Es gibt jedoch keinen Beweis dafür, dass wir um *alle* unsere Gefühle wissen – mehr noch, vieles spricht dagegen. Häufig wird uns beispielsweise in einer gegebenen Situation ganz plötzlich bewusst, dass wir uns ängstlich oder unbehaglich, erfreut oder entspannt fühlen, und es ist ganz offenkundig, dass dieser besondere Gefühlszustand, den wir in diesem Augenblick erkennen, nicht im Augenblick der Erkenntnis, sondern schon einige Zeit vorher eingesetzt hat. Weder der Gefühlszustand noch die Emotion, die ihn ausgelöst hat, waren ›im Bewusstsein‹, und doch haben sie sich als biologischer Prozess entfaltet. Diese Unterscheidungen mögen auf den ersten Blick künstlich wirken, doch ich habe ganz und gar nicht die Absicht, etwas Einfaches zu komplizieren, sondern etwas, das ziemlich kompliziert ist, in überschaubare Teile zu zerlegen.«[7]

Wenn das Gefühl bereits eine mentale Repräsentation einschließt, also – wie Damasio an anderer Stelle sagt – »eine Vorstellung von den Veränderungen«[8], die die Emotion ausmachen, und wenn das Gefühl dennoch eine nichtbewusste Repräsentation ist, dann stellt sich zwangsläufig die Frage, wer etwas fühlt, wer diese nichtbewusste Vorstellung hat. Ein Wesen, das sich mit dem Pronomen »ich« auf sich selbst bezieht, kann es nicht sein, denn ein solcher Selbstbezug würde Bewusstsein notwendigerweise voraussetzen, sogar in der anspruchsvollen Form eines Ich-Bewusstseins, eines personalen Bewusstseins. Als solches muss aber bei Damasio wohl noch nicht einmal das sogenannte Kernbewusstsein verstanden werden, denn auch dieses liegt nach seiner Einteilung noch unterhalb des autobiographischen Gedächtnisses und des autobiographischen Selbst.[9] Wer also fühlt? Damasios Antwort würde wahrscheinlich lauten: der Organismus. Emotion und Gefühl wären dem-

7 A. a. O., 50 f.

8 Vgl. a. a. O., 88.

9 Vgl. a. a. O., 241.

nach als zwei Zustände des Organismus zu verstehen, die sich in erster Linie dadurch unterscheiden, welche organismischen Gegebenheiten jeweils aktiviert und in ein Zusammenspiel integriert sind, welcher der beiden Zustände im Ablauf dieser Aktivierung und Integration dem anderen vorangehen muss – nämlich erst die Emotion, dann das Gefühl – und welcher Zustand seinerseits auf den anderen Bezug nimmt und ihn in einen neuen Zusammenhang integriert und modifiziert – das Gefühl bezieht sich auf die Emotion. Auf die gleiche Art und Weise wäre dann das Bewusstsein zu verstehen. Emotion, Gefühl und Bewusstsein sind also zunächst Stufen der Integration fortschreitender Komplexität von organismischen Aktivitäten.

Theorien dieser Art klären zunächst darüber auf, welche organismischen Entitäten an Emotionen und Gefühlen beteiligt sind. Im Wesentlichen sind dies: bestimme Gehirnregionen; Rezeptoren; Nervenbahnen, in denen elektrochemische Prozesse ablaufen; Blutbahnen, die chemische Stoffe transportieren; Gewebezellen, z.B. solche von Muskeln, und schließlich andere Organe, außer dem Gehirn. All das sind Untersuchungsgegenstände der Biologie. Bereits damit ist also angezeigt, dass es um eine biologische Erklärung geht.

Der Zusammenhang zwischen diesen biologischen Entitäten wird kausal erklärt. Aktivierte Rezeptoren bewirken elektrochemische Prozesse in Nervenbahnen, die im Gehirn bewirken, dass dieses auf gleichem Wege auf die Rezeptoren zurückwirkt bzw. Muskelgewebe aktiviert oder durch chemische Stoffe über die Blutbahn auf Organe einwirkt. Es handelt sich also um Kausalketten und um Wechselwirkungen. Diese Prozesse können zum Teil gleichzeitig ablaufen. Die Rede von den Reaktionsbündeln bringt diese Erklärungsart zum Ausdruck. Die kausalen Erklärungen verhelfen letztlich dazu, die innerorganismischen Prozesse nach dem Modell eines Regelkreises verstehen zu können.

Aufgrund der innerorganismischen Kausalerklärungen kann gesagt werden, dass Emotionen und Gefühle die Funktion haben, den Zustand des Organismus zu regulieren. Um zu verstehen, welchen Sinn diese Zustandsregulation hat, bedarf es einer weiteren Erklärung. Der Sinn der Zustandsänderungen wird darin gesehen, den Organismus in die Lage zu versetzen, auf spezifische Anforderungen seiner Selbsterhaltung zu reagieren. Diese Anforderungen sind für das innerorganismische Kausalsystem *Auslösereize*. Auf Auslösereize zu reagieren ist also die zweite Funktion der Emotionen und Gefühle. Damasio fasst die funktionale Erklärung zusammen, indem er schreibt: »Für bestimmte Arten von eindeutig gefährlichen oder eindeutig vorteilhaften Reizen in der inneren oder äußeren Umgebung hat die Evolution eine Anpassungsreaktion in Form der Emotion entwickelt. [...] Emotionen sind eigenartige Anpassungsleistungen und gehören untrennbar zu dem Mechanismus, durch den der Organismus sein Leben reguliert. [...] Auf der fundamentalsten Ebene sind Emotionen Teil homöostatischer Regulation und dazu bestimmt, jenen Integrationsverlust von Unversehrtheit zu vermeiden, der ein Vorbote des Todes oder der Tod selbst ist, oder eine Quelle aufzusuchen, die Energie, Schutz oder Sex verspricht. Und als Ergebnis wirkungsvoller Lernmechanismen wie der Konditionierung können Emotionen aller Schattierungen dazu beitragen, homöostatische Regulation und ›Überlebenswerte‹ mit zahlreichen Ereignissen und Objekten in unserer autobiographischen Erfahrung zu verknüpfen.«[10] Die funktionale Erklärung der Emotionen und Gefühle beruht also im Wesentlichen auf zwei Komponenten: erstens der Theorie der Auslösereize und zweitens der evolutionsbiologischen Anpassungstheorie. Zunächst sollen die Auslösereize näher betrachtet werden.

Innere Auslösereize können Änderungen des chemischen Profils im Inneren des Organismus sein, z.B. in Folge einer Erkrankung, einer Änderung des Hormonzyklus, der Ernährung,[11] oder Vorstellungen aus der Erinnerung[12]. Sogenannte äußere Auslösereize sind sensorische Repräsentationen aktuell vorhandener Objekte oder Situationen.[13] Dabei muss es sich nicht um bewusste Wahrnehmungen handeln, nicht notwendigerweise um solche, auf die die Aufmerksamkeit gerichtet ist.[14]

---

10 A. a. O., 71 f.

11 Vgl. a. a. O., 64.

12 Vgl. a. a. O., 74.

13 Vgl. a. a. O., 74.

14 Vgl. a. a. O., 63. Außerdem können Emotionen nach Damasio indirekt ausgelöst werden: So kann z.B. Ärger hervorgerufen werden, wenn der Zugang zur Freude auslösenden Nahrung plötzlich verhindert wird; umgekehrt kann Freude allein dadurch einsetzen, dass der Auslöser für Furcht verschwindet. Vgl. a. a. O., 77 f. Welchen evolutionsbiologischen Sinn es hat, dass Freude minus Freude nicht null ergibt, sondern Ärger, und Furcht minus Furcht nicht null, sondern Freude, weiß ich nicht. Denkbar wäre vielleicht, dass der indirekt ausgelöste Ärger dazu motiviert, den Gegenstand der Freude doch noch zu erreichen, und dass die indirekt ausgelöste Freude den Organismus für die Strapazen der Furcht quasi entschädigt, indem sie ihm hilft, zur vollen Aktionsfähigkeit oder zu einem bestimmten Gleichgewichtszustand zurückzufinden. Außerdem scheint mir nicht sicher zu sein, ob die indirekte Auslösung bei allen emotionsfähigen Lebewesen stattfindet oder nur bei solchen mit Gefühlen oder gar mit Bewusstsein, bzw. ob sie immer stattfindet. So kann z.B. beobachtet werden, dass Herdentiere nach einer Flucht vor dem Angriff von Beutegreifern recht schnell wieder zum Äsen zurückkehren, ohne einen besonderen Ausdruck von Freude zu zeigen, und übrigens auch nicht von Trauer über den Verlust eines Artgenossen. Ebenfalls nicht ganz klar ist mir, wie das Ende eines emotionalen Zustandes gedacht werden soll: Sind hierfür spezielle Hemmungsreize erforderlich oder übernimmt diese Funktion der Auslösereiz einer anderen Emotion? Letzteres – und es ist die wahrscheinlichere Variante – würde bedeuten, dass emotionsfähige Lebewesen sich immer in emotionalen Zuständen befinden und dass eine Emotion nur durch eine andere beendet werden kann. Dann aber wird es fraglich, ob es überhaupt notwendig ist, eine indi-

Umwelt und Organismus sind also emotional relevant, insofern sie als Auslösereize wirken. Damit etwas als Reiz fungieren kann, muss eine entsprechende Reizbarkeit vorausgesetzt werden. Der Organismus muss also über Dispositionen für die Reaktion auf emotionsauslösende Reize verfügen. Während die Unterscheidung zwischen Emotion, Gefühl und bewusstem Gefühl Ebenen der Integration von Komplexität betrifft, muss die Unterscheidung von Arten der Emotion im Sinne einer Unterscheidung von Dispositionen verstanden werden. Damasio unterscheidet zunächst drei Gruppen: die *primären oder universellen Emotionen*, die *sekundären oder sozialen Emotionen* und schließlich die *Hintergrundemotionen*.[15]

Hinsichtlich der Anzahl der primären Emotionen legt sich Damasio auf sechs fest: Freude, Furcht, Überraschung, Ärger (Wut), Ekel und Trauer. Die primären Emotionen hängen von angeborenen Hirnstrukturen[16] mit evolutionär weitgehend programmierten neuronalen Systemen[17] ab. Damasio schreibt: »Diese Emotionen lassen sich an Menschen aller Kulturen und sogar an Tieren beobachten. Auch die Umstände, die diese Emotionen und die ihnen zugrunde liegenden Verhaltensweisen auslösen, ähneln sich in verschiedenen Kulturen und Arten.«[18] Die primären Emotionen sind daher die bisher bevorzugten Untersuchungsgegenstände der neurobiologischen und ethologischen Emotionstheorien.

Hinsichtlich der Anzahl der sekundären Emotionen legt sich Damasio nicht fest. Beispielsweise nennt er: Mitgefühl, Verlegenheit, Scham, Schuldgefühle, Stolz, Eifersucht, Neid, Dankbarkeit, Entrüstung, Bewunderung, Verachtung.[19] Nach einem Schachtelprinzip würden sich diese Emotionen aus Elementen der primären Emotionen sowie dem unterhalb des Emotionsmechanismus liegenden Lust- und Schmerzempfinden zusammensetzen. Dass die sekundären Emotionen auch *soziale* genannt werden, bedeutet keine

---

rekte Auslösung anzunehmen, denn die Beispiele ließen sich auch anders verstehen: Das, was den Zugriff auf die Nahrung verhindert, fungiert als Auslösereiz des Ärgers; das Verschwinden des Auslösereizes der Furcht ermöglicht das Wirksamwerden von Auslösereizen der Freude. Beides wären Fälle direkter Auslösung.

[15] Vgl. a. a. O., 67 ff. In einer späteren Schrift weist Damasio darauf hin, dass diese Einteilung sich in Abhängigkeit vom Wissensstand durchaus verändern könnte. Vgl. A. R. DAMASIO, Der Spinoza-Effekt. Wie Gefühle unser Leben bestimmen, übersetzt von Hainer Kober, Berlin 2005 [2003], 55.

[16] Vgl. DERS., Ich fühle (s. Anm. 3), 68.

[17] Vgl. a. a. O., 87. Die Gleichsetzung oder zumindest Analogisierung von Kulturen und Arten ist bemerkenswert.

[18] DERS., Der Spinoza-Effekt (s. Anm. 15), 57.

[19] Vgl. a. a. O., 58.

Einschränkung auf den menschlichen Bereich, sondern schließt das sogenannte Sozialverhalten der Tiere mit ein.[20]

Auch die Hintergrundemotionen erklärt Damasio nach dem Schachtelprinzip. Sie sind das Ergebnis der Kombination »von einfacheren regulativen Reaktionen« wie »grundlegenden homöostatischen Prozessen, Schmerz- und Lustverhalten, Trieben«.[21] Damasio schreibt: »Hintergrundemotionen sind der zusammengesetzte Ausdruck dieser regulativen Reaktionen, die sich in jedem Augenblick unseres Lebens bilden und überschneiden. Ich stelle mir Hintergrundemotionen als weitgehend unvorhersagbares Ergebnis mehrerer gleichzeitig ablaufender Regulationsprozesse auf dem riesigen Spielplatz vor, den unser Organismus darstellt. Dazu gehören Anpassungsprozesse des Stoffwechsels, hervorgerufen durch irgendein inneres Bedürfnis, das auf seine Befriedigung wartet oder gerade gestillt worden ist, oder durch irgendeine äußere Situation, die erst eingeschätzt und auf die dann mit anderen Emotionen, Antrieben oder geistigen Prozessen reagiert wird. Das ständig wechselnde Ergebnis dieses Hexenkessels von Interaktionen ist unsere ›Befindlichkeit‹ – gut, schlecht oder irgendetwas dazwischen.«[22] Das Wort *Befindlichkeit*, welches bekanntlich in der Existenzialanalyse Heideggers eine grundlegende Bedeutung erhält, wird von Damasio in Anführungszeichen gesetzt. Er möchte die Hintergrundemotionen nämlich von den Stimmungen unterscheiden. Unter *Stimmungen* sollen lediglich zeitliche Modi von Emotionen verstanden werden: entweder die Fortdauer einer bestimmten Emotion oder deren häufig wiederholtes Auftreten.[23]

Alle drei Gruppen von Emotionen – primäre, sekundäre und Hintergrundemotionen – sind nach Damasio als Dispositionen bestimmten Lebewesen angeboren. Einige könnten nach der Geburt unmittelbar ausgelöst werden, andere bedürften einer einmaligen Aktivierung durch das Verhalten von Artgenossen. Ein Beispiel für Letzteres sei die angeborene Furcht von Affen vor Schlangen, die aktiviert werde, wenn das Jungtier die Furcht des Muttertieres vor Schlangen bemerke. Ähnliches gelte insbesondere für viele soziale Emotionen.[24]

Emotionen als Organismus- und Verhaltensregulationen werden also kausal erklärt aus jenem Bedingungskomplex, den *Auslösereize* einerseits und angeborene und kombinierbare *Dispositionen zu Emotionen* andererseits

[20] A. a. O., 59.

[21] A. a. O., 56.

[22] A. a. O., 56 f.

[23] Vgl. a. a. O., 56. Damasios Beispiele für Stimmungen legen die Frage nach deren Verhältnis zum Temperament nahe. Er räumt ein, darüber noch nichts sagen zu können. Vgl. a. a. O., 57.

[24] Vgl. a. a. O., 60.

bilden. Dabei ist zu beachten, dass diese Kausalerklärung im hohen Maße komplex ist. Dafür verantwortlich sind, wie Damasio sagt, die »*Bandbreiten von Reizen* [...], die bestimmte *Klassen von Emotionen auslösen*«[25]. Dass es sich um Klassen von Emotionen handelt, erkläre sich aus der Kombinierbarkeit der Dispositionen. Die Bandbreiten von Reizen würden sich aus dem Lernen durch Konditionierung ergeben.[26] Auf diese Weise könnten im Prinzip alle Objekte und Situationen zu Auslösereizen werden. Die Konditionierung erkläre auch die kulturellen Unterschiede im emotionalen Bereich. Damasio schreibt: »Aller Wahrscheinlichkeit nach nimmt der Einfluss von Entwicklung und Kultur auf die vorprogrammierten Mechanismen folgende Formen an: Erstens, sie prägen das, was nachher den angemessenen Auslöser einer gegebenen Emotion darstellt; zweitens, sie prägen einige Aspekte des emotionalen Ausdrucks; und drittens, sie prägen die Kognition und das Verhalten, die auf die Manifestation einer Emotion folgen.«[27]

Im Folgenden soll die Leistungsfähigkeit der neurowissenschaftlichen Position hinsichtlich des Verstehens menschlicher Gefühle geprüft und dabei die Aufmerksamkeit auf immanente Probleme dieses Ansatzes gelenkt werden.

2. Probleme der Kausalerklärung

Die erste Frage lautet: Was leisten neurobiologische Kausalerklärungen für das Verstehen menschlicher Gefühle? Als Ursache fungiert in solchen Erklärungen ein Bedingungskomplex, der aus bestimmten organismischen Prozessen und Entitäten sowie einem bestimmten Auslösereiz besteht. Kausalerklärungen weisen einige Eigenheiten auf, von denen zwei hier besonders relevant sind.

So sind Kausalerklärungen zumindest in dem Sinne prinzipiell unvollständig, als stets nach der Ursache der Ursache gefragt werden kann, ohne an ein Ende zu gelangen. Es ist daher vom Kontext abhängig, was als eine relevante und hinreichende Kausalerklärung anerkannt wird. Im engen Zusammenhang mit dieser Eigenheit steht eine zweite: In Abhängigkeit von der Beschreibung der Wirkung und der als hinreichend geltenden Ursache können gleiche Wirkungen verschiedene Ursachen haben. Zur Veranschaulichung dieser Eigenheiten kann ein einfaches Beispiel dienen.

Eine Fensterscheibe ist kaputt gegangen und der Hausmeister fragt nach der Ursache für dieses Ereignis. Ein Physiker würde die folgende Erklärung

---

25 DERS., 75.

26 Vgl. a. a. O., 75 f; vgl. DERS., Der Spinoza-Effekt (s. Anm. 15), 69 f.

27 DERS., Ich fühle (s. Anm. 3), 75.

geben: Die Scheibe ist zerbrochen, weil sie einer Kraft ausgesetzt war, die bezogen auf den Querschnitt der Scheibe größer war als der Widerstand des Glases. Kurz gesagt: Die einwirkende Kraft war größer als die Festigkeit der Glasscheibe. Diese Kausalerklärung ist als physikalische vollkommen korrekt und hinreichend. Aber wird der Hausmeister damit zufrieden sein? Sicher nicht. Dass eine Kraft, größer als die Festigkeit, wirkte, wird er als selbstverständlich ansehen. Die Erklärung wird ihm daher wie eine Tautologie vorkommen: Dass die Scheibe kaputt ist, das heißt wohl üblicherweise nichts anderes, als dass eine solche Kraft gewirkt haben muss. Der Physiker könnte vielleicht anhand der Scherben seine Erklärung präzisieren, indem er feststellt, ob eine statische oder eine dynamische Überbelastung der Scheibe stattgefunden hat, vielleicht auch, ob sie einem Zug, Druck oder Schub ausgesetzt war. Doch auch damit wäre der Hausmeister noch nicht zufrieden: Derart präzisierte Kausalerklärungen wären für ihn bestenfalls Indizien hinsichtlich jenes Bedingungskomplexes, den er als Ursache anerkennen würde. Weil er klären will, wer für die kaputte Scheibe verantwortlich ist, möchte er wissen, wodurch die zerstörerische Kraft hervorgerufen wurde: Lag ein Materialfehler vor, der die Scheibe unter ihrem eigenen Gewicht zusammenbrechen ließ? Ging die Kraft von einem Menschen aus, der die Scheibe entweder absichtlich, fahrlässig oder involviert in ein Unfallgeschehen zerstörte? Die Beschreibung eines Bedingungskomplexes, die der Hausmeister als Angabe der relevanten und hinreichenden Ursache anerkennen würde, müsste diese Fragen beantworten. Die gleiche Wirkung, die kaputte Scheibe, könnte daher auf der für den Hausmeister relevanten Ebene der Kausalerklärung völlig verschiedene Ursachen haben: technischer Defekt, absichtliche Handlung, fahrlässige Handlung oder Unfallgeschehen. Für den Physiker dagegen wäre es im Falle einer mechanischen Zerstörung der Scheibe immer dieselbe Ursache: eine Kraft, größer als die Festigkeit, was auch dann noch gilt, wenn er z.B. zwischen einer plötzlich wirkenden Schubkraft und einem beständig wirkenden Druck unterscheidet. Eine gewisse Vorstellung von wirkenden Kräften wird gewiss auch in die Kausalerklärung des Hausmeisters eingehen, aber nicht als hinreichende, sondern nur als notwendige Bedingung. Auch braucht er die exakte physikalische Definition der Festigkeit, ihre Maßeinheit und die Klassifikation ihrer Arten nicht zu kennen.

Auf der lebensweltlichen Ebene des Hausmeisters sind also andere Kausalerklärungen relevant und hinreichend als auf der wissenschaftlichen Ebene des Physikers. Die Relevanz und die Leistungsfähigkeit von Kausalerklärungen sind offensichtlich vom Kontext abhängig und daher zweckgebunden.

Das Beispiel des Hausmeisters und der kaputten Fensterscheibe kann als Paradigma fungieren, wenn es darum geht, die Leistungsfähigkeit der neurobiologischen Kausalerklärung der menschlichen Gefühle einzuschätzen.

Angenommen, Paul hat Prüfungsangst, wobei das Wort »Angst« hier unspezifisch als Synonym für »Furcht« gebraucht wird.[28] Paul selbst oder andere könnten sich fragen, warum er sich vor Prüfungen fürchtet. Die neurobiologische Antwort, es gäbe einen Auslösereiz, also z.B. die Bekanntgabe des Prüfungstermins oder der Prüfungsthemen oder das Öffnen der Tür zum Prüfungszimmer, und dann würden in Pauls Organismus genau die und die Prozesse ablaufen, wird wohl kaum als hinreichende Kausalerklärung Anerkennung finden. Denn die möglichen Auslösereize besagen nicht mehr, als dass es tatsächlich die Prüfung ist, vor der Paul sich fürchtet. Und die neurologischen, elktro- und biochemischen Prozesse laufen immer ab, wenn Paul oder irgendein anderer Mensch sich fürchten. Warum aber gerade Paul Angst vor Prüfungen und vielleicht sogar nur vor dieser bestimmten Prüfung hat, wird damit in keinster Weise erklärt. Die wissenschaftliche Erklärung des Neurobiologen hilft Paul und allen, die ihn verstehen wollen, ebenso wenig wie die des Physikers dem Hausmeister.

Der Neurobiologe könnte noch auf die Konditionierung verweisen, denn dass eine angeborene Disposition besteht, für die die Bekanntgabe von Prüfungsthemen oder drgl. ein natürlicher Auslösereiz ist, wird er wohl kaum behaupten wollen. Konditionierung würde aber bedeuten, dass Paul eine Prüfungssituation oder für sie spezifische Auslösereize im Zusammenhang mit einer natürlich ausgelösten Angstdisposition mindestens einmal, eigentlich aber öfter, erlebt haben müsste. Angesichts der Häufigkeit von Prüfungsangst ist dies aber eher unwahrscheinlich. Denn es müsste dann bei sehr vielen Menschen eine ebensolche Konditionierung stattgefunden haben, was zumindest die Frage nach den Ursachen für diese Häufigkeit provozieren und damit den Anspruch an die Vollständigkeit der Kausalerklärung erweitern würde. Die Ursachen für Häufigkeit einer so speziellen Konditionierung müssten aber sicher auf der sozialen und kulturellen Ebene gesucht werden. Außerdem könnten im Falle einer Erklärung durch Konditionierung weder Paul noch irgendein anderer Mensch sich vor ihrer ersten Prüfung fürchten, denn es müsste wenigstens bei dieser erst eine Konditionierung stattfinden. Auch dies widerspricht wohl der lebensweltlichen Erfahrung. Mit diesen Einwänden soll nicht gesagt sein, dass Konditionierung für menschliche Gefühle nie eine Rolle spielt, sondern lediglich, dass natürliche Auslösung und Konditionierung nicht ausreichen, um alle Fälle abzudecken. Die Kenntnis der Auslösereize kann im Falle einer Konditionierung eine ähnliche

[28] Wenn in diesem Kontext »Angst« als Synonym für »Furcht« gebraucht wird, dann soll damit keineswegs bestritten werden, dass eine begriffliche Unterscheidung zwischen Angst und Furcht in anderen Kontexten möglich und vielleicht sogar notwendig ist. Im Sinne einer solchen begrifflichen Differenzierung wäre die sogenannte »Prüfungsangst« eine Furcht.

Rolle spielen, wie die Untersuchung der Scherben durch den Physiker: Es geht in beiden Fällen um Indizien, die auf eine akzeptable Erklärung hinweisen können, ohne für sich genommen bereits eine solche zu liefern.

Welche Antwort oder welche Art einer Antwort auf die Frage, warum Paul Prüfungsangst hat, wäre aber lebensweltlich relevant und akzeptabel? Es wären immer Antworten, die sich auf die individuelle Lebensgeschichte von Paul beziehen. Diese Lebensgeschichte kann aber nur als sozialer Prozess angemessen verstanden werden, woran die Tatsache notwendiger biologischer Bedingungen nichts ändert. Die folgenden Erklärungen würden wahrscheinlich auf der lebensweltlichen Ebene Anerkennung finden: Die bekanntgegebenen Prüfungsthemen betreffen Gebiete, mit denen sich Paul noch relativ wenig beschäftig hat oder deren Verständnis ihm schwerfällt. Oder der Prüfungstermin ist relativ kurzfristig angesetzt, aber Paul hat erst wenig Zeit in die Vorbereitung investiert. Oder der Prüfer ist als besonders streng bekannt. Oder für Paul hängt sehr viel von der Prüfung ab: z.B. soziale Anerkennung durch die Familie oder eine gewünschte Anstellung. Bei allen diesen Erklärungen spielen die Gedanken, die sich Paul über die Prüfung macht eine wesentliche Rolle. Gedanken machen kann er sich aber nur, weil er ein soziales Wesen mit persönlicher Individualgeschichte ist.

Auch Damasio kommt an einer Stelle auf Gedanken in einem solchen Kontext zu sprechen. Er schreibt: »Ein Gefühl ist die Wahrnehmung eines bestimmten Körperzustands in Verbindung mit der Wahrnehmung einer bestimmten Art zu denken und solcher Gedanken, die sich mit bestimmten Themen beschäftigen. [...] Das Gefühl ist eine Konsequenz des fortlaufenden homöostatischen Prozesses, der nächste Schritt im Zyklus. Die hier skizzierte Hypothese ist unvereinbar mit der Auffassung, Gefühle (oder die Essenz von Emotionen, wenn man Emotionen und Gefühle als Synonyme ansieht) seien eine Ansammlung von Gedanken zu Themen, die mit dem Etikett eines bestimmten Gefühls in Einklang stünden – im Falle der Traurigkeit etwa mit Gedanken an Verlustsituationen. Ich glaube, diese Auffassung führt zu einer hoffnungslosen Aushöhlung des Gefühlskonzepts. Wären Gefühle tatsächlich nur Häufungen von Gedanken zu bestimmten Themen, wie sollte man sie dann von beliebigen anderen Gedanken unterscheiden? [...] Meiner Meinung nach verdanken die Gefühle ihre funktionale Besonderheit den Gedanken, die den Körper in seinen reaktiven Prozessen repräsentieren.«[29] Diese Passage setzt Damasio mit dem Hinweis auf die Lust bzw. Unlust fort, d.h. unter den »Gedanken, die den Körper in seinen reaktiven Prozessen repräsentieren« und die die »funktionale Besonderheit« der Gefühle ausmachen, versteht Damasio körperbezogene Lust- oder Unlustempfin-

[29] DERS., Der Spinoza-Effekt (s. Anm. 15), 105.

dungen. Von Gedanken ist hier also in einem zweifachen Sinne die Rede: zum einen von »Gedanken zu Themen« und zum anderen von Gedanken als Repräsentationen von Körperzuständen in Form von Lust- oder Unlustempfindungen.

Damasio hat sicher damit recht, dass die bloße Häufung thematischer Gedanken, die im Falle der Prüfungsangst unter dem Titel des eigenen Versagens stehen könnten, noch kein Gefühl ist. Paul könnte über diese Themen längere Zeit reflektiert haben, ohne dabei Prüfungsangst gefühlt zu haben. Aber eine bloße Unlustempfindung ist auch kein Gefühl, zumindest nicht das spezielle der Prüfungsangst. Damasio selbst sagt: »Ein Gefühl ist die Wahrnehmung eines bestimmten Körperzustands *in Verbindung mit* der Wahrnehmung einer bestimmten Art zu denken und *solcher Gedanken, die sich mit bestimmten Themen beschäftigen*« (Hervorhebungen von mir). Diese Überlegungen sprechen daher dafür, dass der sogenannte Auslösereiz im Falle menschlicher Gefühle nicht in der bloßen Wahrnehmung eines Objekts, z.B. jener eines Aushanges der Prüfungsthemen, verstanden werden kann. Dagegen muss angenommen werden, dass ein Objekt oder eine sogenannte Situation nur deshalb ein Gefühl auslösen können, weil sie in irgendeiner Weise mit bestimmten thematischen Gedanken assoziiert sind. Diese thematischen Gedanken wären damit zwar keine hinreichende, aber doch eine notwendige Bedingung für menschliche Gefühle, zumindest für manche von ihnen. Die Welt eines Menschen, d.h. seine soziale und geschichtliche Seinsweise, lässt sich nicht auf einen Auslösereiz im Sinne eines unbedingten oder bedingten Wahrnehmungsschemas reduzieren, was vielleicht hinsichtlich der Umwelt eines Tieres möglich ist. Die paradigmatische These lautet also: Nur dann, wenn Paul bestimmte thematische Gedanken, insbesondere solche die das eigene Versagen betreffen, z.B. mit der Bekanntgabe der Prüfungsthemen oder des Prüfungstermins verbindet, wird er Prüfungsangst haben.

Die Rede von einem Auslösereiz bringt tendenziell die Gefahr mit sich, die geschichtliche und damit soziale Dimension des menschlichen Seins auszublenden, also jene Dimension, die thematische Gedanken ermöglicht und in ihnen reflektiert ist. Es handelt sich also um eine Tendenz zum Biologismus. Diese findet ihren Ausdruck in einem konzeptionellen Vorrang des Körpers bei der Erklärung von Gefühlen. So schreibt Damasio: »Nach meiner Ansicht ist der *Ursprung* der Wahrnehmungen, die den Kern eines Gefühls ausmachen, klar: Es gibt ein allgemeines Objekt, nämlich den Körper, und dieses Objekt hat viele Teile, die ständig in einer Anzahl von Hirnstrukturen abgebildet werden. [...] Die unmittelbaren *Substrate* von Gefühlen sind die Abbildungen aller dieser Körperzustände in jenen sensorischen Regionen des Gehirns, die dazu bestimmt sind, Signale aus dem Körper zu empfangen.«[30] Gegen diesen biologistischen Reduktionismus ist zu sagen, dass der lebensweltliche Sinn eines Gefühls, z.B. der Prüfungsangst, gar nicht verstanden werden könnte, wenn dieses Gefühl im Kern, also seinem Wesen nach, die Abbildung von Körperzuständen wäre. Die Formulierung von Damasio aufgreifend kann daher behauptet werden: Der Ursprung der Bedeutungen, die den Sinn eines Gefühls ausmachen, ist klar: Es gibt ein allgemeines Objekt, nämlich die Welt, d.h. die soziale und geschichtliche Seinsweise eines Menschen, das in den Gefühlen in einer zeitlich-situativen Perspektive abgebildet wird. Die sogenannten unmittelbaren Substrate von Gefühlen, welche die biologische und insbesondere neurobiologische Empirie nachweist und als Abbildungen von Körperzuständen in Gehirnregionen interpretiert, sind lediglich notwendige Kausalbedingungen für das Zustandekommen von Gefühlen: Sie sind aber für sich genommen weder hinreichende Kausalbedingungen, noch machen sie den wesenhaften Gehalt der Gefühle aus.

Gegen diese Argumentation könnte eingewandt werden, dass sich Gefühle durch körperliche Manipulationen hervorrufen lassen, etwa durch die Stimulierung von Nervensträngen und Gehirnregionen oder durch das Einbringen von chemischen Substanzen in die Blutbahn. Und dies beweise, dass Gefühle körperliche Ursachen haben und in ihrem Gehalt Abbildungen körperliche Zustände sein müssen. Die Zurückweisung dieses Einwandes kann sich auf zwei Argumente stützen.

Erstens ist es fraglich, ob durch solche experimentell-manipulativen Techniken gezielt und treffsicher solche speziellen Gefühle wie z.B. die Prüfungsangst erzeugt werden können. Möglicherweise gelingt es nur, z.B. eine unbestimmte Furcht oder eine Furcht, deren Bestimmtheit aus der Sicht des Experimentators zufällig ist, hervorzurufen. Das Wovor, das Worum bzw. das Worüber der Gefühle könnte der manipulativen Verfügbarkeit entzogen bleiben.

Zweitens – und das ist das wichtigere Gegenargument – können gleiche Wirkungen, z.B. die Furcht, verschiedene Ursachen haben: Dass in der Situation des Experimentes die manipulierten körperlichen Bedingungen als Ursache für ein Gefühl relevant und hinreichend sind, heißt eben nicht, dass auch in einer lebensweltlichen Situation allein die körperlichen Bedingungen hinreichend sind, um ein Gefühl kausal zu erklären. Offensichtlich müssen dann, zumindest in vielen und bedeutsamen Fällen, bei den menschlichen Gefühlen die thematischen Gedanken in die Erklärung einbezogen werden. Wenn Damasio aber sagt, dass noch nicht geklärt sei, wie das Mentale aus dem Neuronalen entstehe, dann ist ebenso wenig geklärt, wie das Mentale,

[30] A. a. O., 105 f.

wenn darunter die thematischen Gedanken verstanden werden, das Neuronale und den Organismus überhaupt bestimmt. Dies müsste aber geklärt werden, wenn, wie Damasio sagt, »ein Gefühl [...] die Wahrnehmung eines bestimmten Körperzustands *in Verbindung mit* der Wahrnehmung einer bestimmten Art zu denken und *solcher Gedanken, die sich mit bestimmten Themen beschäftigen*«, ist. Genau diese Verbindung zwischen Körperzuständen und thematischen Gedanken steht infrage. Kurz gesagt: Dass Gefühle durch körperliche Manipulationen bewirkt werden können, ist kein Beweis dafür, dass die körperlichen Bedingungen immer hinreichend sind, um Gefühle bzw. einen bestimmten Gefühlsinhalt hervorzurufen. Bestenfalls beweist es, dass die körperlichen Bedingungen zu den notwendigen Elementen des kausalen Bedingungskomplexes gehören, der die Verursachung von Gefühlen hinreichend erklärt.

Als Fazit dieser Diskussion kann Folgendes festgehalten werden. Die neurobiologische Kausalerklärung ist nicht hinreichend und nur eingeschränkt relevant, wenn es um die Erklärung von menschlichen Gefühlen in lebensweltlichen Kontexten geht. Mit der Rede von Auslösereizen tendiert sie dazu, die Welt, d.h. die geschichtliche und mithin soziale Seinsweise der Menschen, aus der Erklärung auszuschließen und daher auch die Bedeutsamkeit thematischer Gedanken zu unterschätzen und sie nur vage in den Gesamtzusammenhang einordnen zu können. Die Leistungsfähigkeit der neurobiologischen Kausalerklärung kann daher auf drei Gebieten gesehen werden. Erstens könnte sie relevant und hinreichend sein, wenn es um Emotionen und Gefühle und das entsprechende Verhalten von Tieren geht. Zweitens besitzt sie Bedeutsamkeit für medizinische Zwecke, nämlich dann, wenn Gefühlspathologien auf körperliche Defekte zurückgeführt werden können. Drittens schließlich können ihre Einsichten zur Manipulation von Gefühlen genutzt werden, was für verschiedene Bereiche der Wirtschaft, für die Kulturindustrie und auch für die Politik interessant sein kann.

Den Neurowissenschaftlern scheint durchaus bewusst zu sein, dass ihre Erklärungen für den lebensweltlichen Kontext unzureichend sind. So schreibt Gerhard Roth anlässlich seiner Darstellung des »starken Gefühls« der Verliebtheit: »Immerhin lohnt es sich auch hier, ein naturwissenschaftlich-nüchternes Auge walten zu lassen. Ob dies uns bei unserem privaten Gefühls-Management helfen wird, ist eine andere Frage.«[31] Diese rhetorische Formulierung gesteht offensichtlich ein, dass die Frage der lebensweltlichen Relevanz der neurobiologischen Kausalerklärungen, ihre Relevanz für das Verstehen und den Umgang mit Gefühlen, negativ zu beantworten ist. Au-

---

31 G. ROTH, Fühlen, Denken, Handeln. Wie das Gehirn unser Verhalten steuert, Frankfurt/M. 2003, 365.

ßerdem wird dieser Umgang, entgegen der Unterstellung Roths, letztendlich kein privater, d.h. ein andere gänzlich ausschließender, sein können.

3. DAS PROBLEM DES MENTALEN

In Damasios Theorie taucht das Problem des Mentalen in seiner Rede von Vorstellungen auf, die insbesondere für den Bereich der Gefühle wichtig sind. *Vorstellungen* oder synonym *mentale Muster* sind nach Damasio mentale Ereignisse. Sie sind von den nachweisbaren neuronalen Mustern zu unterscheiden.[32] Alle Vorstellungen besitzen nach Damasio eine »Struktur, die sich aus Elementen der Sinnesmodalitäten zusammensetzt«: Es sind Abbildungen »von Prozessen und Dingen der verschiedensten Art, konkreten wie abstrakten«.[33] Von den Vorstellungen heißt es, dass sie bewusst oder nichtbewusst sein können.

Nichtbewusste Vorstellungen seien nicht direkt zugänglich.[34] Dies bedeutet offensichtlich, dass sie aufgrund des Nachweises bestimmter neuronaler Muster in bestimmten Gehirnregionen angenommen werden. Es wird also ein Zusammenhang zwischen neuronalen und mentalen Mustern unterstellt, wobei das Auftreten neuronaler Muster als hinreichend für die Zuschreibung nichtbewusster mentaler Muster angesehen wird. Zur Rechtfertigung dieser Zuschreibung schreibt Damasio: »Vorstellungen entstehen aus neuronalen Mustern oder neuronalen Karten, die in Populationen von Nervenzellen oder Neuronen gebildet werden. Diese schließen sich zu Schaltkreisen oder neuronalen Netzen zusammen. Rätselhaft hingegen ist die Frage, *wie* Vorstellungen aus neuronalen Mustern entstehen. Wie ein neuronales Muster zu einer Vorstellung *wird*, ist eine Frage, die die Neurobiologie noch nicht beantwortet hat.«[35] Damasios These lautet also: *Dass* Vorstellungen aus neuronalen Mustern entstehen, ist geklärt, *wie* sie daraus entstehen, ist noch nicht geklärt.

Von den *bewussten Vorstellungen* sagt Damasio, dass sie »*nur in der Perspektive der ersten Person* zugänglich« seien, dagegen neuronale Muster »*nur in der Perspektive der dritten Person*«.[36]

Dieser zweite Problembereich, also der des Mentalen, betrifft Probleme der Thematisierung menschlicher Seinsweisen generell, nicht nur Fragen der Emotionalität und des Gefühls. Die Schwierigkeit besteht im ungeklärten

[32] Vgl. DAMASIO, Ich fühle (s. Anm. 3), 381.
[33] A. a. O. 382.
[34] Vgl. a. a. O., 382.
[35] A. a. O., 387.
[36] A. a. O., 382.

oder doch zumindest umstrittenen ontologischen Status des Mentalen. Die Crux kann darin gesehen werden, dass das Mentale oft zwiespältig bestimmt wird, nämlich als Geist und als Bewusstsein vom Geistigen zugleich.

Die Weise, in der das Geistige als Phänomen dem individuellen Bewusstsein gegeben ist, nämlich als Vorstellung oder Gedanke, welche prinzipiell von einem »Ich denke«, »Ich fühle« oder »Ich will« begleitet werden können, verführt dazu, das Geistiges als privates Erlebnis zu verstehen. Bei Damasio findet dies seinen Ausdruck, wenn er über bewusste Vorstellungen sagt, sie seien nur in der Perspektive der ersten Person zugänglich. Er schreibt daher: »Der Geist und sein Bewusstsein sind zuerst und vor allem private Phänomene, obwohl der aufmerksame Beobachter natürlich viele interessante Anhaltspunkte für ihre Existenz entdecken kann.«[37] Damasio fordert, dass »der bewusste Geist und seine konstituierenden Eigenschaften [...] als die persönliche, private und subjektive Erfahrung untersucht werden, die sie sind«[38]. Eine solche Untersuchung kann aber, entgegen der Auffassung Damasios, nur eine phänomenologische sein und keine empirische.

Damasio leugnet dies de facto, indem er schreibt: »Subjektive Gegebenheiten verlangen, genau wie objektive, dass genügend Beobachter strenge Beobachtungen anhand der gleichen Versuchsanordnung vornehmen. Außerdem verlangen sie, dass sie in Hinblick auf die Beobachter auf Widerspruchsfreiheit überprüft werden und irgendeiner Form der Messung zugänglich sind. Daten, die aus subjektiven Beobachtungen gewonnen werden, das heißt durch Selbstbeobachtung, können im Übrigen Ansatzpunkte für objektive Experimente liefern, und subjektive Erfahrungen können, was nicht weniger wichtig ist, anhand der vorliegenden wissenschaftlichen Daten erklärt werden.«[39] Gegen diese methodologischen Überlegungen ist Folgendes einzuwenden: Wenn der bewusste Geist ontologisch den Status eines privaten Erlebnisses hätte, das nur in der Perspektive der ersten Person zugänglich ist, dann wäre die Anzahl derer, die eine vermeintliche Selbstbeobachtung vollziehen, irrelevant, denn niemand könnte wissen, ob das, was sie jeweils privat erleben, dasselbe oder auch nur vergleichbar mit dem ist, was die anderen erleben. Ebenso irrelevant wäre die Gleichheit der Versuchsanordnung. Ausgeschlossen wäre eine Messung dessen, was privat erlebt wird oder des privaten Erlebens als solchem, denn das Messbare muss prinzipiell aus der Beobachterperspektive, oft als Perspektive der dritten Person bezeichnet, zugänglich sein. Gewiss können die Erlebnisberichte der Selbstbeobachter miteinander verglichen werden und es könnte sich eine weit-

---

37 A. a. O., 369.

38 Ebd.

39 Ebd.

gehende Übereinstimmung ihrer Beschreibungen bei gleichen Versuchsanordnungen zeigen. Aber damit könnte die mögliche Verschiedenheit der Qualität der privaten Erlebnisse nicht widerlegt werden. Dasselbe gilt hinsichtlich der möglichen Messungen. Gemessen werden können materielle Entitäten, d.h. stofflich-energetische in ihrer räumlichen und zeitlichen Bestimmtheit, die in einer bestimmten Korrelation mit jenen privaten Erlebnissen auftreten, von denen die Introspektoren berichten. Aber damit wäre die Art des Zusammenhanges zwischen den messbaren Entitäten und dem privaten Erleben nicht geklärt. Bestenfalls wäre wohl eine zeitliche Spezifikation dieser Korrelationen möglich. Kurz gesagt: Wenn das Mentale, der Geist, wesenhaft ein privates Erlebnis wäre, dann könnte er nicht Gegenstand einer messenden und experimentellen Forschung sein.

Diese Überlegungen zeigen aber auch, dass der Geist keineswegs nur als privates Erlebnis gegeben und nur aus der Perspektive der ersten Person zugänglich ist. Denn insofern die Berichte der Selbstbeobachter, in denen sie mitteilen, welche Gedanken, Gefühle oder Absichten sie hatten oder haben, den anderen verständlich sind, ist der Geist offensichtlich in Form der Sprache oder in anderen sprachförmigen und symbolischen Äußerungen zugänglich. Sprache und Symbolsysteme aber besitzen eine geschichtliche, d.h. eine soziale und kulturelle Geltung. Mehr noch: Sogar aus der Perspektive der ersten Person können wir in einem qualifizierten Sinne erst dann sagen, dass wir einen Gedanken *haben*, wenn wir ihn in *sprachlicher Form* haben. Der Gedanke ist nicht als solcher gegeben und wird dann auch noch sprachlich formuliert. Stattdessen muss mit Kleist – und in einem noch viel grundsätzlicheren Sinne, als er es vielleicht meinte – davon ausgegangen werden, dass die allmähliche Verfertigung der Gedanken beim Reden stattfindet. Die Sprachlichkeit des Geistes und seine geschichtliche Geltung eignen nicht nur den Gedanken, sondern auch den Gefühlen, zumindest insofern sie bewusst sind und ihre Äußerung von anderen verstanden wird. Wenn Damasio sogenannte kulturelle Prägungen des Ausdrucks, der Kognition und des Verhaltens im Zusammenhang mit Gefühlen einräumt, dann erkennt er dies wenigstens teilweise an. Der Geist – auf jeden Fall der menschliche, falls es noch andere geben sollte – ist daher in seiner Wirklichkeit ein geschichtliches Phänomen. Die kulturelle und damit intersubjektive Geltung geistiger Gebilde schließt aus, den Geist wesenhaft als privates Erlebnis verstehen zu können.

Als geschichtliches Phänomen könnte der Geist für bestimmte Messungen zugänglich sein. So kann jede demoskopische Umfrage, die z.B. ermittelt, wie viel Prozent der Wahlberechtigten welche Partei zu wählen beabsichtigen, als eine solche Messung verstanden werden. Aber es dürfte wohl klar sein, dass damit kein biologisches Datum gemessen, sondern quantitative Sozialforschung betrieben wird.

Insofern Gefühle zum Geist gehören, und nach Damasio gilt diese Zuordnung auf jeden Fall für bewusste Gefühle[40], können sie aus ontologischen Gründen kein biologisches Phänomen sein, weder als privates Erlebnis noch als geschichtliches Phänomen.

Damasio möchte keinen behavioristischen Ansatz vertreten, aber dennoch den Geist als biologisches Phänomen konzipieren. Er schreibt: »Zwar sind Geist und Verhalten biologische Phänomene, doch Geist ist Geist, und Verhalten ist Verhalten. Geist und Verhalten lassen sich korrelieren, und die Korrelation wird mit dem Fortschritt der Wissenschaft immer enger werden, doch in ihren jeweiligen Eigenschaften bleiben Geist und Verhalten verschieden. Das ist der Grund, warum ich aller Wahrscheinlichkeit nach niemals Ihre Gedanken erkennen kann, wenn Sie sie mir nicht mitteilen, und Sie die meinen nicht kennen, wenn ich sie Ihnen nicht verrate.«[41] Aber genau das kann nicht sein: Denn wäre der Geist ein biologisches Phänomen, dann müsste er im Verhalten des Organismus einschließlich der elektrochemischen und biochemischen Prozesse restlos aufgehen. Es müsste sich anhand dieser Prozesse aus der Beobachterperspektive nicht nur feststellen lassen, dass jemand denkt, fühlt oder beabsichtigt, sondern auch was der Inhalt seines Denkens, Fühlens und Wollens ist. Und weil der Geist immer auch die Dimension der Geltung einschließt, müsste sich auf diesem Wege sogar feststellen lassen, ob der Gedanke richtig ist, was offensichtlich abstrus ist. Aber erst wenn diese Bedingungen erfüllt wären, wäre der Geist tatsächlich als biologisches Phänomen erkannt. Wenn diese Bedingungen nicht erfüllt sind, dann bleibt es bei allen Fortschritten der Wissenschaft bei zeitlichen Korrelationen zwischen biologischen Daten und geistigen Phänomenen. Diese Korrelationen gestatten es bestenfalls, das Biologische als notwendige Bedingung des Geistigen bzw. in beschränkten experimentellen und medizinisch-therapeutischen Kontexten als Ursache für Aspekte des Geistigen aufzuweisen, wobei auch dann die inhaltliche und die Geltungsdimension des Geistes biologisch unerklärt bleiben.

Die prinzipielle ontologische Differenz zwischen biologischen Daten und geistigen Phänomenen wird durch die sogenannte Ölbildmetapher evident: Auch wenn alle materiellen Eigenschaften eines Ölbildes, die hier in Analogie

---

[40] »Zusammenfassend könnte man sagen, dass Gefühle notwendig sind, weil sie auf der mentalen Ebene Emotionen und das, was ihnen zugrunde liegt, zum Ausdruck bringen. [...] Nur auf dieser Ebene können Emotionen mithilfe von Gefühlen die Sorge um das individuelle Selbst erzeugen.« DERS., Der Spinoza-Effekt (s. Anm. 15), 210.

[41] DERS., Ich fühle (s. Anm. 3), 369 f.

zu den biologischen Daten stehen, restlos analysiert wären, wäre der Sinn des Bildes, der auf der Ebene seiner Geschichtlichkeit verstanden werden muss, noch völlig unberührt.[42] Aus den materiellen Daten mag bestimmt werden können, wie viele Jahre das Bild alt ist. Aber dies hat nichts mit seiner Geschichtlichkeit zu tun, die konstitutiv ist für seinen Sinn. Die Geschichtlichkeit besteht in den konkreten gesellschaftlichen Verhältnissen, in denen das Bild entstanden ist bzw. rezipiert wird, in der Biographie des Malers, in den jeweils vorherrschenden Stilrichtungen, künstlerischen Verfahren und Weltanschauungen. Und nichts davon ist im naturwissenschaftlichen Sinne ein materielles – und daher in Analogie gesagt: auch kein biologisches – Datum.

Das Ergebnis dieser Diskussion lautet also: Am Geist findet die biologische Erklärungsleistung aus ontologischen Gründen eine prinzipielle Grenze, und weil zumindest die bewussten Gefühle der Menschen geistige Gebilde sind, gilt dies auch für die biologische Erklärung dieser Gefühle.

4. Das Problem der Überlebenswerte und der evolutionstheoretischen Erklärung

Die dritte und letzte Problemdiskussion ist den Überlebenswerten und damit der evolutionären Erklärung menschlicher Gefühle gewidmet. Diese besagt: Wenn bestimmte artspezifische Dispositionen vererbt worden sind und die Art sich als überlebensfähig erwiesen hat, dann müssen sie einen Überlebenswert haben, einen Überlebensvorteil bieten. Das Überleben wird im Sinne eines »regulativen Prinzips«[43], wie Damasio sagt, als Zweck des Organismus gesetzt, ein Zweck, der auf allen Komplexitätsstufen der Regulation derselbe bleibe, auch wenn die einzelnen Regulationszwecke aufgrund der jeweiligen Überlebenswerte (z.B. Nahrung, Fortpflanzung, Sicherheit) spezifiziert werden. Emotionen und Gefühle können daher immer als Bewertungen jener als Auslösereize fungierenden Zustände, Objekte und Situationen hinsichtlich ihrer Überlebensdienlichkeit verstanden werden. Auf die menschliche Emotionalität Bezug nehmend schreibt Damasio: »Unter diesen Umständen führt der Apparat der Emotionen eine natürliche Bewertung durch, während der Apparat des denkenden Geistes gleichzeitig eine vernunftmäßige Bewertung vornimmt.«[44] Die evolutionstheoretische Erklärung dafür, dass die überlebensdienliche Regulation der organismischen Zustände und des Verhaltens nicht nur durch sogenannte vegetative Prozesse und

42 Zur Ölbildmetapher vgl.: P. Janich, Kein neues Menschenbild. Zur Sprache der Hirnforschung, Berlin 2009, 105 ff.

43 Damasio, Der Spinoza-Effekt (s. Anm. 15), 62.

44 A. a. O., 68 f.

einfache Reflexe erfolgt, sondern auch durch Emotionen und schließlich sogar durch bewusste Gefühle, macht geltend, dass auf diesem Wege eine höhere Differenziertheit des Verhaltens in einer komplexeren Umwelt ermöglicht werde. Bei den Emotionen geschehe dies automatisch. Bezüglich der bewussten Gefühle der Menschen schreibt Damasio: »Als Menschen sind wir uns der Beziehung zwischen bestimmten Objekten und bestimmten Emotionen bewusst und können *vorsätzlich* danach trachten, unsere Emotionen zu kontrollieren – zumindest bis zu einem gewissen Grad. Wir können entscheiden, welche Objekte und Situationen wir in unserer Umgebung zulassen wollen und mit welchen Objekten und Situationen wir nur unsere Zeit und Aufmerksamkeit verschwenden.«[45] Diese Planbarkeit und Beeinflussbarkeit der Emotionen und Gefühle durch die Manipulation der Objekte und Situationen und vielleicht sogar des Organismus selbst, also der evolutionäre Vorteil des Bewusstseins, erlaube es, bestimmten Gefühlen auszuweichen und andere herbeizuführen, ihre Häufigkeit zu steigern oder zu verringern und sie zu verstärken, zu intensivieren oder abzuschwächen.

Wenn solches Tun als biologisch sinnvoll angesehen werden soll, dann muss offensichtlich unterstellt werden, dass zwischen den Gefühlszuständen einerseits und der Überlebensdienlichkeit von Organismuszuständen, von Objekten oder von Situationen andererseits eine eineindeutige Zuordnung besteht: Das Vorliegen einer bestimmten Emotion oder eines bestimmten Gefühls beweist den Überlebenswert dessen, was als Auslösereiz fungiert, und umgekehrt: Die Gegebenheit dessen, was als Auslösereiz fungiert, beweist das Vorliegen einer bestimmten Emotion oder eines bestimmten Gefühls.

Aber nicht nur diese eineindeutige Zuordnung ist impliziert, sondern auch eine strikte Zweiwertigkeit: Etwas ist entweder überlebensdienlich oder gefährlich für das Überleben. Diese Zweiwertigkeit bestimmt Damasio als den »Kernaspekt« der Gefühle, indem er sagt, dass wir mit ihnen immer zugleich »einen bestimmten Körperzustand von einer Qualität erleben, die wir Lust nennen und die wir im Kontext des Lebens als ›gut‹ und ›positiv‹ empfinden«[46] oder im Gegenteil: eine Qualität, die wir Unlust nennen und als schlecht und negativ empfinden. Die Fähigkeit, Lust und Unlust empfinden und unterscheiden zu können, ist daher grundlegend für das Haben von Gefühlen. Sich glücklich zu fühlen, das heißt nach Damasio im Kern nichts anderes, als diese Lust zu erleben.

Zu dieser Argumentation wäre Folgendes zu sagen. Wenn von einem Lebewesen ausgegangen wird, das ausschließlich über den, wie Damasio sagt, »Apparat der Emotionen« verfügt, nicht aber über bewusste Gefühle, dann

---

45 A. a. O., 65 f.

46 A. a. O., 105.

sorgt bei diesem Lebewesen die Eineindeutigkeit der Zuordnung von Überlebenswert und Emotion sowie die strikte Bivalenz der Emotionen dazu, dass dieses Lebewesen sich gemäß einer für sein Leben universell gültigen Regulationsweise verhält. Es lebt in diesem Sinne kein individuelles Leben, sondern exemplarisch das Leben seiner Art. Damasios Rede von der »natürlichen Bewertung« bringt im Hinblick auf solche Lebewesen zum Ausdruck, dass ihre artspezifische Regulationsweise funktioniert, d.h. dass sie das Überleben in einer gegebenen und relativ konstanten Umwelt ermöglicht. Eine, wie Damasio sagt, »vernunftmäßige Bewertung« durch den »Apparat des denkenden Geistes« wäre im Falle solcher Lebewesen nicht nur vollkommen überflüssig, sondern hinsichtlich des Überlebens sogar kontraproduktiv, gefährlich, weil für den denkenden Geist die Möglichkeit des Irrtums konstitutiv ist, wodurch das Störungs- und damit Überlebensrisiko steigt. Es stellt sich daher die Frage, inwiefern bewusste Gefühle und der Apparat des denkenden Geistes schlechthin dann überhaupt einen Überlebensvorteil bieten können?

Damasio beantwortet diese Frage mit dem Hinweis auf die höhere Differenziertheit des Verhaltens in einer komplexeren Umwelt. Inwiefern aber ist der Lebensraum der Menschen als Lebewesen komplexer als die Umwelt der Tiere?

Wenn von einer Evolutionstheorie ausgegangen wird, dann muss der Mensch am Beginn seiner wie auch immer gearteten Evolution in einem natürlichen Lebensraum gelebt haben. In diesem Lebensraum kann er nicht allein gewesen sein, sondern nur gemeinsam mit anderen Lebewesen, mit Pflanzen und mit Tieren, wahrscheinlich von Einzellern bis zu Säugetieren. Dieser Lebensraum könnte beschrieben werden, indem alle Pflanzen und Tiere aufgezählt und die Verhaltensweisen der Tiere dargestellt werden. Dieser objektiv beschreibbare Lebensraum, in dem sich Menschen und Tiere befinden, ist aber nicht ihre gemeinsame Umwelt. Wäre er ihre gemeine Umwelt, dann wäre diese für alle gleichermaßen komplex, womit Damasios Antwort widerlegt wäre.

Stattdessen ist die Umwelt für die Tiere eine je artspezifische und daher jeweils nur ein spezifischer Ausschnitt aus dem objektiv beschreibbaren Lebensraum. Dieser Ausschnitt wird definiert durch Dispositionen für bestimmte Auslösereise: Auslösereize für vegetative Prozesse, für einfache Reiz-Reaktions-Mechanismen, für die Befriedigung bestimmter Triebe, für automatisch ablaufende Emotionen. Die Umwelt kann also verstanden werden als das Verhältnis zwischen artspezifischen Dispositionen und Auslösereizen, das sich über verschiedene Ebenen der Organismus- und Verhaltensregulation erstrecken kann, wobei der »Apparat der Emotionen« eine dieser möglichen Ebenen ist.

Auf den die jeweilige Umwelt definierenden Ebenen findet das statt, was Damasio die »natürliche Bewertung« nennt: Ein Lebewesen ist dazu disponiert, auf bestimmte Auslösereize überlebensdienlich, und zwar überlebensdienlich für seine Art, zu reagieren. Die so verstandenen Umwelten innerhalb desselben objektiv beschreibbaren Lebensraumes können in zweifacher Hinsicht unterschiedlich komplex sein, und zwar zum einen hinsichtlich der schieren Anzahl der artspezifischen Dispositionen und der entsprechenden Auslösereize und zum anderen hinsichtlich der Regulationsebenen über die sich dieses Verhältnis bei der jeweiligen Art erstreckt. Die Komplexitätsunterschiede zwischen den Umwelten einer Amöbe und eine Möwe, einer Zecke und einer Fledermaus, einer Milbe und eines Pavians mögen beträchtlich sein, aber sie liegen alle im Bereich der natürlichen Bewertung.

Im Rahmen der biologischen Terminologie stellt sich damit die Frage, ob die Menschen über einen »Apparat des denkenden Geistes« verfügen, weil ihre »Umwelt« noch komplexer ist, oder ob ihre »Umwelt« komplexer ist, weil sie über einen »Apparat des denkenden Geistes« verfügen. Die objektive Beschreibung des Lebensraumes durch Menschen, in dem Pflanzen, Tiere und sie selbst vorhanden sind, setzt aber bereits den denkenden Geist voraus. Und dieser Lebensraum ist nicht deshalb komplexer, weil er im Prinzip alle möglichen artspezifischen Umwelten enthalten kann, sondern weil er in Form einer objektiven Beschreibung durch den denkenden Geist und daher einschließlich der Möglichkeit des Irrtums erfasst werden kann. Der Lebensraum der Menschen ist also wesenhaft komplexer als alle Umwelten im Bereich der natürlichen Bewertung, weil Menschen einen Apparat des denkenden Geistes besitzen und daher zu objektiven Beschreibungen und Irrtümern fähig sind.

Damit ist klar, dass dieser Lebensraum nicht mehr als Umwelt verstanden werden kann. Denn Entitäten als Gegenstände einer objektiven Beschreibung lösen nicht automatisch eine lebensdienliche Reaktion aus, und objektive Beschreibungen müssen für sich genommen keinerlei Überlebenswert haben: Beschrieben werden kann auch ein Grashalm, der weder nahrhaft noch giftig, weder angriffslustig noch schutzbietend, weder sozialpartnerschaftlich relevant noch sexuell erregend ist.

Der Geist und damit auch die bewussten menschlichen Gefühle konstituieren also einen Lebensraum, dessen spezifische Komplexität nicht zuletzt darin besteht, dass keine eineindeutigen Zuordnungen von bewussten Gefühlen und Auslösereizen bestehen müssen und ebenso keine Bivalenz der bewussten Gefühle hinsichtlich des Überlebenswertes. So erklärt sich das oft thematisierte Phänomen, dass Menschen bewusste Gefühle haben können, die ein Handeln motivieren und ausrichten, das alles andere als überlebensdienlich ist.

Leidenschaftlicher Hass ist ein Beispiel für ein solches Gefühl: Wer leidenschaftlich hasst, kann das Objekt seines Hasses verfolgen, ohne auf seine eigenen Ressourcen, seine sonstigen Angelegenheiten und seine Pflichten sowie auf seine sozialen Kontakte Rücksicht zu nehmen. Zwar könnte ein Hass, der ein solches Ausmaß annimmt, als eine Psycho- oder Soziopathologie gekennzeichnet werden, aber es ist eben eine Pathologie, die zu ihrer notwendigen Voraussetzung die Möglichkeit der Entkopplung des Gefühls und des gefühlsmotivierten Handelns vom Überlebenswert hat. Weil Damasios evolutionstheoretische Erklärung diese Möglichkeit nicht beachtet, kommt in seinen Einteilungen der Emotionen bzw. Gefühle jene insbesondere für das Handlungsverstehen so relevante Unterscheidung zwischen Affekt und Leidenschaften gar nicht vor. Dementsprechend werden auch keine Handlungstypen unterschieden, sondern es wird nur generalisierend vom Verhalten gesprochen. Neben der Unterscheidung von Affekt und Leidenschaft, von Handeln im Affekt und Handeln aus Leidenschaft erzwingt die genannte Entkopplung noch eine dritte begriffliche Konsequenz: Das Wovor, das Worum bzw. das Worüber der Gefühle kann nicht als automatisch wirkender Auslösereiz verstanden werden, sondern muss als intentionaler Gehalt begriffen werden, was nur auf der Ebene des Geistes und mithin der Geschichtlichkeit der Menschen möglich ist.

Die genannte Entkopplung sorgt auch dafür, dass Lust bzw. Unlust, welche jeweils mit bestimmten Gefühlen verbunden sind, weder als verlässliche Indizien noch gar als Kriterien für die Überlebensdienlichkeit bzw. Gefährlichkeit des intentionalen Gehaltes, also des jeweiligen Gegenstandes, der Gefühle gelten können: Etwas kann z.B. Freude und damit Lust hervorrufen, und jemand kann dafür sorgen, dass dieses Etwas ihm oft zur Verfügung steht, damit er diese Freude und die mit ihr verbundene Lust immer wieder erlebt, aber überlebensdienlich muss dies nicht sein, wie z.B. die Phänomene der Sucht und des süchtigen Verhaltens zeigen. Die Lust ist in solchen Fällen kein Anzeiger für Überlebenswerte, kein Regulator im Dienste der Überlebensdienlichkeit, sondern wird dabei zu einem um seiner selbst willen angestrebten, also zu einem intrinsischen Wert. Und gerade darin liegt die Gefahr. Damasios Definition der Lust als Erleben einer bestimmten Qualität eines Körperzustandes fehlt zwar offensichtlich die *Differentia specifica*, ist aber hinsichtlich der Bestimmung des *Genus proximum* sicher korrekt. Dass aber die Lustempfindung identisch mit dem menschlichen Glücksgefühl sein soll oder doch zumindest dessen notwendige Bedingung sei, ist eine Behauptung, die nicht überzeugen kann. Dagegen spricht nicht nur die Erfahrung von Glück, sondern auch die Erfahrung, dass die natürliche Bewertung durch das Lustempfinden der Bewertung durch den denkenden Geist widerstreiten kann: Dem Handeln um der Lust willen mangelt es zumeist an der für das menschliche Leben nötigen zeitlichen Perspektive, am Bedenken der Folgen und auch der Mittel. Dies ist der Grund dafür, dass in der Geschichte der Menschheit der Bewertung durch den denkenden Geist der Primat gegenüber der Lustevaluation in der Bestimmung des Glücks eingeräumt wurde: Es gibt Theorien, die das Glück in der Freiheit von Lust- und Unlustempfindungen zu finden glauben, was wohl unrealistisch ist, aber vor allem solche, die entweder für das Glück nur die Freiheit von Unlust als dessen notwendige Bedingung ansehen oder aber ein durch die Vernunft bestimmtes Maß an Lust. Letzteres gilt in gewisser Weise sogar für den hedonistischen Utilitarismus.

Zusammenfassend lässt sich Folgendes über die evolutionstheoretische Erklärung der bewussten menschlichen Gefühle sagen: Die Umwelt kann nur in Relation zu artspezifischen Dispositionen bestimmt werden. Daher kann keine Rede von einer an sich komplexeren Umwelt des Menschen sein, auf welche die Evolution mit der Hervorbringung der bewussten Gefühle und des Geistes überhaupt die biologische Antwort gefunden hätte. Es ist vielmehr der Geist selbst, der die spezifische Komplexität des menschlichen Lebensraumes konstituiert. Pointiert gesagt: Der Geist ist zunächst nicht die Lösung, sondern das Problem. Die Lösung, die der Geist letztlich auf das mit ihm gestellte Problem bietet, beruht weder auf der Eineindeutigkeit der Zuordnung von Gefühl und Überlebenswert noch auf der strikten und lustevaluierten Bivalenz von Objekten, Situationen oder Zuständen. Dies bedeutet, dass der Bereich der natürlichen, der disponierten, Bewertungen verlassen wird. Die geistige Lebensführung, in welche die bewussten Gefühle eingeschlossen sind, findet nicht auf der Ebene biologischer Regelkreise statt, auf welche sich eine biologische Evolutionstheorie allein beziehen kann.

Alle drei Problemdiskussionen zeigen, dass die biologischen Erklärungen immer dann an ihre Grenzen stoßen, wenn es notwendig wird, vom Geist zu reden. *Geist* und manchmal auch *Bewusstsein* sind in dem Sinne Grenzbegriffe der Biologie vom Menschen, als sie die Notwendigkeit anzeigen, die Geschichtlichkeit des Menschen in die Erklärungen einzubeziehen, also von Sprache und sozialer Geltung, von Handlung und Handlungstypen, von Sinn und Bedeutung in der menschlichen Lebenswelt sprechen zu müssen.

Volker Caysa

Über die Eifersucht

Für Rolf Haubl zum 60.!

Die auch in der Philosophie anzutreffende Abstinenz gegenüber den sogenannten »schwarzen« Affekten als da sind Eifersucht, Neid und Hass speist sich allzu oft aus moralischen Geschmacksurteilen. Diese hinwiederum haben mit der Peinlichkeitsschwelle der Kultur oder Teilkultur zu tun, der sie entspringen. Aber die »schwarzen«Affekte im Denken bis in ihre Niederungen verfolgen zu wollen, heißt nicht zugleich, sie auszuleben. Freud hat bekanntermaßen nicht alle Perversionen praktiziert, die er beschrieben hat. Gleichzeitig gilt: Wenn jeder Nachdenkende für seine Gedanken verantwortlich gemacht werden kann, muss er sich hüten, durch die Vertrautheit mit dem Gemeinen für gemein zu gelten. Die Distanz des Bearbeiters zum Gegenstand soll für den Dritten sinnfällig bleiben. Wer über Leiblichkeit nachdenkt, hat durchaus das Recht sich der Teilnahme an sportlichen Wettkämpfen zu enthalten und diese nur von Ferne zu beobachten. Auch dass Affekte philosophische Themen sind, wird niemand leugnen wollen; aber die Beschäftigung mit einem unangenehmen Affekt wie Neid oder Eifersucht setzt den Bearbeiter dennoch dem Zweifel aus, ob er nicht seine persönlichen Probleme lösen wolle.

Wie dem auch sei: Eifersucht ist eines der elementarsten und gleichzeitig trivialsten Gefühle des Menschen, aber sie ist mehr, eine Verhaltensweise, ein Habitus, der dem Habenwollen, genauer dem Ganz-allein-Habenwollen der Einen oder des Einen entspringt. Insofern ist mit Eifersucht nicht nur ein Machtanspruch, sondern auch ein Herrschaftsanspruch verbunden. Sie ist zentriert auf das Haben des Anderen, das man nicht allein hat und kontrolliert, das man aber allein haben und kontrollieren will. Eifersucht beschränkt sich nicht auf das Verhältnis der Geschlechter, auf das Weib, das hinter der im Französischen namengleichen Jalousie lauert, und den Mann, den der Geruch fremden Samens im Schoß seiner Geliebten hinter sich selbst und sein Gefühl zurückwirft oder auf das Überprüfen der gewählten Telefonnummern und der heimlichen Durchsicht der gesendeten und eingegangenen Mails. Aber sie fängt dort an, wird dort erlebt, erlernt und eingeübt, um als Haltung bereitzustehen. Hier zeigt sich die Eifersucht zunächst als Herumhorcherei und Herumsucherei, als Misstrauen, als Neugier auf Verdächtiges, sogar als liebevoll-neugierige Anteilnahme an dem Tun des Anderen, so verderblich es auch sei. Eifersucht bekundet hier das Näheinteresse am Anderen. Und ist es nicht so, dass der, der wirklich liebt, nahezu eifersüchtig sein muss? Ist Eifersucht nicht Ausdruck von Liebe, die fatalerweise mit Leidenschaft sucht, was Leiden schafft? Und wie der, der lange genug sucht, einen Anlass zur Liebe findet, so findet auch der, der lange genug sucht, einen Anlass zur Eifersucht. Macht aber die Liebe großzügig und souverän gegenüber dem Anderen, so macht die Eifersucht engherzig und zeugt von Abhängigkeit.

Der Gott der Israeliten ist, wie er selbst mit großem Gestus und gewaltiger Anrede verkündet (Audi, Israel), ein eifernder, und das heißt auch: ein eifersüchtiger Gott, dessen erstes Gebot heißt: Du sollst keine fremden Götter haben neben mir.

Damit ist das Grundwort angesprochen: Es geht bei der Eifersucht, einem Habitus, also einer Art, sich selbst zu haben, stets um den Mangel an Haben, um das Gefühl eines Mangels an Geliebtwerden, um den vermeintlichen Mangel an Liebe. Eifersucht richtet sich auf Haben, aber sie errichtet auch eine Praxis des Habens, des Einander-Habens, in der sich Selbstwertgefühle bestätigen oder widerlegen. Darin eingeschlossen ist die Möglichkeit, dass der Anspruch auf das Haben des Geliebten als eine unzulässige Besitzergreifung oder gar als eine Vergewaltigung vom Geliebten wahrgenommen wird. Eine bestimmte Form des Habens scheint Eifersucht auszuschließen: das Haben als vollkommenes, naiv-dingliches Besitzen und das vollkommene Haben seiner selbst als naives selbstgewisses Verfügen über seine Möglichkeiten im Liebesbezug zum Anderen, das den Verdacht gegenüber dem Anderen ausschließt. Welche Form des Habens stellt sich aber dann als Eifersucht dar, und woher speist sie sich?

Wir sind, um archetypische Beispiele zu finden, nicht auf die Neuzeit angewiesen; bereits die griechische und römische Überlieferung bietet sie uns in Fülle. Eifersüchtig ist die Deianira, die dem Herakles das Nessusgewand sendet und ihm dadurch ungewollt zu seiner Apotheose verhilft; eifersüchtig ist Medea, die die Kinder Jasons tötet; Eifersucht treibt Menelaos in den Krieg; eifersüchtig ist aber auch die Göttin Leto auf das Menschlein Niobe, deren Geschlecht sie einer klassischen Vernichtung für würdig hält, und eifersüchtig ist der Gott Hephaistos auf seine Gattin Aphrodite und den Ares, die er zusammen einfängt. Wir greifen zunächst das erste und das letzte Beispiel auf, in denen der Eifer besonders unangemessen erscheint.

Herakles glänzt in der Überlieferung nicht nur durch seine berühmten zwölf Arbeiten – darunter solche unattraktiven Jobs wie Stall ausmisten, mit Amazonen kämpfen und Höllenhunde bändigen –, sondern auch durch seine unmäßige Lust am Mahl und durch die Unzahl der überall hinterlassenen Kinder, weshalb er auf bildlichen Darstellungen bald als der strahlende Held, bald als der eher ungehobelte, grob-sinnliche Klotz erscheint. Er hatte Deianira durch den Sieg in einem Wettbewerb gewonnen, den ihr Vater um sie ausgeschrieben hatte und dessen einziger namhafter Vertreter außer Herakles selbst ein Flußgott war. Deianira wusste, wem sie da anheimfiel; und dass Herakles die Königstochter Iole, die ihm auf dem gleichen Wege zugefallen war wie einst sie selbst, mit verschiedenen Sklavinnen an sie, also unter ihre Herrschaft und gegebenenfalls Tyrannei, sandte, war wohl das Äußerste an Zugeständnis, das sie von ihm erwarten konnte. Dennoch löst gerade diese Geste, die ihre Herrschaft bestätigt, aber ihre Liebe strapaziert, die Sendung des vermeintlichen Liebeszaubers aus – wobei besonders bei Sophokles die Darstellung merkwürdig zwiespältig bleibt: Hatte sie den Zentauren Nessus wörtlich oder sinngemäß-richtig verstanden, als er ihr sterbend sein vergiftetes Blut als Zaubermittel für das Herz des Herakles anbot?

Ähnlich Hephaistos: Mit der Göttin der Liebe verheiratet zu sein musste für den weniger wohlgestalteten als kunstfertigen Gott durchaus eine Erhöhung bedeuten; und die Kategorie Ehebruch auf jemanden anzuwenden, dessen eigentliches Geschäft die Liebe ist, und das schöne Paar den Göttern auch noch zu zeigen – mit dem vorhersehbaren Resultat eher der Bewunderung als der Verurteilung – entbehrt nicht einer gewissen Befremdlichkeit.

Die angesprochenen Situationen sind im Grunde in all ihrer Tragik auch immer lächerlich, und nur Leto kann sich durch ihre abgehobene Stellung als Göttin in die Bestrafung der Hybris der Niobe zurückziehen. Eigentlich sind alle die hier Eifernden komisch, aber jede ihrer Eifersuchten – außer unter den unsterblichen Göttern – geht tödlich aus; man könnte über die Eifersucht lachen oder sie mit dem berühmten Kleistschen »Ach« aus dem »Amphitryon« abtun. Aber man kann es nicht, man ist gekränkt, verletzt; aus einer eventuellen Lächerlichkeit wird Ernst, tödlicher Ernst, Eifersucht mit tödlichem Ausgang.

Deianira und Medea vergleichen die jugendliche Schönheit der nunmehr Geliebten, der anderen, mit der eigenen gereiften und im Verblühen begriffenen; Hephaistos vergleicht den vollkommenen Ares mit seiner eigenen Gestalt. Hier geht es um eine Grundkonstellation generationenübergreifender Liebe: Die vermeintlich Alten und nicht mehr Wohlgestalteten vergleichen sich mit den immer noch Jugendlichen ihrer eigenen Generation und deren Liebhaberinnen bzw. Liebhabern. Das Resultat ist immer dasselbe: Man genügt nicht mehr, auch wenn das Urteil ein Vorurteil ist und sich später als falsch herausstellen könnte. Es handelt sich hier um die illusionäre Antizipation dessen, was den Liebenden selbst nicht oder nicht mehr erreichbar ist, was sie nicht oder nicht mehr in sich bergen oder an sich haben und was, wie die Liebenden erfahren haben, dem Geliebten liebenswert ist oder zu sein scheint. Diese Eifersucht speist sich aus einem Gefühl des Mangels, und zwar des Mangels an einem Eigenen, das sich dem Liebenden als ein Gut für den anderen, den Geliebten darstellt, weil es als eigenes Gut für ihn erfahren wurde oder aller Erfahrung nach als solches erfahren werden könnte.

Das Habenwollen, auf dessen Mangel diese Art der Eifersucht reagiert, wählt sich zum Objekt, was der Liebende für ein Gut angeblich hält und was dem Geliebten deshalb als ein Motiv für dessen Liebe unterstellt wird. Man kann nicht glauben, geliebt zu werden, wenn man weiß, dass man etwas nicht hat, was der andere für liebenswert hält.

Das Verlangen nach dem Haben eines weithin akzeptierten Gutes oder Wertes richtet sich aber am Vergleich aus; es setzt voraus, dass beliebige andere dieses Gut oder diesen Wert besitzen, dass er grundsätzlich zu haben ist. Eifersucht erweist sich hier als eine Möglichkeit der Bemeisterung des Unbeherrschbaren: Der wirkliche oder angenommene Verlust von Liebe ist an sich unerklärlich und wird durch den Mangel, den der Liebende an sich wahrzunehmen glaubt, erklärbar; da die Liebe verbietet, ihr Objekt ohne weiteres für negative Empfindungen freizugeben, lenkt das um Beherrschung ringende Subjekt die negativen Gefühle auf ein fassliches Nichthaben um. Das heißt im Extremfall, dass sich Eifersucht in einem Rechtsanspruch auf etwas oder jemand anderen gründen kann, der einem versagt wird; in einem Anspruch, wie ihn z.B. Kant für den wechselseitigen Gebrauch der Geschlechtsorgane in der Ehe anerkannte. Entsprechend dieser Denkweise wird im Alltag die Eifersucht im Gegensatz zum Neid oft als legitim betrachtet, weil man anscheinend mit ihr einen legitimen Rechtsanspruch verbindet, den man dem Neid nicht zugesteht.

In diesem Kontext stellt sich die Frage, ob Eifersucht und die sie begleitenden absoluten Besitzansprüche Ausdruck des christlich-monogamen Modells der Liebe und der mit ihr verbunden monopolisierten Sexualität ist. Dem entspricht im Grunde der Absolutheitsanspruch der romantischen Liebe, die bekanntlich nicht das Ende der Liebe, die die Liebe nicht auf eine begrenzte Zeit hin denken kann. Ein Satz wie »Ich liebe dich für drei Jahre« ist für die romantische Liebe nicht sagbar. Serielle Monogamie ist für den romantisch Liebenden der Inbegriff des Geistes der Unliebe in einer pluralistisch-dekadenten Gesellschaft.

Dagegen ist zu bemerken, dass es möglicherweise in einer Gesellschaft ohne das Streben nach Allein-Besitzen-Wollen, das auf dem verinnerlichten Sinn des Privateigentums beruht, es keine Ethik monogamer Exklusivität und damit auch keine Eifersucht geben würde. Die Alternative zur Vorherrschaft des Sinns des Habens und der daraus resultierenden Eifersucht wäre also Liebe und Besitzverhältnisse voneinander zu entkoppeln. Dann nämlich betrachtet man den geliebten Anderen nicht mehr als Privatbesitz und die Liebeszuwendung zu einem Anderen nicht mehr als Diebstahl.

Auch der romantisch Liebende, für den ja allzuoft die Eifersucht Ausdruck von Liebe ist, denkt, in der Vermittlung durch die Eifersucht, die ja einen Mangel an Haben des anderen wie des Mangels an sich selbst feststellt und damit ein Ende des Habens fixiert, an das mögliche Ende der Liebe. Aber der romantisch Liebende hat Angst vor der Begrenztheit der Liebe, denn für ihn ist das Ende der Liebe das Ende des Lebens. Um diese Angst zu überspielen, transformiert er sie in die Hoffnung andauernd (»ewig«) trotz aller Wechselfälle geliebt zu werden. Das damit verbundene Sehnen nach dem anderen wird so verbunden mit der Erwartung der dauerhaften, möglichst lebenslangen, Treue des anderen, die die Angst vor dem Nicht-Genügen und Verlassen-Werden anscheinend beruhigt – und doch allzuoft nicht beruhigen kann, ist das Misstrauen gegenüber sich selbst und dem anderen erst einmal da.

Mit dem Streben nach einem als verbindlich angesehenen Gut oder Wert, welche man haben kann und welche also grundsätzlich für das Haben offen sind, überschreiten wir die Grenze dessen, was sich zwischen Großhirn und Rückenmark je zweier – möglicherweise liebender – Menschen abspielt, denn hier werden unter Umständen Kulturen betroffen, für die die Liebenden jeweils als einzelne stehen können. In beiden Sphären, persönlich und in größeren Zusammenhängen, tangiert die Eifersucht, die den Mangel am geliebten Anderen auf den Mangel an einem dritten Gut schiebt, den Neid.

Die Form der Eifersucht, die die Bedürfnisse des Geliebten als Mängelwesen zu kennen glaubt, verbindet sich leicht mit dem Neid auf den Träger derjenigen Eigenschaft, die vor den Augen des Geliebten vermeintlich liebenswert macht. Es bleibt beim Neid, wenn die Verbindung von Eigenschaften und deren Träger in den Augen des eifernd Zusehenden tendenziell zeitlich lösbar ist: Eine jetzt beispielhaft schöne Frau wird auch altern, ein jetzt beispielhaft erfolgreicher Liebhaber die Kraft seiner Lenden auch einbüßen. Der Neid ist hier temporärer Neid, er wird begrenzt durch die Erwartung, der jetzt Begünstigte werde später und unter anderen Umständen dieselben Niederlagen erleiden müssen wie jetzt man selbst. Der Neid kann aber in Hass umschlagen, wenn die Verbindung von Eigenschaft und Träger für die Lebenszeit des Beobachtenden als singulär und unlösbar erscheint: Bildung und Schärfe des Verstandes werden ihren Träger kaum wieder verlassen, ein großes Familienvermögen erlaubt es, technische Verfahren einzusetzen, die das äußere Altern weit hinauszögern. Das Ermangeln der Liebe des Anderen wird aber doch dauerhaft präsent. Denn es gibt keine zeitliche Macht gegen die Eifersucht und das macht mitunter wütend und ungehalten, weil die Eifersucht nun keine Perspektive der zeitlichen Aufhebung hat. Eifersucht vermag dann unter Umständen in wütenden Hass umzuschlagen, der, wenn er einmal geboren ist, richtungslos und maßlos werden kann. Er entspringt der völligen Ohnmacht, die Verhältnisse zu ändern oder zumindest ihre Veränderung für die eigene Lebenszeit erwarten zu können. Blind wütender Hass aus Neid, der wiederum der Eifersucht entspringt, schlägt gegen alle und alles. Weil der ursprünglich liebende Mensch die Disproportion der eigenen erlebten Begrenzung zum Fehlen gleicher Grenzen beim

Bevorzugten nicht anders verarbeiten kann als durch den Wunsch, die Verhältnisse zu zerstören, in denen diese Konstellation aufrechterhalten bleibt, und das kann die Zerstörung aller beteiligten Personen, auch des Selbst, bedeuten.

Der wütende rächende Hass scheint allerdings auch eine positive Funktion zu haben. Das verletzte Selbstwertgefühl soll beseitigt, die Selbstachtung soll wieder hergestellt werden, indem eine Verletzung durch eine andere Verletzung ausgeglichen wird, was schließlich auch in die finale Rache führen kann, bei der die rächend-ausgleichende Verletzung des anderen den Tod des anderen zur Konsequenz hat.[1]

Neid zielt auf Haben-Wollen dessen, was der andere hat. Die Eifersucht will zurückhaben, was man hat. Der Neid ist ein Mangel an Haben dessen, was man nicht besitzt. Die Eifersucht ist ein Mangel an Haben dessen, von dem man meint es (rechtmäßig) zu besitzen. Neid und Eifersucht basieren also darauf, etwas nicht zu besitzen, und in diesem Sinne nicht zu haben. Neid als Mangel basiert auf dem Wunsch etwas zu erlangen, das man selbst noch nicht hat. Eifersucht als Mangel basiert auf der Furcht etwas nicht zu haben, etwas zu verlieren, das einem angeblich dauerhaft zusteht. Der Neidische will etwas erlangen. Der Eifersüchtige hat etwas schon verloren und will nicht weiter verlieren. Denn seine Erfahrung des Mangels ist doppelt: Es mangelt ihm an Liebe durch den Anderen in der Vermittlung durch das Gespür des Mangels am eigenen Selbst, das man als Ursache dafür hält, dass es der Andere an Liebe an einem selbst mangeln lässt.

Mit dem Neid ist der Schmerz etwas nicht zu haben verbunden; mit der Eifersucht ist der Schmerz, etwas verloren zu haben und weiter verlieren zu können, verbunden. Eifersucht als Verlustangst ist nicht nur Angst vor dem Verlust des Anderen, sondern auch Angst vor dem eigenen Mangel. Der Eifersüchtige glaubt an einen Mangel seiner Selbst, weil er sich selbst nicht zutraut attraktiv zu sein für den Anderen. Er hat also schon das Selbstvertrauen verloren, bevor er das Vertrauen in die Beziehung zum geliebten Anderen verliert. Der Eifersüchtige glaubt etwas zu verlieren, weil ihm etwas anscheinend von einem Dritten streitig gemacht wird. Aber der Dritte muss ihm gar nichts streitig machen, damit er eifersüchtig wird. Es reicht das eigene Minderwertigkeitsgefühl, die Selbstprojektion und die Verlustangst, um anzunehmen, als wäre da ein Dritter, der einem etwas streitig macht, obwohl dem de facto nicht so ist.

Nicht nur die personale Eifersucht aus Mangel an Liebenswertem lässt sich als ein liebender Neid beschreiben, als neidende Eifersucht aus Liebe zum Anderen – wobei die Objekte der Liebe und des Neides nicht zusammenfallen –

---

1 Zu den Formen des Hasses vgl. R. HAUBL/V. CAYSA, Hass und Gewaltbereitschaft, Göttingen 2007.

sondern das Modell kann ohne Schwierigkeiten in größere Zusammenhänge transponiert werden: Wer ein Leben der langsamen Bildung und Beschauung führen möchte, kann einen anderen sehr wohl um das Glück beneiden, in einem Haushalt mit mehr als 10 Büchern aufgewachsen zu sein und in jungen Jahren die Welt gesehen und Sprachen gelernt zu haben. Eifersucht zeigt sich hier als charakteristische Eigenschaft aller Emporkömmlinge gegenüber der Kulturform, die sie sich anzueignen versuchen. In diesem Sinne ist sie eine treibende Kraft aller Zukurzgekommenen, die sich einer Kultur bemächtigen wollen oder müssen. Das kann gewaltsam vor sich gehen, aber auch friedlich, eben durch Eifer, was man bekanntlich mit *studium* übersetzt. Die Eifersucht kann dann durchaus zu einem Wettstreit um das Andere führen, ohne tödlichen Ausgang und unter positiver Aneignung des Anderen. Hier setzt die Rationalisierungsleistung, das unerklärliche Ausbleiben der Erfüllung des Liebesverlangens mit dem erklärlichen eigenen Mangel zu begründen, positive Impulse frei, sofern der erklärliche Mangel sich an sich selbst durch sich selbst beheben lässt. In diesem Sinne wäre Eifersucht also auch positiv als Wetteifern zu verstehen, um sich des Anderen zu bemächtigen, es sich zu Eigen zu machen. Eifern im Sinne von positiver Konkurrenz und Rivalität ist normal und durchaus produktiv für den einzelnen wie für eine Kultur insgesamt.

Das Wetteifern um das Andere kann übrigens noch durch Eitelkeit derart vermittelt sein, dass man das Andere begehrt, weil es der Schon-anerkannte-Andere begehrt und weil man sich durch Aneignung des Vom-schon-Anerkannten Anerkannten selbst Anerkennung verspricht. Diese Eitelkeit erzeugt aber nicht nur Anziehung, sondern auch Abstoßung und kann so zum Übergang der Eifersucht in Wut, Zorn, Neid, Rache und Hass beitragen. Denn das, worauf die Anziehung des Anderen beruht, nämlich die Anerkennung des Schon-Anerkannten, stößt den Anerkennungssuchenden ab, wenn er dem Anderen, das er sich aneignen will, nicht für sich einen Eigenwert zuspricht. Der Grund, warum man das Andere haben will, kann auch der Grund werden, warum man das Andere hasst, wenn sich der Schon-Anerkannte durchsetzt und das Andere nicht das Eigene des Anerkennungssuchenden wird.

Mit dem positiven Eifern im Sinne von geregelter Konkurrenz und Rivalität kann aber auch ein »ehrgeizig stimulierender Neid« verbunden sein. Der liegt dann vor »wenn sich jemand aus aufrichtiger Bewunderung entschließt, der beneideten Person nachzueifern oder gar mit ihr zu wetteifern. Er glaubt mindestens ebenso fähig zu sein, sich das begehrte Gut selbst anzueignen, und in Übereinstimmung mit sozialen Normen zu sein. Ärger und Wut verwandelt er in Anstrengung.«[2] Neid und Eifern können also auch als positiver Erwartungs-

2 R. HAUBL, Neidisch sind immer nur die anderen. Über die Unfähigkeit, zufrieden zu sein. München 2001, 27.

affekt auftreten. Man vergleicht sich mit dem anderen, glaubt das auch erreichen zu können, was der andere erreicht hat, und perspektiviert dadurch für sich einen besseren zukünftigen Zustand seiner selbst. Das positive Eifern kann also auf einem positiven Beneiden beruhen: Ich bewundere an einem anderen Eigenschaften, die ich selber gern hätte. Beneiden kann als eine Form der Wertschätzung des anderen allerdings in aggressiven Neid umschlagen, wird das erfolgreiche Eifern enttäuscht und die Bewunderung nun gleichwertig zu sein versagt.

Hier zeigt sich, dass das positive Haben-Wollen und konkurrierende Eifern nicht problemlos und ungefährlich ist. Der Neid auf den Begünstigten, das Streben nach dem Haben dessen, was die Einheit mit dem angestrebten Ziel ermöglicht, kann gegenüber der Liebe zu dem gemeinsam begehrten Dritten übermächtig werden – entweder, weil er sich für das Individuum nicht handhaben lässt, oder gerade weil er – dem Individuum unbewusst – instrumentalisiert wird. Dann gebiert er Hass; beider Verknüpfung ist durch die Geschichte sattsam bekannt.

Um zu begreifen, wieso Eifersucht in Hass übergehen kann, muss man verstehen, wie aus Eifersucht Neid werden kann; nämlich dann, wenn der mit der Eifersucht positiv verbundene Eifer, sich das Liebenswerte anzueignen, ohne den angestrebten Erfolg bleibt, die Rationalisierungsleistung der Eifersucht also nichts eingebracht hat. Nun hat der Liebende errungen, was ihm dazu fehlte, liebenswert zu sein, aber er wird dennoch nicht geliebt.

Das enttäuschte Eifern kann dann zum Hass auf den Anderen werden, weil der schon anerkannte Andere die Anerkennung für die erbrachte Leistung, die allgemein als anerkennungswürdig gilt, verweigert. Dieser Hass kann dann die enttäuschte Eifersucht in einen »feindselig-schädigenden Neid«[3] überführen, der darauf ausgeht das Anerkennungsmonopol des anderen zu zerstören und selbst in seinen Besitz zu bringen. Der feindselig-schädigende Neid ist nicht nur gehässig, also missgünstig dem Anderen gegenüber gestimmt, sondern er hasst, er ist feindselig und will im Notfall den Anderen vernichten, um zu haben, was dieser hat.

Das Andere, Geliebte, um dessentwillen der ganze Mechanismus des Erlangens und Habens in Gang gesetzt wurde, wird durch die Verweigerung der Anerkennung zum Unerreichbaren für den enttäuscht Eifernden, und will der um dieses Andere sich eifrig Bemühende nicht gänzlich in seinem Selbstbewusstsein zerstört werden, muss er das schon anerkannte Andere leugnen, diffamieren oder übermäßig idealisieren. Denn er ist an den Grenzen dessen, was er durch eigene Leistung erreichen kann, aber nicht am Ziel seiner Liebe. Was er liebt, handelt nicht nach derselben Logik wie er selbst; folglich bewertet

3 Vgl. ebd.

er die fremde Handlungslogik, die ihn immer noch ausschlägt, entweder als überlegen – das Geliebte ist das Numinose und folglich grundsätzlich unerreichbar – oder als unterlegen: Das Geliebte macht grundsätzliche Fehler und zeigt sich in ihnen hartnäckig und unbelehrbar und muss deshalb bekämpft und vernichtet werden.

Wenn der Liebende nun das Geliebte für seine Fehler ehrlich verachten könnte, wäre er die Eifersucht los – und die Liebe auch. Solange er aber noch liebt, kann er nicht wirklich verachten, sondern allenfalls schmähen, mit dem heimlichen Vorbehalt, er wisse es insgeheim besser und würde sich augenblicks korrigieren, wenn sich der Geliebte verständig, das heißt liebevoll zeigte. In jedem Fall hat das liebende Subjekt aus der Konfrontation der erbrachten Leistung, die ihm notwendig und hinreichend schien, um geliebt zu werden, mit deren tatsächlichem Erfolg erfahren, dass es grundsätzlich andersartig und insofern dem Anderen nicht ebenbürtig ist: »Du gleichst dem Geist, den Du begreifst. Nicht mir!« – heißt es im »Faust«. Das »implizite Eingeständnis der Unterlegenheit«[4] ist das Resultat des Vernunftkalküls der Eifersucht, die sich das Liebenswerte anzueignen strebt und damit keinen Erfolg hat. So ist nicht nur die Liebe, sondern nun auch die Eifersucht enttäuscht, nämlich in allen positiven Potenzen, die ihr innewohnen. Wenn der Eifersüchtige zu diesem Schluss gekommen ist, beneidet er nicht mehr nur den begünstigten Vorzugspartner, sondern das ursprünglich Geliebte selbst, nämlich um die Fähigkeit, sich frei und willkürlich zu verhalten. Von hier aus ist es nur noch ein kleiner Schritt zum Hass aus der Einsicht, dass sich das freie Verhalten des Geliebten gegen den Liebenden kehrt.

Aber auch die Form der Eifersucht, die dem anderen ihren Willen zum Bezug diktiert, kann in Neid und weiter in Hass führen. Der Neid richtet sich allerdings dieses Mal nicht auf ein drittes, bevorzugt Geliebtes des anderen, sondern unmittelbar auf das Geliebte. Dass der andere nicht gleichermaßen der Auffassung ist, dass der Geliebte selbst es sei, der ihm die höchste Lust zufügt, und nicht seinerseits den Willen zum Bezug entdeckt – was ein Fremddiktat des Bezuges erübrigen würde –, ist eine wirkliche Enttäuschung und muss als solche verarbeitet werden. Der Liebende muss für sich entscheiden, ob ihm solche Asymmetrie erträglich ist. Wenn er sie erträgt, steht er nicht unter äußerem Handlungsdruck; er muss vielmehr seine Seele so halten, dass sie dieses Genügen nicht als Kränkung, die andersartige Anlage des Geliebten nicht als uneinlösbare Forderung begreift. Er hat die Möglichkeit, sich mit der Asymmetrie als einem Naturzustand abzufinden. Es kann freilich, und das ist wohl der häufigere Fall, auch sein, dass er sie nicht erträgt. Dieses Un-erträgliche tritt dann ein, wenn der Unterschied in beider

[4] Vgl. N. FRIDAY, Eifersucht. Die dunkle Seite der Liebe. München 1993, 105.

Streben nach Lust sich steigert. Derjenige, der sich aus dem Hochgefühl ungesättigter Triebe auch einem dritten und vierten zuwendet, weil die je individuelle Verschiedenheit der Partner seine Lust über sein gewohntes Maß steigert, aber sie auch verausgabt, trifft dabei auf Wünsche, die er nicht völlig übergehen kann, ohne die Mitgeliebten zu verlieren, was zum Wunscherfüllungsentzug für den liebenden Eifersüchtigen führt. Der Liebende sieht dem Treiben abgewandt zu; seine Kraft zum Abwenden wird aber in dem Maße geringer, wie er selbst ungestillt bleibt. Das ist die Quelle für Neid: In welche Höhen der Lust, die ich nicht kenne, kommt der andere, indem er mich immer wieder verlässt? Auch hier kann Neid beherrscht werden, er bleibt ein umgrenztes Phänomen, denn der Liebende ist frei zum Selbstversuch, frei dafür, zu erproben, ob ein solches Leben auch ihm anstünde. Der Selbstversuch bringt aber Gefährdung mit sich, für sich selbst und für die ursprünglich angestrebte liebende Verbindung. Wer den Mut, diese doppelte Gefährdung in Kauf zu nehmen, nicht aufbringt oder wer, wenn er ihn denn aufbrächte, in seinem kulturellen Zusammenhang dann keinen Lebensraum mehr fände, muss aus Neid hassen, denn ihm muss der ursprünglich Geliebte nun als der Feind erscheinen, der seinen Entwurf von Leben und mit ihm seine besten Kräfte zerstört hat. In dieser Lage tötet Eifersucht, die über den Neid zum Hass dessen führt, was man am meisten bewundert, weil man es nicht gänzlich allein haben kann. Die Qualifikation dieser neidenden und hassenden Eifersucht als pathologisch (wie sie in psychologischen Darstellungen seit Freud üblich ist) sucht aber die Verantwortung für die Konstellation, die zuvor entstanden sein muss, um den Hass zu gebären, wiederum im einzelnen. Sie fragt nicht nach objektiven Hinderungsgründen dafür, mit dem Neid ohne Hass fertig zu werden.

Freud konstatierte eine Entwicklung, in der sich die Eifersucht von allen ihren positiven Impulsen zur Selbstveränderung wieder entfremdet, in der sich die »konkurrierende oder normale« also alltägliche Eifersucht, die »sich wesentlich zusammensetzt aus der Trauer, dem Schmerz um das verlorene Liebesobjekt, und der narzisstischen Kränkung« über die Zwischenstufe der »projizierten« Eifersucht zur »wahnhaften« steigern kann.[5]

Daran kritisch anschließend kann man die alltägliche Eifersucht, die mit Konkurrenz und Rivalität verbunden ist, von der romantischen Eifersucht, die mit absolutem Einigungsstreben verknüpft ist, von der wahnhaften Eifersucht, die zur Feindseligkeit und Selbst- und Fremdzerstörung führen kann, unterscheiden. Wobei wir im Gegensatz zu Freud davon ausgehen, dass jede Eifersucht projizierend ist, insofern ein doppelter Mangel angenommen wird und

[5] Vgl. S. FREUD, Über einige neurotische Mechanismen bei Eifersucht, Paranoia und Homosexualität, in: DERS., Essays III. Auswahl 1920–1937, Berlin 1990, 74–76.

man glaubt, dass man etwas nicht hat, was ein anderer hat und dass man deshalb nicht bevorzugt wird. Zweitrangig ist dabei, ob dieser Mangel wirklich vorliegt oder ob es nur die fiktive Annahme eines Mangels ist.

Wahnhafte Eifersucht beruht darauf, dass man annimmt, alles, aber auch alles am Liebesobjekt gehöre einem selbst und niemandem sonst, und dass man zugleich dem Liebesobjekt universell misstraut, nicht weil es universell untreu, sondern weil es nicht total zu kontrollieren ist, denn gerade die Einsicht in die Unmöglichkeit der totalen Kontrolle begründet das universelle Misstrauen am tiefsten.

Hinter der wahnhaften Eifersucht verbirgt sich der Versuch, sich den anderen total zu eigen zu machen, ihn völlig zu besitzen, ja ihn zu verschlingen.

Die mit der Eifersucht verbundene Kontrollwut zeigt nicht nur die eigene Unsicherheit des Kontrolleurs gegenüber den eigenen, aber verdrängten Untreuebestrebungen, seine Angst vor Verlust und Trennung. Dieses Misstrauen auf der Basis von mangelndem Vertrauen, auch in Bezug auf sich selbst, das sich im Gefühl der eigenen Minderwertigkeit und in der Furcht vor dem eigenen unbewussten Handeln und Wünschen begründet, erzeugt zugleich das Objekt des Misstrauens durch nicht nur imaginierte, sondern durch sich verselbständigende, wahnhafte Projektionen der eigenen möglichen Untreue auf den anderen. Dabei ist es unwichtig, ob die Eifersucht einen realen Gegenstand hat oder nicht, denn die Fiktion wird zum Realen. Die sich verselbständigende Eifersucht funktioniert als Fiktion, egal, ob es einen realen Gegenstand gibt oder nicht, am besten als Eifersucht auf Unbekannt. Sie braucht keine weiteren Gründe. Die wahnhafte, die irre, die in der Irre suchende Eifersucht gleicht einem Kommissar, der einen Mord ermitteln will, der nicht stattgefunden hat und dessen pathologische Suche mit kriminalistischem Spürsinn verbunden ist, wodurch es möglich wird, dass aus Fiktionen Fakten werden. Egal, ob es »Verfehlungen« gibt oder nicht, die wahnhaft imaginierende Eifersucht schafft sie sich; sie ergänzt nicht einfach die Realität durch Einbildungen, sondern diesen Einbildungen ist die Kraft eigen, Realität zu schaffen. Denn der Betrug ist im Kopf des phantasierenden Eifersüchtigen für den Eifersüchtigen selbst immer schon wirklich, und das Unheil dieser Eifersucht ist nicht reale Untreue, sondern die Projektion der sich ereifernden Phantasie, die den Verdächtigten solange verdächtigen, bis er tut, was ihm die Projektionen vorhalten.

Die Legitimation zu diesem Übergang liefert die wahnhafte, eifernde, sich in der Einbildung verselbständigende Eifersucht und die ihr zugrunde liegende Kenntnis der eigenen Antriebe zur Untreue, die auf den Anderen projiziert werden. Der eventuell noch zu unrecht verdächtigte Andere stellt sich dann allerdings irgendwann die Frage, hören die ungerechtfertigten Verdächtigungen nicht auf, warum soll man nicht etwas tun, von dem alle anderen schon annehmen, dass man es tut, obwohl man es nicht tut? Wenn man ständig mit dem Unbewussten des Anderen beargwöhnt wird, liefert der Argwohn selbst die Rechtfertigung für das Verhalten des Beargwöhnten. Warum nicht den Betrug praktizieren, den man nicht begeht, für den man aber beargwöhnt wird? Das Misstrauen, in dem die Eifersucht sich gründet, kann selbst zur Rechtfertigung des Betrugs dienen. Wenn man ständig zu Unrecht einer Sache beschuldigt wird, die man nicht getan hat, dann wird diese Sache irgendwann zur *noch nicht* getanen Sache, und dann wird man sie auch tun. Es handelt sich nur noch um die Selbstinszenierung sich selbst erfüllender Prophezeiungen, und die Logik dieser Inszenierungen ist die der Tragödie. Das Unglück inszeniert sich selbst, aber ob die Katharsis gelingt, scheint fraglich.

Wenn die Besitzergreifung durch imaginäre Projektionen des Unbewussten zu einer Notwendigkeit des Handelns für alle Beteiligten totalisiert wird und nicht mehr zurückzunehmen ist, kann auch der Argwohn, die Verdächtigung, die Enttäuschung, das Gefühl der Ohnmacht, der Unterlegenheit und damit der Neid total werden. Wahnhafte Eifersucht ist dann nur noch durch extreme Selbstaufgabe und Selbstunterwerfung zu kompensieren – oder mit totalem Hass, um das vorhandene Unterlegenheitsgefühl als Überlegenheitsgefühl zu stilisieren; sie erscheint dann entweder als aggressive oder als melancholische Eifersucht. In jedem Fall läuft wahnhafte Eifersucht – wie der Hass oder der Neid – mindestens auf einen »psychologischen Mord«[6] hinaus, denn man tötet das, was man bewundert und für sich selbst nicht haben kann, indem man für den anderen durch die eigenen Projektionen Rollen entwirft, die dieser nicht spielt und spielen will, letztlich doch aber spielen muss – und sei es als Gegenpart in einem Spiel, das sich selbst spielt. Diese Eifersucht tötet das, was man am meistens bewundert, weil man etwas nicht gänzlich allein haben kann.

Wahnhafte Eifersucht kann tragisch enden. Sie ist nicht nur eine Leidenschaft, an der Tugenden, die eigenen und die der anderen, zugrunde gehen können, sie kann nicht nur den anderen töten, sondern sie ist selbst eine Art von Selbsttötung: »Wen die Flamme der Eifersucht umringt, der wendet zuletzt, gleich dem Scorpione, gegen sich selber den vergifteten Stachel.«[7]

Sie kann aber auch mit der Befriedigung des hassenden Neiders enden, dem seine Befriedigung daraus erwächst, dass er zerstört hat, was er haben wollte, aber nicht bekommen konnte. Die wahnhafte Eifersucht kann deshalb kriegerisch tödlich werden, weil sie wie die romantische Liebe die Liebe als absolutes Einheitsstreben begreift und daraus einen absoluten Besitzanspruch ableitet, der im Kampf auf Leben und Tod verteidigt werden soll.

Wie aus den zeitweiligen Leidenschaften Wut und Zorn andauernde Leidenschaften wie Rache und Hass werden können, so ist in diesen Fällen dann

6 Vgl. FRIDAY, Eifersucht (s. Anm. 4), 106.

7 F. NIETZSCHE, Also sprach Zarathustra. In: KSA 4, 39.

aus der normalen Eifersucht als einer zeitweiligen Leidenschaft, die durch Misstrauen zeitweilig Leiden schafft, eine andauernde Leidenschaft geworden, die andauerndes Leid schafft.

Es kommt dann zu einer tödlichen Verquickung von Liebe, Eifersucht, Neid und Hass über die sich die Individuen nicht erheben können: Man tötet den Anderen und auch sich selbst – psychisch, symbolisch, psychosomatisch und im Extrem auch direkt physisch.

Die Spielart von Eifersucht, die bisher im Mittelpunkt stand macht das Vorhandensein eines Dritten für das Ermangeln des anderen und des eigenen Mangels verantwortlich. Eifersucht wird hier wie üblich als dreistellige Relation gefasst. Der Mangel des Anderen, der nicht ausreichend liebt, wird in der Vermittlung durch einen Dritten, der anscheinend geliebt wird, betrachtet: er liebt mich nicht oder nur mangelhaft, weil es ihm an mir an etwas ermangelt und er deshalb eine Andere oder einen Anderen liebt. Der eigene Mangel (nicht liebenswürdig zu sein) wird also dem anderen (mich nicht lieben zu können) in der Vermittlung durch einen Dritten zugeschrieben.

Daneben gibt es auch eine Eifersucht, die sich direkt auf den Anderen richtet. Sie stiftet sich in dem Begehren nach dem Anderen als dem als zu sich gehörig wahrgenommenen Eigenen, das man nicht hat und auf das man auch keinen Rechtsanspruch hat. Sie entsteht aus dem Begehrens-Wert des Versagten, aber sie entsteht nicht deshalb daraus, weil man eventuell ein Recht gegenüber einem Dritten beansprucht, sondern im Gegenteil daraus, dass es zu dem Bestreben, das Andere auch ganz alltäglich als das Eigene zu erleben, keinen Rechtsanspruch gibt.

Diese Eifersucht richtet sich unmittelbar auf das Geliebte, dessen sie bedarf; das Darben bringt sie dazu, des Geliebten habhaft werden zu wollen, es zu haben, um es nicht zu entbehren. Es ist der natürliche Egoismus der Selbsterhaltung, der den Hunger auf das Geliebte hervorbringt, und als Eifersucht tritt er dann hervor, wenn das Geliebte nicht willens oder nicht in der Lage ist, dem Hunger abzuhelfen.

Es ist wahr, auch diese Eifersucht richtet sich auf ein Haben. Aber Haben als Teilhaben bleibt, wie immer die Wurzeln im selbstischen Ego angelegt sein können, in seinem Recht, insofern es meint, nur das ihm Zukommende zu beanspruchen. Eifersucht kann – in diesem Sinne – das *suum cuique* der Liebe sein, das Streben nach Gerechtigkeit in dem labilen Gleichgewicht dessen, was dem Liebenden und dem Geliebten zukommmt. Wo jeder das Seinige tut und auch hat, kann das Streben nach diesem Haben als Teilhaben am Gemeinsamen nicht verächtlich sein. Das Streben nach dem Haben des Ersehnten als nach Teilhabe an ihm beginnt erst dort seine Konturen zu verlieren, wo Teilhabe nur demjenigen Manne gegönnt ist, dessen Eifer-Sucht nach Kunst ihn Bild auf Bild kaufen – und in vollklimatisierten Tresoren verschließen lässt, was in gut situierten Ehen ja nichts anderes bedeutet als dass der Ehegattin, der endlich gewonnenen Trophäe, ein goldener Käfig gebaut wird, in dem sie ab und an ausgewählten Gästen vorgeführt wird. Die Eifersucht führt dann zu einer Art Isolationshaft, die wiederum Verlustangst und Eifersucht beim eingesperrten »Paradiesvogel« erzeugt, weil der nun gewiss sein kann, dass er gänzlich von dem einen anderen abhängig ist, wobei Letzterer durch die Einsperrung seiner Trophäe völlig unabhängig zu sein scheint.

Das scheinen Extremfälle zu sein, aber auch hier bedeutet selbst die direkt auf das gut behütete, nahezu versteckte Geliebte gerichtete Eifersucht das Streben nach Nähe und Unmittelbarkeit. Der Eifersüchtige will dem angehören, das er verehrt. Eifersucht ist immer auch das Gefühl, nicht dazuzugehören, obwohl man doch meint dazuzugehören; es ist die Wut, ausgeschlossen zu sein von dem, dem man sich innerlich zugehörig fühlt. Insofern zeigt sich in der Eifersucht nicht nur die Wut und Enttäuschung über das Nicht-Haben-Können, sondern auch die Angst vor dem Abgetrennt- und Ausgeschlossen-Sein sowie dem damit verbundenen Alleingelassen- und Verlassen-Werden. Wenn dann die Trennung, die Distanz zum Ideal stilisiert wird, das niemand vollkommen und ganz erreichbar ist, dann bedeutet das nur, dass derart eine Selbsttechnik gegen die Eifersucht stilisiert wird, um nicht gänzlich sein Selbstwertgefühl zu verlieren. Die spezifische Trennungsangst, dass der Andere uns eher verlässt als wir ihn, ist dann gebannt. Das Abgetrenntsein vom Anderen wird mit dem Pathos der Distanz zu einem eigenem Wert stilisiert, um nicht erneut durch die Erwartung einer Unmittelbarkeit, Nähe und Identität, die nicht erreichbar ist, lebensbedrohend enttäuscht zu werden. Man kündigt derart die Abhängigkeit vom geliebten Anderen auf, man gewöhnt sich Abhängigkeitsreaktionen ab, indem man nun nicht mit Leidenschaft die Nähe, sondern mit Leidenschaft die Distanz sucht. Ob dabei die Eifersucht aufgegeben wird, bleibt fraglich. Sie findet nur eine andere Ausdrucksform. Was man vorher unbedingt besitzen wollte, will man nun nicht mehr haben – selbst wenn es einem nachläuft oder wenn es einem geschenkt wird. Man will keine Niederlagen mehr erleiden, man will endlich sich selbst finden und sein Selbst im Vergleich mit dem Anderen nicht immer durch Sieg und Niederlage in einem Wettbewerb bedroht sehen. Wir sind zu oft enttäuscht und verletzt worden, wir fühlen uns müde oder zu alt, um uns ständig diesem »Stirb und Werde« auszusetzen. Aus der Eifersucht folgt nach dieser Funktionsweise eine gewollte Gleichgültigkeit, die gerade als Selbstschutzmechanismus vor den Bedrohungen des Selbstwertgefühls und der Liebe benutzt wird, die die Eifersucht erzeugt. Wir gehen keine demütigenden, kräftezehrenden Konkurrenzverhältnisse mehr ein, wir entziehen uns den Machtspielen zwischen den Geschlechtern, wir haben keine Rivalen mehr, sondern nur noch Freunde, die wir uns selbst ausgesucht haben, wir befinden uns nicht mehr in einer erniedrigenden oder gar ohnmächtigen und machtlosen Position, weil wir uns durch die vorgebliche Gleichgültigkeit über oder neben die agierenden Mächte gestellt haben. Den Machtbereich, den wir durch die Haltung der Gleichgültigkeit eingenommen haben, ist der der intellektuellen Selbststilisierung, der Selbstdisziplinierung und Selbstzüchtigung, es ist die Macht, die auch den Ohnmächtigen immer bleibt: sich auf sich selbst zurückzuziehen, indem man sich gegen sich selbst wendet, um sich selbst zu finden, indem man mit Eifer wiederum sucht, sein Selbst zu unterwerfen.

Damit scheinen wir Eifersucht zu bewältigen, aber wir verbleiben auch in einer ihrer Grundhaltungen: der Selbstliebe, einer Ich und Selbstbezogenheit gegenüber dem Anderen, die der von Narziss gleicht. In der Gleichgültigkeit geht es nur darum, die erlittenen Kränkungen, Verletzungen, Enttäuschungen zu verdrängen, indem man durch Distanz verstehen lernt, verzeiht, vergisst und vergibt. Man vergisst also durch Gleichgültigkeit viele andere Affekte, sich selbst und damit auch die Eifersucht – diese »schwarze Schwester der Liebe«[8].

Solche Selbstvergessenheit hat aber nichts mit der Selbstvergessenheit jener Naiven zu tun, die nicht eifersüchtig werden können, weil sie kein Bedürfnis nach dem Anderen in sich verspüren und die auch keine Leidenschaft, das Andere auch zu haben, quält. Sondern es handelt sich nur um eine Selbsttechnik, um auch der Eifersucht, dieser Trivialität, durch die wir uns selbst gewöhnlich machen, Herr zu werden.

Ist die Eifersucht ein Schicksal, dem man nicht entgehen kann? Hat, wer eifersüchtig ist, ein Recht auf den Anderen, weil er liebt? Oder zeigt sich in der Eifersucht nicht die anmaßende, die Liebe selbst zerstörende Kraft der Liebe? Verrät in der Eifersucht die Liebe nicht sich selbst? Und ist die Eifersucht nicht selbst ein doppelter Verrat, indem der Eifersüchtige sein Minderwertigkeitsgefühl verrät und die Liebe des Geliebten unter Verdacht stellt? – Ahnt die Eifersucht, dass sie sich selbst verrät, ist es mit der Selbstgerechtigkeit des guten Gewissens, von der sie normalerweise begleitet wird, am Ende. Das schlechte Gewissen ungerechtfertigter Weise eifersüchtig zu sein, gewinnt dann Raum.

Die Raserei der Eifersucht kann auch etwas Ekstatisches haben; sie kann auch ein Genuss am Leiden, an der Qual sein, der durchaus sadistisch-orgiastische Dimensionen hat. Aber es ist gleichzeitig ein masochistischer Genuss: Man dreht immer wieder das Messer, das in der Wunde steckt; man sucht nach Briefen im Schreibtisch, checkt das Handy, geht in die Mailbox des anderen. Wer sucht, der findet! Wer überall Betrug sucht, wird auch Betrug finden, egal in welcher Form. Sei es face to face, das Handy, das Internet, die Untreue ist überall.

Nun könnte man sagen: Gegen dieses süchtige Eifern gegen den Anderen hilft in gewissem Maße Bindungslosigkeit, Fühllosigkeit, Schmerzu-

---

8 Vgl. Eifersucht. Die schwarze Schwester der Liebe. Hrsg. von B. BRONNEN. München 1995.

nempfänglichkeit, Apathie. Gleichgültigkeit schafft auch Souveränität. Sie entbindet von übermäßiger Sorge und Liebe. Sie kann aber auch dazu führen, dass der andere nicht mehr zählt. Dann wird die Negation des anderen in der Gleichgültigkeit ungeheuerlich. Man wird ein Ungeheuer, ein bindungsloser Mensch mit einem kalten Herz, das einem aber die Schmerzen der Bindung zum anderen erspart.

Aber muss die Bewältigung der Eifersucht immer gleich dramatisch enden? Hilft nicht gegen die Kleinlichkeit der Eifersucht einfach nur Generosität als Zeichen der Treue, die keine Gegenleistung verlangt, die die Verletzung vergibt und Freundschaft ermöglicht?! Diese Generosität hätte aber zur Voraussetzung, dass man endlich einen überspannten und den Menschen gänzlich überfordernden Treuebegriff, wie ihn die christliche Moral propagiert, in dem emotionale, intellektuelle und sexuelle Treue für ein Leben mit einer Person verbunden werden, aufgibt und endlich die Treue menschlich-allzumenschlich versteht. Das heißt, dass die emotionalen, intellektuellen und sexuellen Sphären der Treue nicht nur unterschieden, sondern auch alltagspraktisch getrennt werden und jede Dimension der Treue in ihrem Eigensein begriffen wird ohne notwendig mit anderen Formen der Treue verbunden zu werden. Es gilt also die Treue durch wirkliche Pluralität zu entdramatisieren und nicht wie bisher mit dem Dogma des Einssein mit Einem oder Einer zu verbinden, das uns als Menschen immer je schon überfordert hat und die Liebe zerstören muss, weil der Andere nicht mehr der Andere sein kann, was eben gerade die Eifersucht bewirkt und dadurch die Liebe zerstört.

STEPHAN GRÄTZEL

Erb-Schuld und Verzeihen

1. DER MODERNE FREIHEITSBEGRIFF

Der Freiheitsbegriff, wie wir ihn heute moralisch und politisch verstehen, ist nicht nur eine Errungenschaft der Philosophie der Aufklärung, er ist in erster Linie ein Erbe des christlichen Freiheitsbegriffes. Freiheit muss dabei verstanden werden als eine Freiheit *von* der Schuld, die eine Freiheit *für* ein verantwortliches Handeln ermöglicht.

Es wird in der Philosophie oft in den Hintergrund gestellt, dass der moderne Freiheitsbegriff wesentlich aus der christlichen Religion hervorgegangen ist. Die christliche Freiheit ist die erstmals in der Geschichte der Menschheit verkündete Verzeihung des Unentschuldbaren. Die damit geschaffene Freiheit wird dem Einzelnen als Ich aus Gnade (gratia) geschenkt, er kann sie aber nicht als Freiheit *gratis* für sich beanspruchen, da sie von der Gnade des Angenommenseins (Akzeptanz) abhängt. Erst diese Akzeptanz, philosophisch gesprochen die *Anerkennung*, ermöglicht das Selbstsein und damit die Freiheit und Verantwortung, weil es die Lösung von der Vergangenheit und seiner Geschichte verheißt. Christliche Freiheit ist Freiheit von der Vergangenheit, also dem Tod und der Schuld, aber auch der Verpflichtung gegenüber dem Clan und der Herkunft aus dem Clan. Sie löst alle Clan-, Rassen- und sonstige Blut- und Boden-Verpflichtungen auf. Erst in dieser Verheißung, davon nicht zu sein, kann sich Freiheit entwickeln.

Der christliche Freiheitsbegriff liegt darin, dass der Mensch das göttliche Geschenk der Freiheit zwar gratis (aus Gnade) erhalten hat, dass er sie aber nicht umsonst besitzt. Im Deutschen hat »gratis« seine ursprüngliche Bedeutung »aus Gnade« fast vollständig eingebüßt und ist zu dem Begriff der Geschäftswelt geworden, bei dem eine Ware ohne Bezahlung zu haben ist. Die Reduktion auf diesen Aspekt des Warentausches hat dazu geführt, dass die damit verbundene Verpflichtung weggefallen ist. Ursprünglich bedeutet ein Gratis-Geschenk geradezu eine besondere und höhere Verpflichtung, die das gekaufte, bezahlte und damit abgegoltene Produkt nicht hat.

Freiheit ist eine spirituell zu nennende Erfahrung, die im engen Zusammenhang mit dem Sinn des Lebens, der Frage nach gelingendem Leben bis hin zur Sehnsucht nach Erlösung und Heil steht. Sie ist im Abendland das Geschenk der christlichen Weltanschauung, der es gelungen ist und gelingt, das Bewusstsein der Schuld, das im menschlichen Dasein tief verankert ist und mit dem Wissen um Sein, mit dem Wissen um Existenz, aufkommt, zu bewältigen und zu meistern.

Die Verheißung der christlichen Botschaft, von Sünde und Erbschuld erlösen zu können, kann in seiner Tragweite nicht überschätzt werden. Ein freies Bewusstsein, wie wir es heute als selbstverständlich beanspruchen und zugrunde legen, ist das Ergebnis der Befreiung und Ablösung vom Schuldbewusstsein, wie es die Menschen belastet, soweit sie über sich und die Welt nachdenken können und müssen. Wie weitgehend diese Ablösung gediehen ist, lässt sich allein darin sehen, dass wir heute die tragische Schuld, die uns die griechische Literatur überliefert hat, nicht mehr verstehen. Wir sehen in ihr bestenfalls den bekannten unauflösbaren, tragischen Konflikt, ohne allerdings zu erkennen, dass dieser Konflikt vom Leben selbst und seinen Bedingungen und Notwendigkeiten gesetzt wird, soweit leben nur auf Kosten, also im Gebrauch, Verbrauch und im Verzehr von anderem Leben möglich ist. Dieses Bewusstsein, aufkosten von anderem Leben allein leben zu können, löst einen Schuldkomplex aus, der nur in der rituellen Form der Zurückgabe im Opfer tragbar und erträglich wird. Indem die christliche Botschaft von diesem Kreislauf der Schuld und Wiedergutmachung erlöst hat, hat sie das archaische Verständnis von Schuld aufgelöst. Das Unverständnis gegenüber archaischer Schuld ist also das Ergebnis der christlichen Auflösung des Schuldbewusstseins überhaupt vor dem Hintergrund einer Verheißung christlicher Freiheit.

Natürlich war diese Verheißung auch an einen religiösen Kult gebunden, aber die Reformation und ihre Theologie der Überantwortung der Schuld in das persönliche Gewissen war der letzte Schritt zu einer vollständigen Profanierung christlicher Freiheit. War im reformatorischen Verständnis die Freiheit von der Schuld noch an den Glauben und das Gewissen gebunden, so ist die profanierte Freiheit des modernen Verständnisses ein Recht geworden, das ganz und gar von der Sühne abgekoppelt ist. Die Profanierung der Freiheit war damit nur ein kleiner Schritt, da die archaische und im ursprünglichen Sinn *tragische* Schuld schon durch die christliche Theologie zur *glücklichen* Schuld gewandelt war. Das heutige Freiheitsverständnis kommt ganz und gar ohne Schuld aus und kennt nur Freiheit ohne Reue und Sühne.

2. FREIHEIT OHNE SCHULD, ABER MIT SCHLECHTEM GEWISSEN

Es ist aber zu beobachten, dass diese moderne Freiheit ohne Reue doch ein schlechtes Gewissen hat. Das schlechte Gewissen bekundet sich vor allem in der zunehmenden Moralisierung des öffentlichen und politischen Klimas, in denen sich Aggressionen zeigen, die in geradezu absurder Widersprüchlichkeit zu den Idealen stehen, die vertreten werden, wenn also sogenannte

Lebensschützer zur Waffe greifen oder wenn im Namen des Friedens getötet wird. In Deutschland traten unter der Last der Naziverbrechen, die bis heute nicht als gesühnt empfunden werden, weil solche Verbrechen nicht durch die Bestrafung der Täter aus dem Bewusstsein gleichsam magisch verschwinden, im Zuge der Studentenrevolution philosophisch verbrämte Gerechtigkeits-Aktionen auf den Plan, die im extremen Fall jene Unmenschlichkeit entwickelten, die sie ihren Gegnern vorwarfen. Auch hier war es die diffuse Schuld, die in einem Deutschland, das gerade mit dem Wirtschaftwunder zur Normalität zurück kommen wollte, die Gemüter gerade der damals jungen Generation belastete, einer Generation, die nicht verstehen konnte, wie ihre Eltern nach solchen Völkermorden ohne weiteres zum Alltag eines bürgerlichen Lebens zurückfinden konnten. Das bürgerliche Leben, die Bürgerlichkeit überhaupt wurde so zum Inbegriff von Verlogenheit und doppelter Moral, zumal die bürgerlichen politischen Kräfte auch den Vietnam-Krieg ohne Skrupel rechtfertigen konnten. Gleichzeitig wurde der Kommunismus und der Sozialismus, trotz seiner Verbrechen für Jahre und Jahrzehnte, zur Gewissensinstanz und für viele im Westen zur guten oder fortschrittlichen, in jedem Fall aber zur gerechten Weltanschauung.

So brach die unbewältigte Schuld der Naziherrschaft gerade bei der jungen Generation hervor, bei Menschen, die selbst weder politisch noch gar kriminell schuldig geworden waren. Hier wurde aber das eigentliche Problem der Schuld deutlich, ihre *Nachhaltigkeit* über die Bestrafung der Täter und ihrer Mitläufer hinaus. Jede Nation, aber auch jede religiöse Vereinigung oder Kirche und ihre Geschichte, haben offenbar ein Schuldkonto, das solange offen steht, bis die Schuld gesühnt ist. Das Problem der Aufarbeitung von Großverbrechen liegt deshalb darin, die entstandene Schuld zu sühnen. Sühne ist nicht mit Strafe abgegolten, auch nicht mit Bezahlung von Reparationen, die nur Ablasszahlungen sind. Die geforderte Sühne, die wie die Schuld selbst schon unter dem Einfluss der christlichen Vergebung, erst recht aber nach der Profanierung des christlichen Hintergrundes unverständlich geworden ist, muss von der Gegenseitigkeit der Verzeihung und Vergebung her verstanden werden, soll sie zur Aufhebung von Schuld führen.

3. Erkennen und Aufarbeitung der Schuld

Wenn wir heute an die Integration Europas oder an die Globalisierung denken, dann sollten wir also davon ausgehen, dass jedes Land ein unbewältigtes Schuldkonto hat, das sich aus Verbrechen und Völkermorden in der Vergangenheit herleitet. Die Völker und ihre Regierungen sind schlecht beraten, wenn sie dieses Schuldkonto leugnen oder so tun, als hätte die Zeit diese Schuld getilgt. Zwar gibt es gute politische Gründe, mit dem Bekenntnis von Vergangenheitsschuld zurückhaltend zu sein. Das Beispiel des Schuldbekenntnis des ehemaligen amerikanischen Präsidenten Clinton, dessen Entschuldigung für die Verschleppung unzähliger Menschen aus Afrika zur Sklaverei eine Reparationsforderung auslöste, die nicht nur unrealistisch hoch sondern auch unversöhnlich war, zeigt, wie leicht moralische, politische oder metaphysische Schuld als juristische missbraucht werden kann und dadurch den gegenteiligen Effekt hervorbringt. Gerade um diesem Missbrauch entgegen zu arbeiten, ist eine ausgiebige Behandlung der Schuldfrage notwendig, denn in jedem Fall werden die Menschen von diffuser Schuld belastet, die zu unberechenbaren politischen Handlungen führt.

Es ist ein großer Irrtum zu meinen, in der zweiten und dritten Generation nach Großverbrechen, wie sie im 20. Jahrhundert stattgefunden haben, könne zur Tagesordnung übergegangen werden, also zu einer Politik, die das Geschehen als erledigt betrachtet. Gerade in den späteren Generationen der Kinder und Enkel tritt die Schuld der Vorfahren erst richtig heraus, dann also, wenn die Täter und Mitläufer bestraft sind und nicht mehr leben. Denn Schuld verschwindet nicht magisch durch Strafe, Bestrafung ist keine Tilgung der Schuld. Über das Verschwinden von Schuld muss in einem anderen Zusammenhang nachgedacht werden, der uns auf die Problematik von Schuld und Sühne bringt[1]. Nicht Strafe sondern Sühne tilgt die Schuld, wobei auch die Strafe ein Teil der Sühne ist. Aber Strafe reicht eben nicht aus.

Jener Teil der Schuld, der durch Strafe nicht getilgt ist, tritt also überhaupt erst in den folgenden Generationen hervor. Diese Schuld der Kollektive ist aber keine Kollektivschuld, da sie nicht juristisch erfasst und abgegolten werden kann. Sie ist jene existenzielle Schuld, die aus der Solidarität als lebendes und vor allem überlebendes Wesen hervorgeht. Deshalb ist gerade in den folgenden Generationen das Thema der Sühne sensibel zu behandeln.

Wenn wir Völkerverständigung betreiben wollen, müssen wir also ein Verständnis für die Schuld gewinnen, die nicht bestraft wurde und auch nicht und nie bestraft werden kann. Es ist diejenige Schuld, die Jaspers in seiner Differenzierung der *Schuldfrage* 1946 der politischen und der von ihm etwas irreführend metaphysisch genannten Schuld zuordnet. Beide Schuldfragen gehen bei Jaspers über die moralische und persönlich zu verantwortende justiziable Schuld hinaus. Sie betreffen die Mitschuld derer, die durch nationale und politische Verbundenheit an die Verbrechen gebunden sind.

Diese Schuld muss gesühnt werden, soll eine europäische Integration und darüber hinaus eine globale Demokratisierung vorankommen. Ein wichtiger Bestandteil dieser posthumen Sühne ist aber das Verzeihen und die Verge-

[1] Vgl. S. GRÄTZEL, Dasein ohne Schuld, Göttingen 2004.

bung. Verzeihen und Vergebung sind nicht als einmaliger oder symbolischer Akt einer Geste zu verstehen, sondern als kulturellen Beitrag zur Integration. Hier hat die Philosophie den wichtigen Beitrag zu leisten, die Dimensionen der Schuld herauszustellen und die Möglichkeiten der Entsühnung und Versöhnung aufzuzeigen. Beides ist bisher nur in einem der Bedeutung dieser Frage nicht genügenden Maß geschehen. Meine Beschäftigung mit diesem Thema in den letzten Jahren konnte kaum auf einschlägige Arbeiten zurückgreifen, die sich von philosophischer Seite diesem Thema nähern. Zumeist sind die Arbeiten zur Schuld theologisch, juristisch und natürlich psychologisch orientiert. Für die Philosophie spielt die Schuld offenbar keine wichtige Rolle.

Eine wichtige Aufgabe der Philosophie heute sehe ich also darin, die Dimensionen der Schuld heraus zu arbeiten. Dabei zeigt sich, dass sie in allen Bereichen des Lebens vorherrschend ist, sei es offen oder, wie zumeist, verdeckt. Die verdeckte oder diffuse Schuld ist ein schweres Problem nicht nur in den Praxen der Psychologen und Lebensberater, sie prägt auch den Stil einer Politik, für die bestimmte Themen tabu sind und ausgespart werden. Dabei handelt es sich immer um Völkermorde in der Vergangenheit. Die Beispiele hierfür finden sich schnell, in Amerika ist es der Völkermord an den Indianern, der streng tabuisiert ist, in der Türkei sind es die Armenier, in Russland die Kulaken, in China die Tibeter. Deutschland hat sich jetzt erst nach 60 Jahren dieser Frage gestellt und mit dem Mahnmal in Berlin immerhin ein bisher in der Welt einmaliges *Denkmal seiner Schande* gesetzt. Solche Zeichen sind aber erst der Beginn einer Auseinandersetzung mit der Schuld, keineswegs die Aufarbeitung selbst oder gar ihr Abschluss. Für die Philosophie stellt sich die Frage, was Schuld ist, wieso sie über die Zeit hinaus wirksam ist und wie sie gesühnt werden kann. Die wissenschaftliche Auseinadersetzung ist die Vorbereitung der persönlichen Aufarbeitung der Enkel und Urenkel von Tätern und Opfern.

4. Die philosophische Behandlung von Schuld und Sühne

Die philosophische Literatur zur Schuldfrage ist spärlich, gleichwohl sind hier gewichtige Autoren zu nennen, allen voran Heidegger, Jaspers und in jüngerer Zeit der Franzose Paul Ricoeur (1913 – 2005). In seinem philosophischen Testament, seinem letzten Werk *Gedächtnis, Geschichte und Vergessen*[2] hat Ricoeur dieser Frage, die ihn sein wissenschaftliches Leben lang begleitet hat, eine abschließende Fassung gegeben. Schon in dem Projekt

[2] P. Ricoeur, Gedächtnis, Geschichte und Vergessen, München 2004 (Original: La mémoire, l'histoire, l'oubli. Édition du Seuil, Paris 2000).

unter dem Titel: *Die vergangene Zeit lesen, Gedächtnis und Vergessen* hat Ricoeur das Verzeihen als eigenes philosophisches Problem aufgegriffen. In diesem bis 1996 immer wieder bearbeiteten Text, der auf deutsch in der Sammlung unter dem Titel: *Das Rätsel der Vergangenheit; Erinnern, Vergessen, Verzeihen* von Burkhard Liebsch veröffentlicht wurde, stellt Ricoeur heraus, dass Verzeihen eine Form des Vergessens sei, bei der nicht der Inhalt, sondern die *Bedeutung* des Vergangenen verändert wird und verschwindet. So sind es nicht die Ereignisse selbst, sondern die Schuld, die vergeben und vergessen wird[3]. Entsprechend fordert er ein neues Verhältnis zur Schuld, das aber nur mithilfe einer »Neueinschätzung des Begriffes der Gabe« möglich scheint[4]. Damit soll entsprechend der Schwere der Schuld auch ein »schweres Verzeihen« möglich sein[5]. Das schwere Verzeihen »ist dasjenige, welches die Tragik des Handelns ernst nimmt und auf Voraussetzungen dieses Handelns zielt, auf die Quelle der Konflikte und der Verfehlungen, die der Vergebung bedürfen. Es handelt sich nicht darum, auf der Ebene einer berechenbaren Bilanz ein Sollsaldo zu löschen. Es handelt sich darum, Knoten zu entwirren«[6]. Unter den Knoten versteht Ricoeur einerseits die unauflöslichen Konflikte, andererseits die nicht wiedergutzumachenden Schäden und Verbrechen[7]. Was den ersten Knoten – die unauflöslichen Konflikte – betrifft, so wäre er eigens kritisch zu behandeln, da die Unauflöslichkeit der tragischen Schuld gerade aus antikem Verständnis her mit der Auflösung durch die glückliche Schuld (felix culpa) zu verbinden wäre. Das ist ein eigenes Thema, das anderswo behandelt wurde[8].

Für die Frage der Erbschuld ist der zweite Knoten – die nicht wieder gutzumachenden Schäden und Verbrechen – maßgeblich wichtig. Hierzu sagt Ricoeur: »Man muß jetzt mit der infernalischen Logik einer von Generation zu Generation wiederholten Rache brechen. [...] Hier berührt sich das Verzeihen auch mit dem aktiven Vergessen: nicht mit dem Vergessen der *Tatsachen*, die wirklich unauslöschlich sind, sondern mit dem Vergessen der *Bedeutung* für Gegenwart und Zukunft«[9]. Ricoeurs Differenzierung zwischen Tatsachen und deren schuldhafter Bedeutung scheint mir aufschlussreich für die Behandlung der Schuld. Die Schäden selbst sind nicht wieder gutzuma-

---

3 Vgl. P. RICOEUR, Das Rätsel der Vergangenheit; Erinnern, Vergessen, Verzeihen. Hrsg. v. B. LIEBSCH, Göttingen 1998, 145.

4 Vgl. a. a. O., 148.

5 Ebd.

6 A. a. O., 153.

7 Vgl. a. a. O., 155.

8 Vgl. hierzu ausführlich: GRÄTZEL, Dasein ohne Schuld (s. Anm. 1).

9 RICOEUR, Das Rätsel der Vergangenheit (s. Anm. 3), S. 155.

chen und auch nicht zu rechtfertigen. Die Tatsachen bleiben bestehen, an ihnen ist nicht zu rütteln, sie sind nicht zu relativieren.

Die Relativierung der Tatsachen, etwa ihr Vergleich mit anderen Gräueln oder den Verbrechen der Feinde ist nicht der Weg, Schuld zu beseitigen oder zu sühnen. Die Schuld wird auch nicht durch Rache beseitigt, die auch nur ein weiteres Verbrechen darstellt. Schuld ist ein eigenes Phänomen, das nicht mit den Verbrechen gleichzusetzen ist. Deshalb kann Schuld auch vergeben werden ohne das Geschehene ungeschehen zu machen. Die Unterscheidung zwischen *Tatsachen* und ihrer schuldhaften *Bedeutung* ist eine der großen Einsichten von Ricoeur.

Von hier aus ist auch Ricoeurs Kritik an Vladimir Jankélévitch (1913 – 1985) und dessen Position des Unverzeihlichen zu verstehen. Jankélévitch setzt Verzeihung mit Verjährung, Rechtfertigung und Relativierung der Tatsachen gleich. War er vor dem 2. Krieg ein glühender Verehrer der deutschen Kultur, so wurde er nach dem Krieg zum fanatischen Hasser. »Die Geschichte des Verzeihens ist in Auschwitz zu Ende gegangen« ist ein weithin kolportierter Satz von Jankélévitch. Sein Aufsatz von 1971 *Pardonner* (dt. *Das Verzeihen)* beschäftigt sich genau genommen nicht mit dem Verzeihen, sondern in erster Linie mit dem Problem der Verjährung von Nazi-Verbrechen. Für die Unvergleichbarkeit von Auschwitz gibt es keine Rechtfertigung und auch kein Verzeihen, es war ein »metaphysisches Greuel« wie Jankélévitch sagt[10]. Trotz des Titels *Pardonner* spricht er nicht von Verzeihen, sondern von der Relativierung von Auschwitz durch Vergleiche mit Verbrechen aus der Geschichte und mit anderen Gräueln des Krieges.

Jankélévitch verwechselt also *Verzeihung* mit *Entschuldigung* oder gar mit Rechtfertigung und Relativierung von Tatsachen. Gräuel dieses Ausmaßes können nicht entschuldigt oder relativiert werden, das ist richtig. Aber Verzeihen ist auch etwas anderes. Verzeihen ist keine Relativierung der Tatsachen. Für die Philosophie stellt sich hier gerade die Aufgabe, eine solche Differenzierung zu ermöglichen. Denn Verzeihen ist keine Rechtfertigung und auch keine Entschuldigung im gewöhnlichen Sinn, es ist ein Akt des Verstehens, durch den eine Aufarbeitung möglich ist. Ohne diese Aufarbeitung führt Schuld zur Rache und zu weiterer Vernichtung.

Obwohl also Jankélévitch in dieser Richtung keine Lösung anbietet, lassen solche Sätze aufhorchen wie folgender: »Wir haben noch das abscheuliche Geschrei der Nürnberger Parteitage im Ohr. Daß ein gutmütiges Volk zu diesem Volk von tollwütigen Hunden hat werden können, ist ein unerschöpflicher Gegenstand der Ratlosigkeit und des sprachlosen Erstaunens«[11].

---

[10] Vgl. V. JANKÉLÉVITCH, Das Verzeihen, Frankfurt a. M. 2004, S. 263.

[11] A.a.O., 267.

Dieser Satz steht zwar solitär, er gibt aber immerhin zu erkennen, was die Aufgabe des Philosophen angesichts der Völkermorde sein könnte, nämlich die Unbegreiflichkeit der Nazi-Ära in Deutschland herauszustellen und zu thematisieren. Die Aufgabe der Philosophie ist, die Frage zu stellen: wie war so etwas möglich in einem Volk, das auch nicht anders war und ist als andere Völker?

Vielleicht liegt hierin die Bedeutung von Jankélévitch' Aufschrei: Großverbrechen vom Ausmaß solcher Völkermorde sind rätselhaft, und sie vergessen sich nicht, auch nicht über Jahrhunderte. Die Zeit allein heilt solche Wunden nicht.

5. WIE IST VERZEIHUNG MÖGLICH

Jankélévitch' Ansatz verwechselt nicht nur Vergebung mit Verjährung und Verzeihung mit Entschuldigung, er gibt auch keine Anstöße darüber nachzudenken, wer um Vergebung bitten kann und wer sie gewähren darf. »Verzeihung? Doch, haben sie uns jemals um Verzeihung gebeten?«[12] Doch wer wird hier genannt, wer sind *sie* und wer ist *wir*? Diese Frage wird dann Derrida und Ricoeur beschäftigen. So stellt sich für beide die Frage, ob und wie eine solche Verzeihung im großen Stil möglich ist. Beide erkennen nur die persönliche Form des Verzeihens und stehen allen kirchlichen und politischen Ritualen der Vergebung skeptisch gegenüber. Alle »Theatralität« der Vergebung sei unwirksam und schade ihrer wichtigen Aufgabe, wie Ricoeur heraushebt[13]. Eine solche Form der öffentlichen Sühne ist unwirksam und schädlich. Das bedeutet aber nicht, dass Vergebung nur ein persönlicher Akt des Opfers oder eines nahen Angehörigen sein kann. Die Frage ist und bleibt: Wie ist Vergebung und Verzeihen möglich, an wen richten sie sich und wer darf sie spenden.

Für Ricoeur bietet die Gabe und der Tausch eine Lösung. Die Problematik einer Annäherung vom Tausch her muss aber kritisch gesehen werden. Sie liegt einerseits in der Geschichtslosigkeit, andererseits in der nie zu erfüllenden Gerechtigkeit des Tausches. Die Interaktion zwischen dem Opfer und dem Täter ist nicht auf die Betroffenen allein zu reduzieren, sondern betrifft auch die nachgeborenen Generationen, und dies um so mehr, als hier eine Heilung der Wunden durch die Bestrafung der Täter gerade nicht stattgefunden hat.

Weiterhin wird durch die im Tausche immer geforderte Gerechtigkeit die Versöhnung nicht befördert. Der Mangel der Gerechtigkeitstheorie aus dem

---

[12] A. a. O., 271.

[13] Vgl. RICOEUR, Gedächtnis, Geschichte und Vergessen (s. Anm. 2), 715.

Tausch liegt darin, dass bei *jedem* Tausch eine Schuld offen bleibt, die nur durch ein *nicht* »gerechtes« Quitt-machen oder Verzeihen aufgehoben werden kann. Gerechtigkeit kann schon bei einem Tausch von Naturalien nicht realisiert werden. Schon bei einem Tausch von Äpfeln gegen Birnen, erst recht aber bei einem Tausch von Geld gegen Ware kommt es zu keinem Äquivalent, zu keinem Ausgleich. Der Vergleichsbezug ist völlig willkürlich. Er kann das Gewicht, das Aussehen oder auch das Bedürfnis und der Gebrauchswert sein. Bei jedem Tausch bleibt also eine Schuld offen, weil zwischen den Waren und zwischen Ware und Geld keine Äquivalenzen bestehen. Erst mit dem Quitt-machen wird diese Schuld aufgehoben. Das Quitt-machen geht aber über Abwiegen und die Abrechnung hinaus. Es entspricht dem moralischen Verzeihen.

So ist es auch fraglich, ob das von Ricoeur erwähnte Experiment der *Truth and Reconciliation Commission* in Südafrika, die von Nelson Mandela und Bischof Tutu zwischen 1996 und 1998 geleitet wurde, ihren konstruktiven Ansatz für die Versöhnung – konstruktiv nicht nur für die Schuldigen, die ihre Schuld bekannt haben, sondern auch für die Opfer – aus dem Tausch ableiten kann[14]. Auch wenn Vergebung sprachlich mit Geben und Gabe zusammen hängt und zwar in vielen Sprachen (z.B. par-don, perdono), so ist die Vergebung kein bloßer Tausch, sondern das den Tausch beendende Quittmachen. Auch die Opfer und ihre Hinterbliebenen leiden unter der Schuld der Täter, da sie die Taten und Verbrechen von der Bedeutung her noch verstärkt. Schuld kommt zu den Tatsachen und Geschehnissen hinzu und verschlimmert sie nicht nur, sondern macht den Schmerz schwerer und verhindert die Trauer. Solche Zusammenhänge werden aber nur deutlich, wenn die *Bedeutung* Schuld von den *Tatsachen* getrennt betrachtet wird. Dazu ist es wie schon gesagt notwendig, die Schuld als eigenes Phänomen zu erkennen. Was ist Schuld? So muss die Frage lauten, nicht nur: Wer ist schuld? Denn wenn die Schuld der Täter (Wer) bestraft ist, gilt es die Schuld, die auf die Kinder und Enkel übergeht (Was), zu behandeln. Hier bietet ein bemerkenswerter Satz von Jankélévitch einen Ansatz: »Es ist die Verlorenheit und es ist die Verlassenheit des Schuldigen, die allein der Verzeihung einen Sinn und eine Existenzberechtigung geben würden«[15]. War dieser Ausspruch von Jankélévitch geradezu sein Argument *gegen* das Verzeihen, so kann er aus heutiger Sicht *für* das Verzeihen geltend gemacht werden. Denn die Schuldigen sind nicht mehr die Täter, sondern Völker, die mit ihrer Geschichte (Was) nicht mehr fertig werden. Hier finden wir diese Verlorenheit und Verlassenheit. Die Verlorenheit und Verlassenheit solcher

[14] Vgl. a. a. O., 704 ff.

[15] Vgl. JANKÉLÉVITCH, Das Verzeihen (s. Anm. 9), S. 271.

Gruppen, Völker und ganzer Nationen gilt es zu erkennen und zu behandeln, denn sie geben dem Verzeihen einen Sinn und verhindern, dass ihre Schuld zum Nährboden für neue Aggressionen werden.

STEFAN BEYERLE

Verhalten und Emotion im Ritual

1. RITUAL-HERMENEUTIK

Dem Ritual eignet geradezu schicksalhaft ein Spezifikum, das es mit dem »Dasein« der Heideggerschen Existentialphilosophie teilt: Es ist uns im Lebensvollzug, bis hinein in Alltagssituationen – quasi ontisch –, sehr nahe und hinsichtlich seines präzisen Gehalts und seiner Bedeutung – quasi ontologisch – am fernsten, dunkel, also nur beschreibbar und kaum definierbar.[1] Auch der existenziale Bezug dieser Trope ist passend. Rituale verdichten Erfahrung, strukturieren Leben, konstituieren Gemeinschaft, durchbrechen den Alltag, kurz: sie prägen und – bisweilen – ermöglichen Existenz. Wenn etwa menschliche Kommunikation in der Gestik ihre Ursprünge hat und darüber hinaus in soziale Basis-Schemata (»kooperatives Schlussfolgern«) eingebunden ist, von Kooperationsnormen ausgeht oder einen gemeinsamen »begrifflichen Hintergrund« benötigt (»Rekursivität«), um »natürliche«, um die »konventionelle« Kommunikation zu bereichern, dann ist (nicht nur) menschliche Kommunikation wesentlich auf Verhalten hin konzipiert bzw. davon abhängig.[2] Und im onto- wie phylogenetisch beschreibbaren Prozess der Kommunikation ist Verhalten immer wieder durch ritualisierende Muster bestimmt.

Ein Beispiel: Es spricht einiges dafür, dass Zeigegesten bei sehr jungen Kleinkindern ontogenetisch nicht durch Imitation, sondern auf natürliche Weise ritualisiert werden. Zeigegesten haben wesentlich imperative oder deklarative Funktion. Vor allem mit letzterer Motivation ist ein interessanter Aspekt getroffen, als sie beim Kleinkind ritualisierte Formen der Zeigehandlung hervorruft. Ein Kleinkind, das in seiner Entwicklung noch deutlich vor dem Spracherwerb steht, zeigt in einer Versuchsanordnung mit einem Elternteil auf einen in einiger Entfernung erscheinenden, interessanten Gegenstand. Dass die Zeigegeste des Kindes eindeutig expressiv-deklarativ ist, ergibt sich aus der Reaktion des Kindes

---

1 Vgl. die berühmte Formulierung bei M. HEIDEGGER, Sein und Zeit, Tübingen [15]1984 [[1]1927], 15 (Hervorheb. im Orig.): »Das Dasein ist zwar ontisch nicht nur nahe oder gar das nächste – wir *sind* es sogar je selbst. Trotzdem oder gerade deshalb ist es ontologisch das Fernste.«

2 Vgl. dazu M. TOMASELLO, Die Ursprünge der menschlichen Kommunikation, Frankfurt a. M. 2009. Zu den oben genannten Determinanten der psychologischen Struktur menschlicher Kommunikation vgl. a. a. O., 68–120, und zu Ritualisierungen beim Spracherwerb a. a. O., 32–42.

> auf vier unterschiedliche Verhaltensweisen des Elternteils im Anschluss an den Zeigegestus: 1. Er blickt nur auf den Gegenstand und nicht auf das Kind; 2. er reagiert emotional positiv, ohne den Gegenstand zu beachten; 3. er ignoriert Gegenstand und Kind; 4. er schaut abwechselnd auf Kind und Gegenstand und reagiert emotional positiv. Die Kleinkinder zeigten bei den ersten drei Elternreaktionen Unzufriedenheit. D. h.: Der Zeigegestus sollte seinen »Erfolg« erst in der gemeinsamen, positiven Teilhabe an einem positiven Erlebnis oder am Gegenstand erreichen. Hierzu war nur das vierte Verhaltensmuster aus Sicht der Kinder hilfreich. Alle anderen, fehlgeschlagenen Reaktionen wurden mit Wiederholung der Zeigegeste beantwortet, die also im Ansatz ritualisiert wird. Dieses Ritual greift bei Kleinkindern allerdings nur, wenn in der beschriebenen Intention Aussicht auf Erfolg besteht. Denn bei Versuchswiederholungen mit negativem Ausgang für die Kinder verzichteten diese schnell auf den Zeigegestus – bzw. auch bei verbal unterstrichenen, eindeutig negativen Reaktionen der Erwachsenen. Noch sehr viel stärker wird die ritualisierte Form des Zeigens bei Kleinkindern dort deutlich, wo der Gestus eindeutig imperative Motivation besitzt.[3]

Es zeigt sich also, dass basale Formen menschlicher Kommunikation von ihren Anfängen her bereits auf ritualisierten Verhaltensmustern aufbauen. Neben dem Verhalten ist auch die Emotion im Ritual-Kontext zu verrechnen, und zwar nicht im Sinne ihrer Wortfeld-Zugehörigkeit im Miteinander von Gefühl und Affekt.[4] Vielmehr soll »Emotion« im hiesigen Zusammenhang das »Hervor-Bringen« bzw. »Hervor-Rufen« auf ein (ritualisiertes) Verhalten hin bezeichnen. Man könnte formulieren, dass »Verhalten« und »Emotion« beim Ritual zwei Seiten derselben Medaille darstellen. So kann es als Gemeingut gelten, dass Emotionen unser *Verhalten* determinieren.[5] Zugleich können aber *Emotionen* auch aus einem Verhalten generiert werden, ja sie sind letztlich ihrerseits auf Verhalten angewiesen. Anders gesagt sind Emotionen »handlungsregulierende und konstituierende Komponenten in einer komplexen Verflechtung von kognitiven, wertenden und motivationalen Handlungsstrategien.«[6]

Die in Verhalten, Emotion und Ritus sich spiegelnden Bedeutungen verweisen so auf eine Basis-Struktur der Anthropologie. Sie sind freilich angewiesen auf Empirie und Phänomenologie. Sie stehen außerdem in einem Kontext von Beschreibungen, die im weitesten Sinne biologistisch bzw.

---

3 Das Beispiel stammt aus TOMASELLO, Die Ursprünge der menschlichen Kommunikation (s. Anm. 2), 130–136.

4 Vgl. zur Abgrenzung von Emotion, Gefühl und Affekt in der »klassischen« Verstehensweise A. WAGNER, Gefühl, Emotion und Affekt in der Sprachanalyse des Hebräischen, in: Ders., Emotionen, Gefühle und Sprache im Alten Testament: Vier Studien (Kleine Untersuchungen zur Sprache des Alten Testaments und seiner Umwelt /KUSATU 7), Waltrop 2006, 7–47, hier: 12–21.

5 Vgl. etwa H. HERMSEN, Art. Emotion/Gefühl, in: H. J. SANDKÜHLER (Hg.), Europäische Enzyklopädie zu Philosophie und Wissenschaft, Bd. 1, Hamburg 1990, 661–682, hier: 662 f.

6 So a. a. O., 664.

ethologisch zu nennen sind.[7] Für das grundsätzlich Religiöse wird man durchaus Ansätze zum Gespräch vorfinden und Anknüpfungsmöglichkeiten identifizieren.[8] Allerdings ist der Blick des Historikers und Theologen auf das Zeugnis des Alten Testaments nur bedingt geeignet, angemessene Überlegungen zum Themenfeld vorzunehmen. Denn die Quellen Altisraels stellen lediglich Reflexionen und keine unmittelbaren Äußerungen zu Verhalten, Emotion und Ritual dar, selbst dann nicht, wenn etwa »Überreste«, wie archäologische Funde, Inschriften oder auch ikonographische Hinterlassenschaften Hinweise vermitteln. Unmittelbare Zeugnisse zum Thema sind uns dagegen von der Natur der Sache – bzw. der Quellen – her verschlossen.

Und dies gilt auch jenen »Verhalten« und »Emotionen«, die in alttestamentlichen Ritualhandlungen eindeutig identifizierbar sind. Etwa die prophetische Kultkritik bietet zahlreiche Beispiele für den Zusammenhang, kann aber nur sehr bedingt Rückschlüsse auf die rituelle Lebenswirklichkeit bereitstellen, schon weil uns eine einigermaßen umfängliche Vorstellung von Opfersorten und -handlungen in Altisrael fehlt, die aber Voraussetzung für eine angemessene Unterscheidung von Gebrauch und Missbrauch wäre. Es bleibt also nur die Möglichkeit, sich am Einzeltext zu orientieren und ihn im Blick auf das Ritual ernst zu nehmen.[9]

2. OPFER-RITUALE

Will man die Verknüpfung von Verhalten, Emotion und Ritual im Opfer nach der altisraelitischen Überlieferung näher betrachten, bietet sich die Kultkritik aus der Schriftprophetie an. Sie ist deshalb von Interesse, weil sie nicht der Primär-, sondern der Sekundärreligion zugeordnet werden muss, also innerhalb desselben religiösen Systems kritisch wirkt, ohne dass wir das je vorausgesetzte religiöse System der prophetischen Texte in exakten Umris-

---

[7] Vgl. a. a. O., 670–672. Vgl. auch W. BURKERT, Kulte des Altertums: Biologische Grundlagen der Religion, München ^{2}2009.

[8] Vgl. dazu grundsätzlich D. N. MCINTOSH, Art. Emotionen II. Religionswissenschaftlich und religionsphilosophisch, in: RGG^{4} 2 (1999), 1259 f. Mit einer zunächst noch groben Klassifizierung untersucht S. GILLMAYR-BUCHER, Emotion und Kommunikation, in: CHR. FREVEL (Hg.), Biblische Anthropologie: Neue Einsichten aus dem Alten Testament (QD 237), Freiburg i. Br. /Basel/Wien 2010, 279–290, das enge Verhältnis von Kommunikation und Emotion im Alten Testament.

[9] So auch die Maßgabe bei WAGNER, Emotionen, Gefühle und Sprache im Alten Testament (s. Anm. 4), 22–43.

sen vor Augen hätten.[10] Kritisch wird dabei nicht der Kult oder das »Opfer« an sich betrachtet, sondern die vom im Ritual realisierten Kult kaum zu trennenden Lebensumstände, unter denen das »Opfer« dargebracht wird.[11] Was die Sache allerdings kaum besser macht, da auch diese Lebensumstände nur noch hypothetischen Rekonstruktionen der Moderne folgen können. So kann Verhalten und Emotion mit Bezug auf den Ritus ausschließlich auf theologischer Ebene, im Sinne des Verhältnisses der Kultgemeinde zu Gott, betrachtet werden. Das Ritual selbst tritt dabei ganz in den Hintergrund. Hilfreich illustrieren dies Texte aus den Hosea-, Jesaja- und Amosschriften. In Hos 6,4–6 heißt es:

> 4Was soll ich mit dir machen, Ephraim? Was soll ich mit dir machen, Juda? Eure Zuwendung ist wie die Wolke am Morgen und wie der Tau, der früh vergeht.
> 5Darum habe ich geschlagen durch die Propheten und sie getötet mit den Worten meines Mundes. ›Mein‹ [LXX] Gericht geht auf wie Licht.
> 6Denn ich begehre Zuwendung, und nicht Schlachtopfer, und Erkenntnis Gottes mehr als Brandopfer.

Die als Nachtrag zur kritischen Sicht (Hos 5,8–12) auf die Ereignisse um den »syrisch-ephraimitischen Krieg« (734–732 v. Chr.) verfasste Strafansage gegen Nord- und Südreich stellt anhand der Konfrontation der prominentesten Opferarten Altisraels, dem Schlacht- und dem Brandopfer, mit der Zuwendung zu Gott das Gottesverhältnis selbst in Frage.[12] Hierin wird eine Haltung, ein Verhalten, deutlich, das Kritik hervorruft, jedoch nicht am Kult selbst und seinen damit verknüpften (Opfer-)Ritualen. Nicht einmal die harsche Distanzierung Gottes vom Jerusalemer Tempel in der nachexilischen Zeit vermag die Grundsätzlichkeit jener Distanz abzubilden (Jes 66,1–3a):

---

[10] Die Unterscheidung von Primär- und Sekundärreligion stammt von TH. SUNDERMEIER und wurde vor allem von J. ASSMANN, Ma`at: Gerechtigkeit und Unsterblichkeit im Alten Ägypten, München 1990, 18–20, rezipiert.

[11] Dies gilt in der Forschung als Gemeinplatz. Vgl. etwa CHR. EBERHART, Studien zur Bedeutung der Opfer im Alten Testament: Die Signifikanz von Blut- und Verbrennungsriten im kultischen Rahmen (WMANT 94), Neukirchen-Vluyn 2002, 3; präziser m. E. I.A. WILLI-PLEIN, Opfer und Ritus im kultischen Lebenszusammenhang (2000), in: DIES., Sprache als Schlüssel: Gesammelte Aufsätze zum Alten Testament, hrsg. v. M. PIETSCH u. T. PRÄCKEL, Neukirchen-Vluyn 2002, 209–230, hier: 211 (vgl. auch a. a. O., 223 f.): »Die Krise, um die es in solchen Texten allenfalls geht, ist keine Krise des Kultes, sondern der Gesellschaft, und auch die Kritik gilt nicht dem Kult als solchem, sondern gesellschaftlichen Sachverhalten, die nach Ansicht der betreffenden Autoren zu einer Diskrepanz zwischen kultischem Lebenszusammenhang und lebensfeindlichen Verhaltensweisen einzelner oder bestimmter Gruppen führen.«

[12] Vgl. dazu R. G. KRATZ, Erkenntnis Gottes im Hoseabuch (1997), in: DERS., Prophetenstudien: Kleine Schriften II (FAT 74), Tübingen 2011, 287–309, hier: 293–297; DERS., Die Kultpolemik der Propheten im Alten Testament (1998), in: a. a. O., 344–358, hier: 346–348.

[1]So spricht der Herr: Der Himmel [ist] mein Thron, und die Erde [ist] der Schemel meiner Füße. Was [ist] das für ein Haus, das ihr mir baut? Und was [ist] das für ein Ort [für] meine Ruhe?
[2]Alles dies hat meine Hand gemacht, und alles dies ist vorhanden, Spruch JHWHs. Und auf jenen will ich schauen, der arm und zerschlagenen Geistes [ist] und zitternd [ist] vor meinem Wort.
[3a]Wer den Stier schlachtet, der erschlägt einen Menschen, wer das Schaf schlachtet, bricht einem Hund das Genick. Man bringt Gabe dar, [auch] Schweineblut. Man lobt Weihrauch und dankt einem Götzen.

Wie auch immer man die quasi-kosmische Verortung Gottes zwischen Himmel und Erde in V.1 versteht, die rhetorische Frage im selben Vers richtet sich deutlich gegen die Jerusalemer Tempelkonzeption. Und doch ist die Tempelfunktion im Opfer nicht grundsätzlich in Frage gestellt. Vielmehr sind in V.3 mit »Hund« und »Schwein« Götzen angesprochen (hebr. און)[13], die ein falsches Verhalten »Israels« im Kult anzeigen. Wie dabei das zu den Götzen hin orientierte Ritual konzeptualisiert war, was die Bestandteile jenes Rituals waren, lässt der Text allerdings offen.

Ähnliches ist zu Am 4,4–5 zu sagen. Und dies ist hier umso auffälliger, da der Text die »Parodie« einer Priester-Tora abbildet:

[4]Kommt nach Betel, um Verbrechen zu begehen,
nach Gilgal, um das Verbrechen zu vermehren!
Bringt am Morgen eure Schlachtopfer dar,
am dritten Tage von euren Zehntabgaben!
[5]Man räuchere vom Sauerteig ein Dankopfer,
ruft zu freiwilligen Gaben auf, lasst es hören!
Denn so liebt ihr es doch, ihr Israeliten – Spruch des Herrn JHWH!

Im Stile eines Schuldaufweises[14] greift Am 4,4 mit dem Signalwort פֶּשַׁע die Charakterisierung als »Delikt« auf (»Rechtsbrüche begehen«)[15], womit die folgenden Opfergaben nicht *als solche* in Abrede gestellt sind, sondern die Art und Weise ihrer rituellen Umsetzung. Jedoch bleiben auch an dieser Stelle die Details des Ritus ungenannt.

Auf Grund solcher und vergleichbarer Belege hat man gerne – vor allem in protestantischen Deutungsgemeinschaften – den Ritus, also das Verhalten, von der *Haltung* der Opfernden unterscheiden wollen, um so auf ein Ethos

[13] Zur Bezeichnung des abgöttischen Kultes durch das hebr. Nomen vgl. auch Hos 10,8: Zerstörung der »Höhen von און, der Sünde Israels« (s. HALAT 22a).

[14] Dem in Am 4,12, mit dem typischen לכן eingeleitet, die Strafansage folgt, die wiederum sekundär durch den Geschichtsrückblick in 4,6–11 von 4,5 abgetrennt wurde.

[15] So H. SEEBASS, Art. פָּשַׁע pāša', in: ThWAT VI (1989), 793–810, hier: 796.

der Kultgemeinde zurück zu schließen. So formuliert ECKART OTTO etwa vor dem Hintergrund der prophetischen Kultkritik:[16]

> »Durch einen grundlegenden Umbau der tempeltheologischen Verhältnisbestimmung von Kult und Alltag sowie von Gegenwart und Zukunftserwartung will die vorexilische Schriftprophetie das Problem angehen. Der Anspruch des Kultes, nämlich heilvolles Alltagsleben durch Übertragung von Segen und Gemeinschaftstreue zu ermöglichen, und Erfahrungen der Entfremdung brechen auseinander, so daß die Schriftprophetie das Verhältnis von Kult und Alltagswirklichkeit umkehrt. Nicht mehr der Kult ist vornehmlicher Ort der Vermittlung des Gottesverhältnisses, sondern unmittelbar im Alltagsverhalten soll die Entscheidung über das Gottesverhältnis fallen. Erst der gemeinschaftstreu und normgemäß Handelnde hat ein Recht zum Gottesdienst. Gemeinschaftsuntreu im Alltag zu handeln und gleichzeitig am Kult teilzunehmen, wird von der prophetischen Kultkritik verworfen. Der Gottesdienst wird der Ethik nachgeordnet.«

M. E. wird hier das Kind mit dem Bade ausgeschüttet. Grundsätzlich sind derart verabsolutierende Schlüsse nur unter Voraussetzung eines eingehenden Wissens um die altisraelitische Kultpraxis möglich. Jedoch verfügen wir, zumindest gegenwärtig, nicht über eine angemessen detaillierte Kenntnis altisraelitischer Rituale und ihrer Bestandteile. Dies ergibt sich bereits aus dem Quellenbefund, wonach die wesentlichen Texte zu Opfer und Ritual erst aus der nachexilischen Zeit stammen (»Priesterschrift« in Lev, Num oder Ez 40 – 48).[17] Daraus folgt aber ein eher »theoretischer« bzw. konstruierter denn realer Bezug zur konkreten Kultpraxis. Außerdem ist zu beachten, dass auch in jenen Fällen, wo ausführliche Ritual-Beschreibungen vorliegen, wie etwa beim Versöhnungsritual in Lev 16, die Texte keineswegs Klarheit bezüglich der Durchführung und Deutung des Rituals schaffen.[18] Somit verhindert auch die – zumindest aus heutiger Sicht zu konstatierende – *Mehr*deutigkeit *ein*deutige Aussagen zur Ritualpraxis. Jedenfalls genügen die Hinweise, um Zurückhaltung gegenüber Thesen zu üben, die nach »Ethisierungen« und später auch »Spiritualisierungen« von Opfer und Opferritualen suchen.

---

[16] So E. OTTO, Theologische Ethik des Alten Testaments (ThW 3,2), Stuttgart/Berlin/Köln 1994, 108.

[17] Vgl. A. MARX, Les systèmes sacrificiels de l'Ancien Testament: Formes et foncions du culte sacrificiel à Yhwh (VT.S 105), Leiden/Boston 2005, 10. Das Maximum zum Opferritual im Alten Testament trägt MARX, a. a. O., 89–142, zusammen.

[18] Vgl. etwa zu Lev 16 die Diskussion bei EBERHART, Studien zur Bedeutung der Opfer im Alten Testament (s. Anm. 11), 140–159, und für das Verstehen als Ritual: P. HÖFFKEN, Rituale im Alten Testament: Notizen zum Thema (1998), in: DERS., »Fürchte dich nicht, denn ich bin mit dir!« (Jesaja 41,10): Gesammelte Aufsätze zu Grundtexten des Alten Testaments, hrsg. v. A. GRAUPNER und M. OEMING (Beiträge zum Verstehen der Bibel 14), Münster 2005, 321–332, hier: 327–329.

Bevor in der Konsequenz aus diesen Beobachtungen das Ritual über den Text erschlossen werden soll, sind noch einige Bemerkungen zur Verbindung von Verhalten und Emotion im Umfeld des Rituals nötig. Spätestens mit der Zerstörung des Zweiten Tempels 70 n. Chr. durch Titus, wohl aber schon vorher in exilisch-nachexilischer Zeit, kam es zur Transformation des Rituals, da die Opfer, insbesondere die blutigen Opfer, in »Kanon« (Buch), Gebet oder Erwartungen (des neuen Tempels) umgewandelt wurden.[19] Man könnte von einer Fortsetzung des Opferrituals mit anderen Mitteln sprechen – etwa in Qumran. Verhalten im Ritual ist also auch dort und dann möglich, wenn die Rahmenbedingungen ritueller (Opfer-)Handlungen im engeren Sinne, wie ein Tempel als Opferplatz, gar nicht mehr gegeben sind. Damit ist aber das Ritual, wie die Kommunikation, oder besser: das Ritual *als Kommunikation*, zwar auf gestischem Verhalten gegründet, geht jedoch in diesem nicht auf. Das »Verhalten« im Ritual kann also entsprechend, nicht nur verbal, sondern auch sprachlich oder gar literarisch realisiert werden.[20] Zwar ist jede ritual-sprachliche Äußerung ein rituelles Verhalten. Doch geht das Ritual darin nicht auf, weil eben auch jenseits des Sprachlichen oder gar Literarischen Rituale existieren.[21] Da aber die Rituale des alten Israel, bis auf wenige zumeist nicht eindeutige archäologische Hinweise[22], zumeist ausschließlich sprachlich-literarisch, mithin gar »kanonisch«, überliefert sind, muss die Rekonstruktion der Opfer- und auch anderer Rituale stets fragmentarisch bleiben. Jedenfalls ergeben sich aus den Verknüpfungen zwischen literari-

[19] Vgl. hierzu G. G. STROUMSA, The End of Sacrifice: Religious Transformations in Late Antiquity, Chicago/London 2009.

[20] Vgl. dazu E. TH. LAWSON, Ritual as Language, in: Religion 6 (1976), 123–139, hier: 128–131, der aus religionswissenschaftlicher Sicht gleichermaßen »verbale« und »non-verbale« Elemente für das Ritual reklamiert. Dabei differenziert LAWSON »language as ritual«, »ritual in language«, »language in ritual« und »ritual as language«.

[21] So formuliert LAWSON, Ritual as Language (s. Anm. 20), 130: »All ritual utterances are ritual acts, but not all ritual acts are utterances.«

[22] Zu den Missverständnissen der Archäologie beim altisraelitischen Kult vgl. AVRAHAM FAUST, The Archaeology of the Israelite Cult: Questioning the Consensus, in: BASOR 360 (2010), 23–35. FAUST betont, dass sich in EZ II (ca. 10.–6. Jh. v. Chr.) die Anzahl der Kult-Gebäude oder Tempel im wesentlichen auf Arad und (eventuell) Dan beschränkt. Vgl. demgegenüber etwa die Darstellung bei RAINER KESSLER, Sozialgeschichte des alten Israel: Eine Einführung, Darmstadt 2006, 94, der ganz selbstverständlich von einem Nebeneinander mehrerer Lokalheiligtümer mit dem Jerusalemer Tempel ausgeht. Die Zusammenfassung bei D. EDELMAN, Cultic Sites und Complexes beyond the Jerusalem Temple, in: F. STAVRAKOPOULOU/J. BARTON (Hg.), Religious Diversity in Ancient Israel and Judah, London/ New York 2010, 82–103, hier: 89–98, berücksichtigt m. E. zu wenig die Unsicherheiten einer Differenzierung in »israelitisch-judäische« und Fremdkulte. Vgl. außerdem die Zurückhaltung bei B. HERR, »Deinem Haus gebührt Heiligkeit, JHWH, alle Tage«: Typen und Funktionen von Sakralbauten im vorexilischen Israel (BBB 124), Berlin 2000.

scher Opferdarstellung und archäologischen Realien bislang große Unsicherheiten und noch nicht ausreichend diskutierte Probleme.

Ein interessantes Beispiel liefert die Frage nach den Räucheropfern im alten Israel.[23] Archäologisch stellt allein die Vielzahl unterschiedlicher Formen von Schaufeln und Schalen bzw. Pfannen, die dem »Räucheropfer« zugeordnet werden, bereits vor unlösbare Probleme – ganz abgesehen von der auch in diesem Bereich nicht zuverlässig vorzunehmenden Unterscheidung von »israelitischem« und »außerisraelitischem« Kult.[24] So zeigen zuletzt ausgewertete Feuer- oder Räucherschalen aus Jabne, dass ihr »ägäischer« Typus eher auf den Gebrauch in philistäischem Umfeld Rückschlüsse zulässt. Und dennoch werden sie zur Illustration von Texten wie Lev 10 (Nadab und Abihu) oder Num 16 (Korach) herangezogen.[25] Kommt hinzu, dass man beim Räuchern (hebr. קטרת) auf Grund der fehlenden »Gabe« (מנחה) an JHWH bzw. Gott, zumindest im Kontext der »priesterschriftlichen« Texte, wohl kaum vom »Räucher*opfer*« sprechen kann.[26]

Die skizzenhaft erläuterten Probleme einer Opfer- und Ritual-Darstellung im alten Israel treffen ähnlich auf einen, nachweislich sehr einflussreichen, Nachbarn im nordsyrischen Raum, nämlich auf Ugarit (*Tell Ras Šamra*) zu. Auch hier belegen Tempelanlagen, Kultgeräte und andere Hinterlassenschaften der Archäologie im Zusammenspiel mit Beschreibungen und Hinweisen auf der Textebene[27] zweifelsfrei, dass es nicht nur religiöses Leben, konkretisiert in Ritualen, gab, sondern dass diese – neben dem Handel – wesentlich das Leben des Stadtstaates bestimmten.[28] Andererseits wollen exaktere Rekonstruktionen jener Rituale noch weniger als im alten Israel gelingen. Und auch das Beispiel des »Räucheropfers« führt in Ugarit zu ähnlichen Schwierigkeiten wie in Altisrael: So ist das Aufsteigen des »Rauches« (ugarit. *qṭr*) des Aqhat (vgl. KTU [RS 2.(004)] 1.17,I.27.46; II,1) sowohl als »Geist« als auch als Räucherwerk zu deuten. Dabei ist offen, letztere Bedeutung unterstellt, ob und inwiefern das »Räucherwerk« als Teil eines Beerdigungsritus zum Einsatz

---

23 Vgl. dazu grundsätzlich immer noch W. Zwickel, Räucherkult und Räuchergeräte: Exegetische und archäologische Studien zum Räucheropfer im Alten Testament (OBO 9), Fribourg/Göttingen 1990.

24 Man vergleiche zuletzt die besonderen Räucherschalen bzw. -pfannen aus Jabne: R. Kletter/I. Ziffer, Incense-Burning Rituals: From Philistine Fire Pans at Yavneh to the Improper Fire of Korah, in: IEJ 60 (2010), 166–187.

25 Vgl. Kletter/Ziffer, Incense-Burning Rituals (s. Anm. 24), v. a. 182 f.

26 Vgl. Eberhart, Studien zur Bedeutung der Opfer im Alten Testament (s. Anm. 11), 309–312.

27 Zu nennen wären neben Opferlisten insbesondere die zahlreichen Ritualtexte: vgl. D. M. Clemens, Sources for Ugaritic Ritual and Sacrifice. Vol. I: Ugaritic and Ugaritic Akkadian Texts (AOAT 284/1), Münster 2001. Vgl. auch G. del Olmo Lete, Canaanite Religion: According to the Liturgical Texts of Ugarit, Bethesda (MD) 1999, v. a. 11–24, wo eine Taxonomie der ugaritische Ritualtexte vorgenommen wird.

28 Vgl. dazu etwa M. Yon, The City of Ugarit at Tell Ras Shamra, Winona Lake (IN) 2006, v. a. 106–115.146–155.

kam.[29] Zudem bleiben, allerdings in hurritischer Sprache überlieferte, Beschwörungen der Reihe »Weihrauch-Erhöhung« (KTU 1.44; 1.54; 1.128; 1.131) zu beachten.[30] Auch in den Zusammenhängen ugaritischer religiöser Texte begegnet also das »Räuchern« an prominenter Stelle, ohne dass aus den Quellen, oder gar im Zusammenspiel mit den archäologischen Hinterlassenschaften, deutlich würde, wie das Ritual in seiner Durchführung realiter vorzustellen ist.[31] Immerhin deuten gewichtige Institutionen in Ugarit, wie das Königtum, rituelle Verhaltensweisen an, die im Kontext der archäologischen Funde interpretiert werden können. So ist etwa das Bestattungsritual des Königs zu beachten, dessen Rekonstruktion jedoch ebenfalls hypothetisch bleiben muss.[32]

3. Das Ritual im Text: Zwei Beispiele aus Israel und Ugarit

Der bisher knapp skizzierte Befund verlangt hermeneutisch nach einem reduktionistischen Vorgehen, das mit Blick auf »Verhalten« und »Emotion« im Ritual insbesondere eines beherzigt: die Beschränkung auf die »Realie« Text. Dies gilt zumindest so lange, bis im vorderorientalischen Bereich, oder wenigstens in der Levante, weniger hypothetische Rückschlüsse möglich sind.

---

[29] Vgl. dazu ZWICKEL, Räucherkult und Räuchergeräte (s. Anm. 23), 336 f.; R. E. CLEMENTS, Art. קטר *qṭr*, in: ThWAT VII (1993), 10–18, hier: 12. Zum Text vgl. P. BORDREUIL/D. PARDEE, A Manual of Ugaritic (Linguistic Studies in Ancient West Semitic 3), Winona Lake (IN) 2009, 101. 173 f.

[30] Vgl. dazu M. DIETRICH/W. MAYER, Sprache und Kultur der Hurriter in Ugarit, in: M. DIETRICH/O. LORETZ (Hg.), Ugarit: Ein ostmediterranes Kulturzentrum im Alten Orient. Ergebnisse und Perspektiven der Forschung. Bd. I: Ugarit und seine altorientalische Umwelt (ALASP 7), Münster 1995, 7–42, hier: 22–31; DIES., Hurritische Weihrauch-Beschwörungen in ugaritischer Alphabetschrift, in: UF 26 (1994), 73–112.

[31] So wurden m. W. auf dem archäologischen Areal des *Tell Ras Šamra* keine Räucherpfannen o. ä. gefunden. Die Schale der berühmten El-Stele wird man kaum im Sinne eines Räuchergerätes interpretieren dürfen, der auf dem *Tell Ras Šamra* gefundene Dreizack ist nicht eindeutig der Räucherpraxis zuzuordnen und die Wandarme kyprischen Ursprunges dienten offenbar unterschiedlichen Zwecken (vgl. ZWICKEL, Räucherkult und Räuchergeräte [s. Anm. 23], 155 f. 158.165; H.-G. BUCHHOLZ, Ugarit, Zypern und Ägäis: Kulturbeziehungen im zweiten Jahrtausend v. Chr. [AOAT 261], Münster 1999, 623 f. 630). Trotz aller Schwierigkeiten gehen ZWICKEL, a. a. O., 167, und EBERHART, Studien zur Bedeutung der Opfer im Alten Testament (s. Anm. 11), 310 Anm. 3, davon aus, dass das als Verbrennung von Aromata verstandene Räucherwesen von Ugarit aus nach Israel gelangte.

[32] Vgl. H. NIEHR, Die Königsbestattung im Palast von Ugarit: Ein Rekonstruktionsversuch der Übergangsriten aufgrund schriftlicher und archäologischer Quellen, in: A. BERLEJUNG/B. JANOWSKI (Hg.), Tod und Jenseits im alten Israel und in seiner Umwelt: Theologische, religionsgeschichtliche, archäologische und ikonographische Aspekte (FAT 64), Tübingen 2009, 323–346.

Daher soll diese Skizze mit zwei Beispielen einer Abbildung von Ritualen in Text bzw. Textstrukturen schließen. Dabei werden Quellen aus den in mancherlei Hinsicht verwandten antiken Religionen Altisraels und Ugarits gewählt.[33] Grundsätzlich ist dabei der von ROLF RENDTORFF und KLAUS KOCH für die »Opfergesetze« (v. a. Lev 1–7) herausgearbeitete »Ritualstil« zu beachten.[34] Er stellt eine Abbildung des Rituals in mehr oder weniger gleichförmigen Abfolgen von hebr. Präformativkonjugation (PK) und Afformativkonjugation-consecutiv (AK-cons.) in Lev 1–7[35] bzw. Ex 25–31[36] in Rechnung. Das Ritual sei im Folgenden an einem Opfertext erläutert (Lev 1,3–6 und 9–11):

> [3]Wenn seine Brandopfergabe vom Rind stammt (wörtl.: wenn seine Gabe ein Brandopfer [ist] vom Rind), als männliches, vollkommenes (Tier) bringt er es dar (PK, Hif'il), zum Eingang des Begegnungszeltes bringt er es dar (PK, Hif'il), ihm zum Wohlgefallen vor JHWH.
> [4]Er soll legen (AK-cons.) seine Hand auf den Kopf des Brandopfers, dass es für ihn als wohlgefällig betrachtet wird (AK-cons., Nif'al) zur Sühne auf ihm/für ihn.
> [5]Und er soll (AK-cons.) das junge Rind vor JHWH schlachten, und es sollen die Aaroniden, die Priester, das Blut darbringen (AK-cons., Hif'il) und sie sollen das Blut sprengen (AK-cons.) auf dem Altar ringsum, der am Eingang des Begegnungszeltes ist.
> [6]Und er soll abstreifen (AK-cons., Hif'il) dem Brandopfer die Haut und es in seine Stücke zerlegen (AK-cons.). [...]
> [9]Und seine Eingeweide und seine Wadenbeine wäscht er mit Wasser (PK) [...]
> [10]Wenn seine Opfergabe vom Kleinvieh [stammt], von Schaf oder Ziege für das Brandopfer, als männliches, vollkommenes (Tier) bringt er es bei (PK, Hif'il).
> [11]Und er soll es an der nördlichen Seite des Altars vor JHWH schlachten (AK-cons.). Und die Söhne Aarons, die Priester, sollen sein Blut auf dem Altar versprengen (AK-cons.) ringsum.

Der hier dokumentierte Ausschnitt greift auf zwei Brandopfergesetze zurück: auf jenes für das Rind oder Großvieh (V.3–9) und auf das für das Kleinvieh (V.10–13). In der gleichmäßigen Abfolge von Verb-Formen in der Präformativkonjugation (Hif'il von קרב: V.3 [*bis*] u. 10)[37] und Afformativkonju-

---

[33] Vgl. dazu allgemein: O. LORETZ, Ugarit und die Bibel: Kanaanäische Götter und Religion im Alten Testament, Darmstadt 1990.

[34] Vgl. R. RENDTORFF, Leviticus (BK III/1), Neukirchen-Vluyn 1985, 18 f.

[35] Vgl. R. RENDTORFF, Die Gesetze in der Priesterschrift: Eine gattungsgeschichtliche Untersuchung (FRLANT 62), Göttingen 1954 [[2]1963].

[36] Vgl. K. KOCH, Die Priesterschrift von Exodus 25 bis Leviticus 16: Eine überlieferungsgeschichtliche und literarkritische Untersuchung (FRLANT 71), Göttingen 1959. Vgl. auch DERS., Alttestamentliche und altorientalische Rituale, in: E. BLUM ET AL. (Hg.), Die Hebräische Bibel und ihre zweifache Nachgeschichte (FS R. Rendtorff), Neukirchen-Vluyn 1990, 75–85.

[37] Das hebr. Verb bedeutet im Grundstamm Qal »sich nähern«, »herankommen« und im kausativen Hif'il »heranbringen«, zumal bei Opfern: »darbringen« (vgl. HALAT 1057 f.). Die

gation-consecutiv (V.4–8.11–13) bildet die Opferdarstellung den oben erwähnten »Ritualstil« ab. Literarisch wird also in der nahezu notorischen Gleichförmigkeit der Syntax und Grammatik die entsprechende Gleichförmigkeit des Rituals nachempfunden. Wenn man so will: Das Verhalten ist hier nicht nur literarisch reflektiert, sondern – einschließlich der »Emotion« (vgl. das »Wohlgefallen«: V.3 f.)[38] – durch die Sprachwerdung konkret abgebildet. Ganz verkürzt formuliert: Die Sprache wird selbst zum Ritual. Dabei ist weiterhin zu beachten, dass die literarische Form des Rituals die Kommunikation nur noch in »geronnener« Form erahnen lässt. Wahrscheinlich aber ist durch die literarische Stilisierung des Opfers jene Kommunikation bzw. die der eigentlichen Handlung zugrunde liegende kommunikative Struktur des Ritus ganz und gar verschüttet, nicht mehr erkennbar.[39]

Diesem Befund seien abschließend zwei Ritualtexte aus Ugarit gegenübergestellt, die die Vorgeschichte der literarischen Form des Ritus in der Hebräischen Bibel beleuchten können. Es handelt sich dabei zum einen um den »Rephaim-« oder *Rapi'ūma*-Text KTU 1.161 (RS 34.126), auf den schon KLAUS KOCH im Kontext des »Ritualstils« hingewiesen hat.[40] Zum anderen ist KTU 3.9 (RS 1957.702) zu beachten, eine das »*marzeach*« betreffende Keilschrifttafel. Erstere Quelle nutzt auch HERBERT NIEHR zur Rekonstruktion eines Bestattungsrituals des ugaritischen Königs Niqmaddu IV. ([*sic*] ca. 1225/20–1215 v. Chr.; s. o.).[41] Der Text schildert beim Abstieg des

am Ende von Lev 1,3–9 erneute Formulierung in Präformativkonjugation kann zwar einen kompositorischen Zusatz anzeigen (vgl. KOCH, Alttestamentliche und altorientalische Rituale [s. Anm. 36], 78), könnte im Ritual-Formular von V.3–9 aber auch bewusst den Abschluss markieren. Jedenfalls konnotiert die Verbindung von קרב Hif'il und קרבן ganz umfassend die Opferhandlung, unter Einschluss durchaus diverser Handlungen, aber bestimmt im Sinne der schrittweisen Annäherung an das Heilige bzw. an das Heiligtum (vgl. EBERHART, Studien zur Bedeutung der Opfer im Alten Testament [s. Anm. 11], 23 f.).

[38] Zwar markiert der Ausdruck »vor Gott« *per se* zunächst einmal wiederum den abgegrenzten Bereich des Heiligen, doch bezeichnet das »Wohlgefallen« die unmittelbare Wirkung *durch* Gott aufgrund der Rechtmäßigkeit des Opfers (»männlich, vollkommen«) und, daraus folgend, der Rechtmäßigkeit des Opfernden. Es wird also, im Sinne obiger Erläuterung von »Emotion«, die vorteilhafte Wirkung des Opferverhaltens dadurch festgehalten (vgl. auch J. MILGROM, Leviticus 1–16: A New Translation with Introduction and Commentary [AncB 3], New York et al. 1991, 149 f.).

[39] Dies wäre dann die Kehrseite der durch STROUMSA, The End of Sacrifice: Religious Transformations in Late Antiquity (s. Anm. 19), betonten »Literalisierung« des Opfers.

[40] Vgl. KOCH, Alttestamentliche und altorientalische Rituale (s. Anm. 36), 81 f., wenngleich KOCH bei den ugaritischen Parallelen eher zur Zurückhaltung mahnt.

[41] Vgl. NIEHR, Die Königsbestattung im Palast von Ugarit (s. Anm. 32), 333 f., Die Zählung der ugarit. Könige divergiert, so dass auch Niqmaddu III. gemeint sein könnte. (vgl. DEL OLMO LETE, Canaanite Religion [s. Anm. 27], 197); zur Sache vgl. auch LORETZ, Ugarit und die Bibel (s. Anm. 33), 130–132 (mit Übers.).

Königs in die Unterwelt dessen rituelle Privilegierung, wenn es heißt (KTU 1.161, 9–12):[42]

> 9Ihr seid gerufen, *rapi'ūma* der Unterwelt.
> 10Ihr seid geladen, Versammlung der Didanu.
> 11Gerufen ist Ammištamru, der König.
> 12Gerufen ist auch Niqmaddu, der König.

Das Ritual wird auch in diesem Text, wenigstens andeutungsweise, durch sprachliche Auffälligkeiten markiert: Der zentrale Gedanke des Rituals, der den verstorbenen König unter den *rapi'ūma* verortet, die selbst zur Königsdynastie (*Didanu*) gehören, formuliert in gleichförmigen Verben der Afformativkonjugation (2. Pers., 3. Pers. Plur. und 3. Pers. Sing.: Z. 2–12). Im ugaritischen G-Stamm bzw. Gp-Stamm[43] steht jeweils die Wurzel *qr'* (»rufen«) bzw. *qb'* (»einladen«).[44] Im zitierten Abschnitt ist diese Gleichförmigkeit besonders deutlich, da sich strukturgleich die Verben, abwechselnd in der 2. Pers. Plur. und 3. Pers. Sing., auf die nachfolgenden Nominalbildungen beziehen. Dann legt es sich nahe, dass der Text, im Sinne einer Rezitation im Kontext des Rituals sieben Mal gesprochen wurde (vgl. Z. 27–30) – auch hier ergibt sich durch die Zahlenreihung mit anschließender Nennung des »Opfernden« eine gewisse sprachliche Gleichförmigkeit. Jedoch ist auch Zurückhaltung am Platze, da das Ritual aufs Ganze gesehen auch narrative Passagen enthält[45] und ähnliche Reihungen gleichermaßen nominal gebildet werden können (etwa mit *šalāmu* in Z. 31–34).

Der zweite Keilschrifttext KTU 3.9 ist wegen seiner Erwähnung des auch in der Hebräischen Bibel belegten »*marzeach*« (vgl. Jer 16,5; Am 6,7) breit diskutiert.[46] Das bedeutet aber auch, dass das Hauptaugenmerk der Diskussion zu dieser Quelle bisher weitgehend auf rituelle Fragen jener Institution »*marzeach*« gerichtet ist. Im Folgenden soll daher der Blick eher auf die

---

42 Übers. nach NIEHR, Die Königsbestattung im Palast von Ugarit (s. Anm. 32), 334; vgl. auch TUAT II/3 (1988), 332 f. [M. DIETRICH/O. LORETZ]. Zu Text, Umschrift und Übersetzung vgl. BORDREUIL/PARDEE, A Manual of Ugaritic (s. Anm. 29), 113 (Tfl. 16, Text 13). 215–217.

43 Gemeint ist jeweils der Grundstamm, vergleichbar dem hebr. Qal, im Aktiv oder Passiv.

44 Es bestehen allerdings unterschiedliche Verstehensmöglichkeiten der Verbformen: optativisch/imperativisch oder deskriptiv-aktivisch bzw. -passivisch vgl. DEL OLMO LETE, Canaanite Religion (s. Anm. 27), 193 f. Anm. 80.

45 Vgl. zur Gliederung und formalen Beschreibung von KTU 1.161 DEL OLMO LETE, Canaanite Religion (s. Anm. 27), 193.

46 Vgl. dazu v. a. die Literaturangaben bei CLEMENS, Sources for Ugaritic Ritual and Sacrifice (s. Anm. 27), 269–273.

Struktur des Schreibens gerichtet werden, das einmal als »religiös« dann als »rechtlich« charakterisiert wird.[47] Der Text 3.9, 1–10 lautet:

> Kultversammlung, die organisiert hat (*/qanaya/*: 3. Sing. m., AK, G-Stamm) Schamumanu in seinem Haus: // »Ich habe bereitgestellt (*/wašāttu/*: 1. Pers. Sing., AK */šyt + w/*) für sie (*/lewum/*; cj.: */lekum/*: für euch) einen Speisesaal (?). Wenn ich euch vertreibe (*/'agarrišukum[u]/*: 1. Pers. Sing., PK, D-Stamm[48] */grš/*) aus meinem Haus, fünfzig Silberschekel soll/werde ich zahlen (*/'iass'u/*: 1. Pers. Sing., PK */ns/*).«

Diese erste Hälfte des Dokuments lässt sich in eine Umstandsschilderung und eine Rede unterteilen. Die Rede gliedert sich noch einmal in eine Zusicherung des Organisators des Festes und in eine Zusage. Während die Zusage in Verbformen der Präformativkonjugation formuliert, verwenden Umstandsschilderung und Zusicherung die Afformativkonjugation. Einmal wird der »Ist-Zustand« hervorgehoben, dann werden Eventualitäten geklärt. In der Regelung zum »*marzeach*« deutet der Text selbst also eine Ritualisierung an.

4. AUSBLICK

Das Ritual kann in kulturhermeneutischer Perspektive als ein ausgezeichneter Modus von Kommunikation verstanden werden. Die »Handlung«, das »Verhalten«, in sprachlicher wie in gestischer oder grundsätzlich non-verbaler Weise, und die als »Hervor-Bringen« bzw. »Hervor-Rufen« verstandene Emotion beschreiben zwei Seiten der im Ritual abzubildenden Vorgänge. Zugleich erweist es sich als ein nahezu unmögliches Unterfangen, rituelle Vorgänge der altvorderorientalischen Kulturen und Religionen realiter zur rekonstruieren. So führt der Weg von der Textebene in die Realität der vergangenen »Verhalten« nur über die Archäologie bzw. Artefakte der jeweiligen Kultur. Allein die Beziehungsgeflechte zwischen Text und Welt zu analysieren, ist ein äußerst komplexer Vorgang, der sich auf wenige kontingente Zusammenhänge beschränkt (vgl. etwa zu KTU 1.161: s. o.).

Auf Grund des problematischen Befunds, aber auch in den wenigen Fällen, wo Text und Welt im Zusammenhang auf die »reale« Ritualpraxis verweisen, sollte die *literarische* Funktionalisierung von Riten zunächst in Au-

---

[47] Zu ersterem sowie zu Text, Umschrift und grammatischer Analyse vgl. ST. SEGERT, A Basic Grammar of the Ugaritic Language: With Selected Texts and Glossary, Berkeley (CA) et al. 1984, 138–141 (Text 84.2.). Zu letzterem sowie zu Text, Umschrift und Übersetzung vgl. BORDREUIL/PARDEE, A Manual of Ugaritic (s. Anm. 29), 140 (Tfl. 43, Text 40). 261 f. Darüber hinaus enthält das Dokument zahlreiche grammatische bzw. morphologische Schwierigkeiten, die hier nicht in allen Einzelheiten diskutiert werden können. Die obige Übersetzung orientiert sich an der Analyse bei SEGERT, a. a. O., 139 f., und berücksichtigt ausschließlich Z. 1–10 (*recto*).

[48] Meint den Doppelungsstamm im Ugaritischen.

genschein genommen werden. Gerade in verwandten Sprachwelten, wie dem Hebräischen und Ugaritischen[49], lassen sich Versprachlichungen des Ritus identifizieren, die in Syntax, Grammatik und bisweilen Semantik der literarischen Zeugnisse verankert sind. Sie begegnen dem Interpreten daher auch in vermittelnder, bisweilen verzeichnender, Art mit Blick auf die real-historische Ritualpraxis. Doch sind sie weit besser zugänglich und erschließen zudem ein bisher noch gar nicht beachtetes Feld der Hermeneutik, sowohl hinsichtlich sprachlicher als auch literarischer Phänomene.

---

49 KOCH, Alttestamentliche und altorientalische Rituale (s. Anm. 36), 82–84, nennt für den »Ritualstil« außerdem Beispiele aus dem babylonisch-syrischen Kulturraum.

ALBRECHT SCRIBA

Die Antithesen der Bergpredigt als Quelle der Moral?

1. HINFÜHRUNG

Es ist die immer wieder gestellte Frage:[1] Muss ich mir als Christ nach Mt 5,39 eine Ohrfeige wehrlos gefallen lassen, ja sogar noch die andere Wange freiwillig anbieten? Wenn mich mein Auge oder meine Hand verführt, soll ich gemäß Mt 5,29f. das Auge dann herausreißen bzw. die Hand abhauen, weil der Gewinn des ewigen Lebens dieses Opfer wert ist? Der nähere Kontext, die sogenannten Antithesen der Bergpredigt Mt 5,21–47 mit dem Rahmen 5,17–20.48,[2] enthält zum Teil weitere Weisungen in ähnlich ungewöhnlicher Art. Der vorliegende Antwortversuch orientiert sich an folgenden Leitfragen:

1) Waren diese Weisungen wirklich ernst gemeint, oder kann man ihre Schärfe abmildern durch die Behauptung, sie seien oft hyperbolisch, paradox oder primär provokativ formuliert? Mit dieser Frage eng verbunden ist eine weitere: Sind die Forderungen überhaupt als erfüllbar eingestuft worden? Waren sie nur unter der besonderen Bedingung des nahe bevorstehenden Weltendes praktizierbar, als eine Art Interimsethik (J. Weiss, A. Schweitzer)?

2) Mit welcher Berechtigung und mit welchen explizit angegebenen Gründen erteilt der Sprecher in diesem Sprüchekomplex die Weisungen? Welche unausgesprochenen kulturellen Selbstverständlichkeiten können zusätzlich als Begründungsrahmen eruiert werden? Vor diesem Hintergrund kann weiterhin vermutet werden, wie triftig die Weisungen auf die damals intendierten Hörer und Leser gewirkt haben mögen.

3) Im Anschluss an die Analyse der Weisungen der Antithesen in ihrem ursprünglichen historischen Kontext kann die immer horizonthaft mitlaufende Wertungsfrage neu und mit tieferem Verständnis gestellt werden: Unter welchen Bedingungen können die antithetisch vorgetragenen Weisun-

---

[1] Vortrag gehalten auf dem Jahrestreffen der »Kulturhermeneutischen Sozietät« am 9.–11. Juli 2009 in Leipzig zum Thema »Moral – Fluch oder Segen?«.

[2] Laut der zugrundeliegenden Quelle Q 6,27–36 gehört Mt 5,48 zu dem Textkomplex, aus dem Matthäus die letzten beiden Antithesen bildete, in der Matthäus-Redaktion fungiert es aus formalen und inhaltlichen Gründen aber als Abschluss zu allen Antithesen.

gen der Bergpredigt mit ihren expliziten und impliziten Begründungszusammenhängen auch heute (oder generell gesprochen: in fremden Kulturen) akzeptiert werden?

2. Methodisches

Ein Text ist nie identisch mit der hinter ihm stehenden Autorintention. Erstens stehen einem Autor in mehrfacher Hinsicht nur begrenzte Mittel zum Ausdruck seiner Intention zur Verfügung: Zeit zur Abfassung und Raum zur Niederschrift sind endlich, der Text ist mithin missverständlich. Da die Erschlossenheit der Heidegger'schen Bedeutsamkeit und Bewandtnis nicht allein mit sprachlicher Kompetenz begründet werden kann, ist Sprache generell ein defizitärer Modus der Mitteilung. Die Missverstehbarkeit des Textes kann in der Folge durchaus produktiven Charakter annehmen, indem in der Wirkungsgeschichte der Text in neue Verstehenszusammenhänge rücken kann.

Zweitens kann ein Text auch Zeugnis von einer Verwandlung des Autors während der Abfassung ablegen, wenn der Autor den Text zwar mit einer bestimmten Intention beginnt, im Niederschreiben aber durch die intensive Auseinandersetzung mit dem Thema durch dieses gleichsam überwältigt wird, wodurch sich die ursprüngliche Intention wandelt. Eine fundamentalwissenschaftlich orientierte Textauslegung hat daher ihr Ziel noch nicht erreicht, wenn sie bei der Ermittlung der Autorintention stehenbleibt, anstatt diese zumindest eidetisch zu reduzieren im Sinne einer sachorientierten Problemgeschichte.

Die im ersten Abschnitt vorgestellte zweite Leitfrage nach der Plausibilität der Weisungen der Antithesen in ihrem ursprünglichen historischen Kontext erfordert allerdings unter anderem die Ermittlung der Aussageintention des Autors. Die meisten traditionellen Auslegungsschritte der theologischen Exegese (Literarkritik, Überlieferungs- und Formgeschichte, Traditions- und Religionsgeschichte; anders die vor ca. 60 Jahren verstärkt betriebene Redaktionskritik) hatten im Sinne einer diachronen Analyse in erster Linie zum Ziel, frühere Stadien der Überlieferung zu ermitteln, um die geschichtlichen Zusammenhänge besser zu begreifen. Seit etwa 30 Jahren rücken hingegen synchrone Textinterpretationen ins Zentrum, die in der Beobachtung formaler Textstrukturen, semantischer Felder, usw. den Text als Einheit gleichwertiger Komponenten voraussetzen und, sofern nach dem Autor gefragt wird, diesen nicht als mehr oder weniger unkritischen Sammler von Traditionen verstehen.

Die folgende Textanalyse benutzt die diachrone Fragestellung, um die Intention des Matthäus schärfer herausarbeiten zu können. Schon eine synchrone Textauslegung kann Gründe dafür angeben, warum gewisse Textelemente im Ganzen wohl eine geringere Bedeutung haben als andere. Nimmt man nun die Überlieferungen und Quellen hinter einem frühchristlichen Text ebenfalls in den Blick, helfen diese angesichts des respektvollen Umgangs der frühchristlichen Autoren mit ihren Traditionen, weitere Hinweise für die Autorabsicht zu finden: Was aus der Überlieferung stammt, spiegelt unter Umständen nur in bestimmten Aspekten den Aussagewillen des Verfassers wider, während eigenständig Formuliertes wesentlich eher Deuteschlüssel für den Text enthält.

Ein spezielles Problem bei synoptischen Texten stellt die sogenannte Zwei-Quellen-Theorie dar, nach der Mt und Lk zwar voneinander unabhängig schrieben, aber die beiden ebenfalls voneinander unabhängigen Quellen Logienquelle Q und Mk-Evangelium nutzten und weiterhin über je eigene Überlieferungen verfügten (»Sondergut« Mt^S und Lk^S). Ich halte die Grundstruktur der Zwei-Quellen-Theorie ebenfalls für richtig, aber in Einzelheiten für logisch defizitär (Rekonstruktion der Logienquelle) oder sachlich korrekturbedürftig (Joh und Lk kannten die erste Mk-Edition, Mt die um Mk 6,53–8,13.20 erweiterte zweite Ausgabe). Der Hauptfehler der üblichen Q-Rekonstruktion besteht darin, dass logisch nicht zwischen einem Text aus Q und zufällig gemeinsamem Sondergut unterschieden wird, denn beide weisen zunächst die gleiche Eigenschaft auf, sowohl bei Mt als auch bei Lk, nicht aber bei Mk bezeugt zu sein. Meine eigene Methodik und Durchführung der Q-Rekonstruktion wurde an anderer Stelle veröffentlicht und wird hier nicht wiederholt.[3] Entscheidend ist hier lediglich das neue Siglum $Mt\text{-}Lk^S$, das zufällig gemeinsames Sondergut im Unterschied zu einem echten Logienquellen-Text bezeichnet und wie bei Q von mir nach der Lk-Zählung angegeben wird.

3. QUELLEN DER ANTITHESEN

In der folgenden Quellenübersicht zu den sechs Antithesen wird bereits nach den Grundelementen einer jeden Antithese unterschieden: die These aus der Überlieferung der Alten, die Antithese Jesu, Konkretionen bzw. Beispiele zur Antithese und ggf. ein Abschluss.

Dieser Tabelle ist leicht zu entnehmen, dass die antithetische Struktur zu Beginn jeder Antithese offensichtlich von Matthäus geschaffen wurde. Das betrifft zum einen die Darstellung dessen, was zu den Alten gesagt wurde, zum anderen aber auch die Einleitung der Antithese mit ἐγὼ δὲ λέγω ὑμῖν

[3] A. SCRIBA: Echtheitskriterien der Jesus-Forschung. Kritische Revision und konstruktiver Neuansatz (Theos; 74), Hamburg 2007, 129–136.

Text	These	Antithese	Konkretionen	Abschluss
V. 21-26: Versöhnung mit dem Bruder	V. 21: -	V. 22a: -	V. 22b: - V. 23f.: vgl. Mk 11,25 V. 25f.: Mt-LkS 12,58f.	-
V. 27-30: Gegen Ehebruch	V. 27: -	V. 28: -	V. 29f.: Mk 9,47.43	-
V. 31f.: Gegen Ehescheidung	V. 31: -	(V. 32a: -)	V. 32: Mt-LkS 16,18	-
V. 33-37: Gegen Schwören	V. 33: -	V. 34a: vgl. Jak 5,12a	V. 34b-35: vgl. Jak 5,12b V. 36: -	V. 37: vgl. Jak 5,12c
V. 38-42: Gegen Vergeltung	V. 38: -	V. 39a: -	V. 39b-40: Q 6,29 V. 41: -	V. 42: Q 6,30
V. 43-47/48: Feindesliebe	V. 43: -	V. 44f.: Q 6,27f.35	V. 46f.: Q 6,32f.	(V. 48: Q 6,36)

»ich aber sage euch«. In vier von sechs Fällen stammt auch die Antithese selbst aus keiner uns bekannten Quelle, in den beiden verbleibenden Fällen kann nur im Fall von Mt 5,44f. eine schriftliche Quelle namhaft gemacht werden (Q 6,27f.35), während über die Art der Überlieferung hinter Mt 5,34a und Jak 5,12a nichts bekannt ist.

Die Konkretionen und der Abschluss der Antithesen stammen in diesen beiden Fällen aus dem unmittelbaren Kontext der Überlieferung (Mt 5,34b–35.37 mit Jak 5,12b.c; Mt 5,46f.48 aus Q 6,32f.36), wobei Matthäus aus der Q-Vorlage eine weitere Antithese geschaffen hat (Konkretionen und Abschluss in Mt 5,39b–40.42 aus Q 6,29.30). Die übrigen drei Konkretionen hat Matthäus aus disparaten Quellen und Überlieferungen zusammengestellt.

Eine Stilanalyse des Textes legt nahe, dass Matthäus die Thesen und die antithetische Struktur tatsächlich selbst formuliert und nicht einer unbekannten Überlieferung entnommen hat. Das gilt auch für einige weitere Komponenten des Spruchkomplexes.[4]

Dieser kurze Überblick über rekonstruierbare Quellen und Überlieferungen hinter den sechs Antithesen zeigt ein für antik-jüdische und frühchristliche Verhältnisse recht hohes Maß an Gestaltungswillen des Autors Matthäus. Spätestens hier wird auch im Kontext einer historischen Rückfrage nach dem Sinn des Textes das Recht einer synchronen Textauslegung und die starke Einbeziehung des näheren und weiteren Kontextes (Bergpredigt, Mt-Evangelium) deutlich. Zugleich ist aufgrund der Übernahme von Quellen

[4] SCRIBA (s. Anm. 3), 51–57, auch zu hier nicht thematisierten exegetischen Einzelfragen wie der Sprach- und Stilanalyse.

und Überlieferungen mit Spannungen im Textverlauf zu rechnen, die im Zweifelsfall nach den von Matthäus eingebrachten Deuteschlüsseln aufzulösen sind.

4. Die Erfüllbarkeit der Weisungen

Zumindest in der aktuellen westeuropäischen Kultur gilt es als mehr oder weniger selbstverständlich, dass unmittelbare interne Gefühlsreaktionen als kurzfristig nicht und langfristig nur schwer kontrollierbar gelten: Ein drohendes Unheil löst Angst aus, erlittenes Unrecht erzeugt Wut und Rachegefühle, eine attraktive Person verstärkt sexuelles Begehren, die bloße Erscheinung eines Gegenübers löst bereits Sympathie oder Antipathie aus, usw. Ein Mensch muss sich daher in der Regel vor der Öffentlichkeit oder vor betroffenen Personen nicht verantworten für seine unmittelbaren Gefühlsreaktionen, sondern für seinen handelnden Umgang mit ihnen: Verteidigt er seine Gemeinschaft oder flieht er, setzt er die Rache in die Tat um, bricht er die Ehe, handelt er im weiteren Verlauf unhinterfragt nach seinen Sympathien und Antipathien, usw.?

Gerade im protestantischen Kontext wird die Beschränkung der Verantwortlichkeit des Menschen vor Gott auf sein tatsächliches Handeln gerne als ungenügend empfunden, weil Gott als Schöpferherr ungeteilten Anspruch auf Verehrung und Gehorsam hat, was eben auch die Welt der schwer kontrollierbaren Gefühlsreaktionen einschließt: Du sollst angesichts des verheißenen ewigen Lebens den Tod nicht fürchten, du sollst weder Zorn noch Rachedurst haben, du sollst kein sexuelles Begehren gegenüber einem anderen als deinem angetrauten Partner empfinden, du sollst deinen Nächsten lieben wie dich selbst, usw.! Dabei spielte vor allem in der Vergangenheit auch ein Überlegenheitsdenken gegenüber sogenannter jüdischer Werkgerechtigkeit eine bedeutende Rolle.

Für eine Rechtfertigung dieser verbreiteten protestantischen Haltung lassen sich gerade in der Bergpredigt des Matthäus, besonders in den sechs Antithesen und ihrer Rahmung, zahlreiche Textstellen anführen: zu Todesfurcht vgl. Mt 6,19–34, zu Zorn und Rache 5,21–26.38–42, zu sexuellem Begehren V. 27–30, zur Nächstenliebe V. 43–47, zum antijüdischen Hochmut V. 20 (vgl. 6,1–18).

Die folgende Durcharbeitung der Weisungen der Antithesen im Blick auf ihre Erfüllbarkeit fragt daher im Besonderen danach, inwieweit auch eine nach heutigem Verständnis schwer kontrollierbare innere Gefühlsreaktion abgelehnt wurde.

1) Im traditionsgeschichtlichen Kontext kann der Zorn eines Menschen (der in der Antithese V. 22a ja nur den Bruder, d.h. das Gemeindemitglied

trifft) durchaus als bestrafenswert gelten (vgl. 1QS VI,25–27; VII,2–5.8f.). Besonders aufschlussreich ist slHen 44,2f.:

> »Wer Zorn einem jeden Menschen ohne Schaden [d.h. grundlos] antut, den wird der große Zorn des Herrn ernten. Wer in das Angesicht eines Menschen speit, den wird Schmach ernten beim großen Gericht des Herrn.«

Das Verb »antun« und der parallele zweite Vers verdeutlichen, dass Zorn nicht als eine rein innere Gefühlsaufwallung angesehen wurde und eine Tatfolge impliziert, wie ja auch der Zorn Gottes die Vernichtung des Zorntäters einschließt. Auch der unmittelbare Kontext Mt 5,22b.c schildert ein Vergehen in der Tat, hier im Sprechakt des Beleidigens.[5] Daher hat die Antithese V. 22a wohl die schädigende Zorntat im Blick, ihre Weisung konnte und kann damit als erfüllbar gelten.

Dass die Versöhnung mit dem Bruder Vorzug vor der Teilnahme am Kult, speziell dem Opferkult hat (V. 23f.), ist ein für Matthäus typisches und mehrfach artikuliertes Anliegen. So zitiert er Hos 6,6 gleich zweimal (Mt 9,13; 12,7):

> »Barmherzigkeit will ich und nicht Opfer.«

Da eindeutig lediglich die Reihenfolge zweier Taten geregelt und kein Empfinden eingefordert wird, gilt diese Weisung als erfüllbar.

Der pragmatische Ratschlag in V. 25f., einem Gegner (gedacht ist wohl an einen Gläubiger) versöhnend entgegenzukommen, um der juristischen Durchsetzung seines berechtigten Anspruchs zuvorzukommen, gilt natürlich im Wortsinne als erfüllbar. Der engere Kontext legt allerdings nahe (Aufnahme der Gerichtstermini aus V. 21–23), dass Matthäus den Rat transparent auf die tätige (und ebenso erfüllbare) Vergebung gegenüber dem Bruder interpretiert hat, um der Verurteilung im Endgericht zu entgehen (vgl. auch zu einem abgelehnten Limit der Vergebungen 18,21f. und die Parabel vom Schalksknecht 18,23–35, speziell das Resümee in 18,35).

2) Die zweite Antithese legt nach heutigem Verständnis (βλέπω »anschauen«, ἐπιθυμέω »begehren«, ἐν τῇ καρδίᾳ αὐτοῦ »in seinem Herzen«) ganz besonders die Interpretation nahe, dass bereits die unwillkürliche Reaktion auf die attraktive Erscheinung eines anderen wie vollzogener Ehebruch zu beurteilen ist. Doch gilt das Herz in der antik-jüdischen Kultur nicht als Sitz der (romantischen) Gefühle, sondern als Willens- und Aktzentrum, in welchem die Entscheidungen für das Verhalten fallen.[6] Wer sich also zum Ehebruch entschlossen hat, der hat nach Mt 5,28 »in seinem Herzen« die

---

[5] Die Beschimpfungen ῥακά »Hohlkopf« und μωρέ »Narr« sind semantisch schwierig einzuschätzen, somit die unterschiedliche kasuistische Bewertung kaum zu beurteilen.

[6] Mt 13,15; 15,19; Röm 8,27 u.ö.

Ehe bereits gebrochen – unabhängig davon, ob weitere Faktoren wie etwa äußere Einflüsse die tätige Umsetzung des Ehebruchs doch noch verhindern.

Für diese Interpretation spricht auch die Analyse des Gebrauchs von πρὸς τό mit Inf. im Mt-Evangelium. Es zeigt in der Regel einen finalen, nur selten einen konsekutiven Sinn an:[7] Das Anblicken einer bereits verheirateten Frau ist bereits willentlich (eben nicht unvermeidbar) der erste Schritt im Ehebruch. Das Fehlen überlieferter Quellen hinter V. 27f., die für Matthäus typische Sprache, die harte Beurteilung von Ehebruch durch Matthäus (vgl. 12,39; 16,4) und seine mehrfach zu beobachtende Intention, auch die hinter den Taten stehende Intention in die Beurteilung einzubeziehen (vgl. z.B. 6,1–18), belegen ein ihm ernstes und als selbstverständlich erfüllbar gedachtes Anliegen.

Gilt die Erfüllbarkeit auch für das Herausreißen des Auges und das Abhacken der Hand? In diesem Fall ist hyperbolische Redeweise naheliegend, weil das Herausreißen eines Auges und das Abhacken der Hand Absicht und Vollzug des Ehebruchs nicht verhindern. Weiterhin kennt das nähere kulturelle Umfeld des Matthäus keine positive Wertschätzung einer Selbstverstümmelung. Schließlich hat Matthäus den Text aus dem Mk-Evangelium übernommen,[8] wo er bereits im Kontext hyperbolisch gemeint war. Matthäus dürfte folglich den Doppelspruch im Sinne der Aufforderung zu einer kompromisslos ernsten Ablehnung der Absicht zum und des Vollzugs von Ehebruch gemeint haben.

3) Eine breit bezeugte frühchristliche Tradition lehnt die Ehescheidung oder doch zumindest die erneute Heirat nach einer formal vollzogenen Scheidung ab: 1Kor 7,10f.; Mk 10,1–9.10–12; Mt-Lk^{S} 16,18. Matthäus ergänzt seine Quellen jedoch um einen erlaubten Scheidungsgrund: πορνεία »illegaler Geschlechtsverkehr« der Ehefrau (Mt 5,32 gegenüber Mt-Lk^{S} 16,18 und Mt 19,9 gegenüber Mk 10,11). Als Begründung für die Ablehnung der Scheidung gibt Mk 10,6–9 den Schöpferwillen an, der nach jüdischer Thora-Auslegung höher gewichtet werden kann (V. 5) als spätere vergleichbare Regelungen (hier Dtn 24,1.3 hinter Mk 10,3f.; s. unten).

Die Ehe stellte auch eine wirtschaftliche und rechtliche Absicherung der Frau im antiken Judentum dar. Im Falle einer Scheidung (die Scheidung konnte, wenn nicht entsprechende Macht oder Geld aufseiten der Frau mit im Spiel war, nur vom Mann initiiert werden) musste der Mann seiner geschiedenen Frau die Hochzeitsverschreibung wieder auszahlen. Daher lässt sich das Verbot der Scheidung wohl nicht mit der Berücksichtigung der

---

7 Belege s. SCRIBA (Anm. 3), 55.

8 Matthäus hat die Reihenfolge gegenüber Mk 9,43–47 wegen βλέπω »sehen« in V. 28 umgestellt und das Beispiel des Fußes wohl aus Redundanzgründen ausgelassen.

Interessen einer Frau begründen. Vollends verhindert das frühchristliche Verbot der erneuten Heirat einer Geschiedenen eine solche Interpretation, denn die erneute Heirat hätte ihren Schutz bedeutet. Zumindest vordergründig scheint im frühchristlichen Milieu die Hochschätzung der Ehe wichtiger als pragmatischer Umgang mit Eheproblemen gewesen zu sein.

Im Kontext des Mt-Evangeliums ist offensichtlich, dass Matthäus an eine erfüllbare Weisung gedacht hat. Andernfalls wäre die von ihm eingebrachte Ausnahmeregelung im Falle der πορνεία der Ehefrau (5,32) sinnlos gewesen. Auch 19,10–12, von Matthäus redaktionell ergänzt, zeigt, dass Matthäus sich zwar der Schwierigkeiten einer gelingenden Ehe sehr wohl bewusst war, aber deren Gelingen für möglich hielt.

4) Größere Schwierigkeiten stellen sich bei der Beantwortung der Frage, ob Matthäus das vollständige Verbot zu schwören (V. 33–37) tatsächlich für strikt erfüllbar hielt. Dabei ist zu beachten, dass Matthäus ganz offensichtlich das Schwurverbot durch Einfügung von ὅλως »vollständig« (V. 34a) radikalisiert hat: Es spiegelt seinen Sprachgebrauch wider,[9] es fehlt in der sachlich und überlieferungsgeschichtlich parallelen Fassung in Jak 5,12, es widerspricht den gelegentlich bezeugten Schwüren im frühen Christentum,[10] und es gehört traditionsgeschichtlich wohl in die eher späte Phase der unmittelbaren Begegnung mit der außerjüdischen hellenistischen Kultur ohne die sonst sehr häufige frühjüdische Integration und Vermittlung.[11]

Die angegebenen Gründe für ein Schwurverbot können im Hellenismus teilweise anthropologischer Natur (ein Schwur setzt potentielle Unaufrichtigkeit voraus), teilweise theologischer Natur sein (Missbrauch der Götter). Die Konkretionen der vierten Antithese, schon aus formalen, grammatischen und überlieferungsgeschichtlichen Gründen zweigeteilt (V. 34b–35 mit Parallele in Jak 5,12b; V. 36 ohne bekannte Quelle oder Parallele), greifen auf zwei Begründungsmöglichkeiten zurück: Missbrauch des Gottesnamens oder seiner Substitute einerseits und menschliche Ohnmacht und Unverfügbarkeit andererseits.

Nicht vollkommen klar ist weiterhin, ob die Verdoppelung von Ja und Nein in V. 37 bereits Schwurcharakter haben soll (die Parallele in Jak 5,12c kennt keine Verdoppelung). Das würde zumindest der klar benennbaren Matthäus-Intention in V. 34a widersprechen. Den oft zitierten Beleg slHen 49,1f. in den Handschriften J, P und R der Langrezension, der in der Tat die

[9] SCRIBA (Anm. 3), 50.

[10] 1Thess 5,27; 2Kor 1,23; Mk 14,71 par. Mt 26,74; Mt 23,16–22.

[11] B. KOLLMANN. Das Schwurverbot Mt 5,33–37 / Jak 5,12 im Spiegel antiker Eidkritik, BZ 40 (1996), 179–193.

Verdoppelung als Schwur gelten lässt, halte ich für einen späteren christlichen Einschub unter Aufnahme von Mt 5,37.[12]

Wer im Umfeld der matthäischen Lebenswelt auf das Schwören komplett verzichten wollte, konnte das wohl im Alltag ohne größere Schwierigkeiten durchhalten, geriet aber in ernste Konflikte, wenn als Zeuge vor Gericht oder bei Eiden zur staatlichen Loyalität geschworen werden musste. Hier bleibt bei der Interpretation daher ein Fragezeichen, ob die letztgenannten Situationen überhaupt eine nennenswerte Rolle spielten und ob Matthäus daher tatsächlich dabei die Bereitschaft für die Folgen eines verweigerten Schwures einforderte. Der Kontext der übrigen Antithesen berechtigt jedenfalls nicht, das radikale Schwurverbot als eine nicht erfüllbare, lediglich horizonthaft gemeinte Forderung einzustufen.

5) Auch wenn die Reaktionen in den Konkretionen V. 39b–41 zur fünften Antithese überraschend waren, so waren sie dennoch möglich: die Bereitschaft, auch eine schmähende zweite Ohrfeige zu akzeptieren; zusätzlich zum Untergewand auch die Verpfändung des viel wichtigeren und daher eigentlich vor Pfändung geschützten Mantels, der vor Kälte beim Schlafen schützte; die Überbietung der von einem römischen Soldaten oder Beamten eingeforderten Begleit- oder Tragepflicht für eine Meile um eine weitere. Die offene und erst später zu beantwortende Frage betrifft also hier nicht so sehr die Erfüllbarkeit, sondern den dahinterstehenden Sinn, speziell die Bedeutung von ἀνθίστημι τῷ πονηρῷ »dem Bösen widerstehen«. Die verbreitete Mahnung, sich der Kreditbitte eines Armen nicht zu entziehen (V. 42), galt in der frühjüdischen Kultur generell nicht nur als erfüllbar, sondern als befolgenswert.

6) Die letzte Antithese parallelisiert die Feindesliebe mit dem Beten für die eigenen Verfolger (V. 44). Die zweite Hälfte verdeutlicht, dass primär an tätige Liebe im Sinne des Betens für den Feind gedacht ist in der Hoffnung darauf, dass auch er von Gott gerettet werden möge, nicht so sehr an Sympathie im modernen Sinne. Zwar wurde dieses »Mehr« im Verhalten gegenüber Zöllnern und Heiden durchaus als etwas Besonderes eingestuft (V. 46f.), nichts spricht aber dafür, hierin über menschliche Fähigkeiten hinausgehende Forderungen zu erblicken.

V. 48 als rahmender Abschluss nimmt das Thema der überschießenden Gerechtigkeit im Handeln aus V. 20 mit dem Stichwort τέλειος »vollkommen« wieder auf, offensichtlich im Sinne der ungeteilten Orientierung am Gotteswillen im Handeln. Matthäus will diesen Vers wegen des anschließenden οὖν »also« als Zusammenfassung der sechs Antithesen verstanden wissen,

12 Anders z.B. C. BÖTTRICH: Das slavische Henochbuch, JSHRZ V,7, 1995, 968–970.

der Vers stellt daher noch am ehesten den Horizont und die Orientierung christlichen Handelns dar.

Ein kurzer Exkurs zur Bedeutung der Thora ist noch angebracht, um den Geltungsbereich der antithetischen Weisungen präziser bestimmen zu können. In der neutestamentlichen Forschung wird oft auf die Spannung zwischen der Beteuerung der bleibenden und uneingeschränkten Gültigkeit der Thora einerseits (V. 17–19) und ihrer Aufhebung, Radikalisierung oder Überbietung in den Antithesen andererseits hingewiesen. Da aus inhaltlichen Gründen an der jesuanischen Herkunft der antithetischen Formulierungen nur selten gezweifelt wird, werden die Spannungen zumeist durch unzureichend koordinierte Übernahme von Traditionen erklärt.

Die Behauptung der Authentie der antithetischen Formulierung ignoriert unter anderem die Beobachtungen zur Quellenlage (s. oben), nimmt den matthäischen Sprachcharakter der Formulierungen nicht ausreichend zur Kenntnis, benutzt das logisch defizitäre und praktisch kaum anwendbare Kriterium der doppelten Dissimilarität als Echtheitsbegründung[13] und basiert generell auf dem wenig überzeugenden entwicklungsgeschichtlichen Modell weg vom ungetrübten Ideal hin zur Verweltlichung und pragmatischen Verwässerung. Die erneute kritische Durchsicht der Argumente spricht vielmehr für matthäische Verfasserschaft der antithetischen Formulierungen und überhaupt für einen sehr hohen redaktionellen Gestaltungsanteil. Gleiches gilt nun aber auch für V. 17–20. Der gesamte Textkomplex Mt 5,17–48 sollte also eine aus Sicht des Matthäus einheitliche Haltung zur Thora widerspiegeln.

Wie müssen also die antithetischen Weisungen interpretiert werden, wenn sie als Gegenüber zu den Weisungen der Alten formuliert sind, ohne die Gebote der Thora aufzuheben? Die erste Antithese verschärft das Tötungsverbot der Thora hin zu allgemein schädigendem Verhalten im Zorn. Die zweite Antithese ergänzt das Verbot des Ehebruchs um die Einbeziehung der Intentionalität.

Die dritte Antithese operiert mit üblicher antik-jüdischer halachischer Auslegungsmethodik, wonach Spannungen und Widersprüche innerhalb der Heiligen Schrift mittels unterschiedlicher Wertigkeit aufgelöst werden können: Die Thora hat z.B. Vorrang vor den Nebiim (Propheten) und Kethubim (Schriften), oder innerhalb der Thora kann zugunsten des kleineren Übels entschieden werden. Hinter der dritten Antithese steht die gesamtantike Selbstverständlichkeit, dass der eigentliche Schöpferwille in der Schöpfung

[13] Zu den Grenzen dieses Kriteriums s. SCRIBA (s. Anm. 3), 34–58.

zu erkennen sei.[14] Vermutungsweise könnte der in der Thora vorausgesetzte Schwur der vierten Antithese von Matthäus ebenfalls als ein temporäres, nicht im ursprünglichen Gotteswillen begründetes Übel interpretiert worden sein.

Die fünfte und die sechste Antithese sehen auf den ersten Blick noch am ehesten wie eine Aufhebung von Thora-Geboten aus. Doch gerade hier lässt sich gut zeigen, dass Matthäus die antithetische Struktur gegenüber seiner Quelle selbst eingebracht hat. Wenn also diese antithetischen Weisungen nicht als Aufhebung von Thora-Geboten interpretiert werden können, dann haben sie in der Intention des Matthäus wohl den Geltungsstatus gehabt, wie auf die prinzipiell zulässige Inanspruchnahme von Rechtsmitteln zwecks Schadensausgleich oder Schadensbegrenzung überraschenderweise verzichtet werden kann, um Feindschaft zu überwinden. Damit rücken diese Weisungen in den Konkretionen in den Status funktionsorientierter Exempel, sie sind keine statischen moralischen Gebote. Wo etwa das Hinhalten der anderen Wangenseite nicht mehr den Effekt des Überraschenden aufweist und nicht mehr hilft, Feindschaft zu überwinden, sollte im (unausgesprochenen) Sinne des Matthäus nach anderen Wegen gesucht werden. Allerdings ist es wichtig festzuhalten, dass im Sinne des Matthäus nicht alle Weisungen der Antithesen in ihrer Berechtigung auf eine Funktion reduziert werden dürfen. Nichts deutet beispielsweise darauf hin, dass Mord, Zorntaten, Ehebruch oder Wiederheirat in Ausnahmesituationen zweckdienlich begangen werden dürfen, sie sind eher wie unbedingte Gebote vorgetragen.

5. Begründungen der Weisungen

Wer mit moralischen Forderungen konfrontiert wird, erwartet heute üblicherweise, dass ihm Gründe dafür genannt werden, um den Sinn hinter den Forderungen zu erkennen. Welche Gründe gibt denn Matthäus explizit für die Forderungen an? Im Blick auf die eigentlichen Antithesen bleibt zunächst festzuhalten, dass die Formulierungen selbst in den ersten beiden Antithesen keine Imperative enthalten,[15] sondern je einen Rechtssatz darstellen, der nur implizit ein Verhalten ablehnt. Das Ergebnis ist überwiegend negativ: Nur die sechste Antithese gibt einen Grund (hier für die Feindesliebe) an. Auf den ersten Blick weist diese Begründung keinen Bezug zum Gegenüber der (tätigen) Liebe und des Betens, den Feinden und Verfolgern auf, denn das

[14] Matthäus verändert in Mt 19,8 das »Gebot« (ἐντολή) des Mose aus Mk 10,5 im Munde Jesu in eine Erlaubnis (ἐπιτρέπω).

[15] Gleiches gilt auch für die dritte Antithese, die allerdings keine eigentliche Antithese, sondern nur zwei parallele Beispiele enthält.

mit dem ungewöhnlichen Verhalten angestrebte Ziel ist die Gottgleichheit im Verhalten (V. 45a). Erst die Begründung für das Verhalten des Schöpferherrn, der eine lebensförderliche Schöpfung für alle Menschen aufrechterhalten will (V. 45b.c), impliziert die Aufforderung an den so Handelnden, auch dem Feind die Versöhnung und die Öffnung für Gottes Rettungswillen zu ermöglichen.

Lassen sich denn implizite Begründungen, etwa aus dem weiteren Kontext des Mt-Evangeliums, oder wenigstens damalige kulturelle Selbstverständlichkeiten hinter den übrigen fünf antithetischen Sätzen und Forderungen eruieren? Die folgenden Antwortversuche können hier leider wegen ihres konstruktiven Charakters nur Vermutungen sein. Hinter der ersten Antithese steht wohl das im vorigen Absatz beschriebene Interesse des Matthäus, Friedensstiftung und förderliche Lebensverhältnisse im Sinne der Schöpferintention nicht nur gegenüber Feinden, sondern auch innerhalb der Gemeinde zu pflegen, um nicht durch Zwietracht Gottes Rettungswillen zu behindern. Die zweite Antithese spiegelt die weiter oben in Abschnitt 4 bereits beschriebene Intention des Matthäus wider (vgl. Mt 6,1–18), dass im Sinne der Verantwortung des Menschen vor Gott seine Absicht zum Handeln entscheidend ist, auch wenn äußere Umstände dann die Durchführung der Tat verhindern. Dieser Abschnitt hat bereits auch belegt, dass nicht nur für Matthäus, sondern für das frühe Christentum insgesamt der Bestand der Ehe einen sehr hohen Stellenwert besaß. Matthäus hat die schöpfungstheologische Begründung der Unauflöslichkeit der Ehe aus Mk 10,2–9 in Mt 19,3–6 übernommen und umgestellt (V. 7–9 anderes Thora-Gebot) bzw. erweitert (V. 10–12 Ehelosigkeit). Die Umstellung betont noch einmal die Hierarchie innerhalb der Thora, einerseits die schöpfungsgemäße Bestimmung der unauflöslichen Ehe (Gott als ὁ κτίσας ἀπ' ἀρχῆς V. 4 in Anlehnung an Mk 10,6; ἀπ' ἀρχῆς in V. 8 wiederholt), andererseits die Degradierung der Anweisung zur Ausstellung eines Scheidebriefs (Dtn 24,1.3) von einem Gebot des Mose (V. 7) zu einer notgedrungenen Erlaubnis des Mose (V. 8). Wie bereits im 4. Abschnitt deutlich gemacht, können wirtschaftliche oder soziale Gründe zur Absicherung der Ehefrau nicht als Hintergrund dafür veranschlagt werden. Spielt wieder die Einsicht, dass Zerwürfnis auch in der Ehe die Gemeinschaft der von Gott Geretteten beschädigt (vgl. 1Kor 7,12–16), die entscheidende Rolle? Die vierte Antithese mit ihrem kompletten Schwurverbot kennt in ihrem damaligen kulturellen Kontext zwei Begründungsmöglichkeiten: Der Schwur schändet Gott oder dokumentiert prinzipiell menschliche Unglaubwürdigkeit.[16] Schließlich steht hinter der fünften Antithese wohl wieder die Absicht der Überwindung von Feindschaft.

---

[16] Belege bei KOLLMANN (Anm. 11).

Die auf die antithetischen Sätze folgenden Beispiele weisen hingegen mehrfach explizite Begründungen auf. Die abgestufte Schuldigkeit laut V. 22b.c, die keine expliziten Begründungen enthält, ist leider aufgrund fehlender kultureller Informationen schwer zu beurteilen. Dass es aber unterschiedlich schwere Vergehen und darauf bezogen unterschiedlich schwere Bestrafungen gibt, kann wohl als fast allgemeinmenschliche Selbstverständlichkeit gelten. Auch der nicht begründete Vorrang der Versöhnung vor dem Opferkult (V. 23f.) spiegelt einerseits die oben beobachtete Hochschätzung der Versöhnung durch Matthäus wider, die er als Gotteswillen artikuliert, andererseits die damals im 1. Jh. n. Chr. verbreitete Degradierung der Bedeutung des Opferkultes.[17] Dem Gegner entgegenzukommen, wird hingegen explizit mit eigener Schadensbegrenzung erklärt (V. 25f.), im Kontext wohl ein Verweis auf die Endgerichtsfolgen für nicht ausreichend versöhnungsbereite Gemeindemitglieder. Die hyperbolische Formulierung der beiden Beispiele V. 29f. in der zweiten Antithese argumentiert ebenfalls mit dem kleineren Übel für die eigene Person, diesmal mit direktem Hinweis auf das endzeitliche Ergehen. Die Unauflöslichkeit der Ehe bedingt in V. 32 nicht unmittelbar eine Ablehnung der Ehescheidung auf formaler Ebene, wohl aber eine Ablehnung all dessen, was zu einer neuen Ehe und damit zum endgültigen Bruch der alten führt: die Entlassung einer Frau, die zu ihrem eigenen Schutz neu heiraten wird (V. 32a); die Heirat einer Geschiedenen, die dadurch ihre alte Ehe bricht (V. 32b). V. 34b–35 begründen anhand von drei Beispielen, dass ein Schwur unter Verzicht der Anrufung Gottes zugunsten von Substituten des heiligen Gottesnamens (Himmel, Erde, Jerusalem) dennoch indirekt Gott selbst mit einbezieht. Die Beispiele lassen die Verallgemeinerung zu, dass jeder Schwur bei Gott, wie indirekt auch immer formuliert, unzulässig ist. Damit wird abgelehnt, dass Gott als Strafvollstrecker im Falle eines falschen oder unerfüllten Eides angerufen wird. V. 36 lehnt einen Schwur beim eigenen Haupt unter Hinweis auf die Ohnmacht des Menschen (im Unterschied zu Gott) ab. Die in V. 37 genannte Schwuralternative im Sinne einer bekräftigenden Bestätigung oder Ablehnung ist nach Meinung des Matthäus die einzig zulässige. Auffällig ist, dass nicht einmal für die Weisungen zu überraschenden Reaktionen in V. 39b–41 eine Begründung angegeben wird. Erst aus dem Folgenden (speziell V. 44–48) kann indirekt erschlossen werden, dass die Überwindung von Feindschaft wohl das Motiv dahinter darstellt. Die Weisung zur Erfüllung der Kreditbitte eines Armen (V. 42) war hingegen im antik-jüdischen Kontext der allgemein hochgeschätzten Wohl-

[17] Belege und kritische Diskussion z.B. bei U. Luz, Das Evangelium nach Matthäus (Mt 1–7), EKK I/1 (1985), ^{3}1992, 259.

tätigkeit im Sinne des Armenrechts Gottes gut eingebettet,[18] auch wenn Matthäus dies nicht ausführt. Hinter der Doppelforderung V. 46f., nicht nur auf Liebeserweise mit Taten der Liebe zu reagieren und nicht nur Gemeindemitglieder zu grüßen, steht die Begründung, damit notorischen Sündern (Zöllner, Heiden) immer noch nichts vorauszuhaben. Dieses »Mehr« ist aber im Rahmen der Antithesen V. 20.48 klare Voraussetzung für den Eingang in das endzeitliche Königreich Gottes und für die geforderte Gottgleichheit im Handeln. Somit begründet das endzeitliche Ergehen horizonthaft das Handeln.

Die folgende Tabelle zeigt zusammenfassend, dass die Weisungen der Antithesen öfter keine als eine explizite Begründung aufweisen:

Text	Antithese	Konkretionen	Abschluss
V. 21-26: Versöhnung mit dem Bruder	V. 22a: –	V. 22b: –	–
		V. 23f.: –	
		V. 25f.: V. 25b.26	
V. 27-30: Gegen Ehebruch	V. 28: –	V. 29f.: V. 29b.30b	–
V. 31f.: Gegen Ehescheidung	(V. 32a: –)	V. 32: –	
V. 33-37: Gegen Schwören	V. 34a: –	V. 34b-35: V. 34b-35	V. 37: V. 37b
		V. 36: V. 36b	
V. 38-42: Gegen Vergeltung	V. 39a: –	V. 39b-41: –	V. 42: –
V. 43-47/48: Feindesliebe	V. 44f.: V. 45	V. 46f.: V. 46b.47b	(V. 48: –)

Im matthäischen, frühchristlichen und generell antik-jüdischen Kontext sind allerdings noch Horizonte zu veranschlagen, die zwar formal nicht als Begründung gelten können, aber für Matthäus und seine Adressaten den Status von Evidenz, von unhinterfragter Selbstverständlichkeit hatten. Für Matthäus war Jesus der von Gott mit Vollmacht (ἐξουσία) für Wirken und Lehren ausgestattete Gesandte (Mt 7,28f. als Abschluss der Bergpredigt; 4,23–25 und 9,35 als Rahmen um Bergpredigt und Wundertaten), der durch seine Auferstehung von Gott als Pantokrator über Himmel und Erde mit aller Vollmacht (πᾶσα ἐξουσία) eingesetzt wurde und die Jünger daher als Auferstandener aussendet mit weltweiter Mission und der Lehre, alles von Jesus Gebotene zu befolgen (28,18–20). Weisungen des Schöpferherrn und seines Gesandten können im Prinzip in Form apodiktischen Rechts angeordnet werden und sind nicht rechenschaftspflichtig. Den Weisungsbegründungen kommt daher wohl eher die Funktion zu, Einsicht und Bereitschaft zum

[18] Prov 6,1–5; 25,7f.; Sir 18,19f.

Befolgen zu fördern. In diesen Kontext gehört auch das verbreitete Bild von Gott als Weltenkönig,[19] weil ein König nach altorientalischem Verständnis für die Wahrung und Durchsetzung des Rechts zuständig war und im hellenistischen Kulturkreis der König außerdem selbst Quelle des Rechts war (νόμος ἔμψυχος).[20]

6. MORAL ALS FLUCH ODER SEGEN?

Im Rahmen dieser Tagung mag die Frage ergänzt werden, ob diese Form der Moral von Matthäus als Fluch oder Segen verstanden wurde. Zunächst vertrat Matthäus nicht das heute verbreitete Verständnis von Moral im Sinne von mehr oder weniger systematisch ausgearbeiteten Anweisungen zu bestimmtem Handeln, die auf weithin akzeptierten, in dieser Form aber als prinzipiell bestreitbaren Normen basieren. Weiterhin trennte Matthäus nicht wie gegenwärtig üblich zwischen Legalität und Moral. Eine Lüge kann derzeit durchaus als moralisch verwerflich eingestuft werden, ohne dass der Gesetzgeber Lügen grundlegend bestraft; andererseits kann durchaus moralisch akzeptiert werden, wenn Gesetze im Sinne der Menschlichkeit gebrochen werden (Robin Hood). Für Matthäus wie für die antik-jüdische Kultur waren die Forderungen Gottes in der Thora niedergeschrieben, die Anwendung auf nicht abgedeckte Fragen erfolgte durch eine methodisch geregelte Auslegung dieser Texte, die Auslegung selbst hatte damit einen ähnlichen normativen Wert wie der Text aufgrund der Annahme, dass die gesamte Schöpfung in der Thora enthalten sei.

Natürlich verstand Matthäus die in seinem Evangelium von Jesus vertretenen Gebote als »Segen«, sofern zunächst bedacht wird, dass zumindest auf der verbalen Ebene die Weisungen nicht primär den Zweck einer heilsamen Weltgestaltung im Sinne des größeren Glücks für alle verfolgen, sondern die Erfüllung des Gotteswillens, der als Schöpferherr die Normen definiert, deren Befolgung einfordert und bei Nichtachtung mit vernichtender endzeitlicher Strafe reagieren wird (theozentrische Orientierung). In der altisraelitischen (und *mutatis mutandis* der altorientalischen) Welt war allerdings damit verbunden, dass der Wille des Schöpferherrn eine allumfassend (Mensch,

---

[19] Ich vertrete nicht die übliche Ansicht, die Botschaft vom Königreich (βασιλεία) Gottes sei ein jesuanisches und damit frühchristliches Spezifikum. Eine neue Analyse der Quellen lässt diesen Schluss nicht mehr zu (A. SCRIBA [Anm. 3], 65–83).

[20] I. Ramelli: Il basileus come nomos empsychos tra diritto naturale e diritto divino. Spunti platonici del concetto e sviluppi di età imperiale e tardo-antica (Memorie dell' Istituto Italiano per gli Studi Filosofici; 34), Napoli 2006. J. W. MARTENS: One God, One Law. Philo of Alexandria on the Mosaic and Greco-Roman Law (Studies in Philo of Alexandria and Mediterranean Antiquity; 2), Boston u.a. 2003.

Tier, Natur, Kosmos) ausgewogene, förderliche Lebensordnung bedeutet. Dieser Grundgedanke wurde allerdings in frühjüdischer Zeit in der Apokalyptik und der dualistischen Weisheit für den innerweltlichen Bereich bestritten und dadurch auch in frühchristlicher Zeit auf breiter Front nicht mehr ungebrochen vertreten. Auch in diesem weiteren Horizont bleibt also die Moral des Matthäus eine theozentrische.

Gegenwärtig ist es üblich, verbal artikulierte (moralische) Begründungen in ihrer Glaubwürdigkeit und Sachhaltigkeit in Zweifel zu ziehen und nach unartikulierten, dem Sprecher möglicherweise unbewussten Beweggründen zu suchen. Dazu gehört in der Regel das Menschenbild, dass letztendlich jeder aus eigennützigen Motiven heraus handele, selbst im Falle »idealistischer« Handlungen, welche primär die Gewissensnöte des Handelnden befriedigen sollen. Aus dieser Perspektive heraus kann natürlich angenommen werden, dass die theozentrische Orientierung der Weisungen bei Matthäus nur den allgemeinen kulturellen Rahmenbedingungen entsprechen und die wahren Beweggründe des Matthäus andere seien im Sinne der Mitmenschlichkeit, der Solidarität mit Armen, der Friedensstiftung oder gar der Befriedigung des Gefühls moralischer Überlegenheit, usw.[21] Hinter dieser Grundannahme verdeckter eigentlicher Motive, die in ihrer partiellen Berechtigung nicht bestritten werden soll, steckt allerdings eine methodische Engführung, welche die Themen Wahrheitssouveränität, Handlungsfreiheit, Verantwortung und Orientierung des Handelns lediglich aus der Perspektive des allgegenwärtigen physikalistischen Objektivismus beurteilt (merkwürdig genug durch Personen, die meinen, souverän über die Wahrheit dieser ihrer Annahmen entscheiden zu können) und damit den Vollzug von Subjektivität prinzipiell, weil methodenbedingt, nicht mehr begreifen können.[22] Wird dieser Objektivismus radikal durchreflektiert, verschwindet einerseits die Wahrheitsfrage substantiell aus dem moralischen Diskurs und gilt nur noch als vorgeschoben, andererseits ergeben sich unlösbare Rätsel der leistenden Subjektivität. Die Engführung des moralischen Diskurses auf den mehr oder weniger verdeckten Eigennutz ignoriert also fundamentalwissenschaftliche Fragen und leistet nur Erkenntnisfunktion für Regelmäßigkeiten in der objektiv betrachteten Subjektivität mit dem Ziel der Steuer- und Beherrschbarkeit – armselig und menschenunwürdig.

---

[21] Damit würde Matthäus die Kriterien eines »Bullshitters« erfüllen: M. ROTH: Was ist ein Moralist? Überlegungen zum moralischen Bullshit und seiner Vermeidung, in: M. ROTH/J. SCHMIDT (Hg.): Gesundheit – humanwissenschaftliche, historische und theologische Aspekte (Theologie – Kultur – Hermeneutik; 10), Leipzig 2008, 195–224.

[22] Der folgende Witz veranschaulicht dieses Methodenproblem: Ein Mensch will einen anderen vom Solipsismus überzeugen, der, davon tief beeindruckt, mit der Äußerung reagiert, es müsse mehr Solipsisten auf der Welt geben.

7. Die Antithesen als Quelle der Moral?

Dieser abschließende Abschnitt kann und will nicht die Wahrheitssouveränität anderer für moralische Entscheidungen ignorieren. Er kann lediglich noch einmal zusammenstellen, von welchen Voraussetzungen aus die Weisungen der Antithesen ihre (begrenzte) Plausibilität erhielten.

Zu den wesentlichen Voraussetzungen gehört ein Verständnis Gottes als eines personalen Gegenübers, der als Schöpferherr Anspruch auf Verehrung und Gehorsam durch seine Geschöpfe auch im Handeln hat. Wo dieser Anspruch erfüllt wird, wird Gott seine Heilsverheißungen wahrmachen – nicht mehr unbedingt im irdischen Leben, sondern eher am Ende der Welt oder unmittelbar nach dem Tod. Gleiches gilt mit umgekehrtem Vorzeichen für eine Verweigerung von Verehrung und Gehorsam. Als Urkunde der Willenskundgebung Gottes gilt die Thora (und in abgestuftem Rang weitere heilige Schriften), auch noch weithin im frühen Christentum, auf jeden Fall aber uneingeschränkt für Matthäus.

In der Evangelientradition ist breit bezeugt, dass Jesus als vollmächtiger Gesandter Gottes angesehen wird, dessen Forderungen und Verheißungen daher der gleiche Stellenwert zukommt. Dabei wird offensichtlich nicht wesenhaft unterschieden zwischen Worten des »historischen« Jesus (sofern diese noch bekannt waren) und solchen Worten, die von frühchristlichen Propheten im Auftrag des erhöhten Jesus (visionär und auditionär vermittelt) oder von Schriftgelehrten in sachgemäßer Fortführung seiner Botschaft formuliert wurden. Anders lässt sich schwer erklären, wieso Matthäus nicht nur Jesus-Traditionen übernimmt, sondern auch eigenständig Worte als Jesus-Worte formuliert – teilweise in Verletzung dessen, was man heute noch als sachlich angemessene Fortführung des Anliegens Jesu bezeichnen würde.

Wo Matthäus Gründe für ein gefordertes Verhalten angibt oder wo sich eine implizite Begründung vermuten ließ, stand überwiegend das Recht des Weltenschöpfers und -richters dahinter, der sich vor seinen Geschöpfen nicht zu rechtfertigen braucht. Der für Matthäus wahrscheinlich bedeutendste Horizont für den Inhalt der Weisungen stellt die geforderte Gottgleichheit im Verhalten dar, die in der letzten Antithese und im abschließenden Rahmen explizit genannt und betont wird und wohl auch hinter der ersten Antithese gegen Zornverhalten und der fünften gegen Inanspruchnahme von Vergeltung steht, vielleicht auch hinter der Ablehnung der Ehescheidung in der dritten Antithese. Eine außertheologische Begründung liegt nur vor im direkten Wortsinn von V. 25f., der aber indirekt laut Kontext deutlich die Endgerichtsfolgen bei fehlender Versöhnungsbereitschaft angibt. Auch die Ablehnung des Schwures beim eigenen Haupt V. 36 argumentiert wohl mit der allgemein einsichtigen Ohnmacht des Menschen.

Viele heutige westeuropäische Christen, wie professionell auch immer in einer Kirche organisiert, vertreten in der Sache vor allem diejenigen Weisungen, die auf Versöhnung und Friedensstiftung hin ausgerichtet sind, nehmen aber oft eine weniger konsequente Haltung gegenüber Ehebruch und Ehescheidung ein, während die Frage des Schwurverbotes rein aus praktischen Gründen weitgehend ausgeblendet ist. Diese Christen begründen ihre Hochschätzung mancher Weisungen aber in der Regel anders als Matthäus, nämlich anthropozentrisch (es geht um das Wohlergehen der Menschen) und pragmatisch (Feindschaft schadet Menschen). Gott wird zum Argumentationsgaranten der Weltverbesserung. Bei allem Verständnis für die dahinterstehenden guten Absichten: Matthäus hätte sich gegen diese utilitaristische Reduktion der Theozentrik sicher gewehrt, so wie ein heutiger Mensch sich ebenfalls wehrt, wenn der ihm wichtigste Grundgedanke seiner Äußerungen nicht wahrgenommen wird. Die Frage nach der Angemessenheit der aktuellen moralisch-ethischen Hermeneutik im kirchlichen Diskurs kann im alltagsweltlichen Sinn klar verneint werden – auch wenn es schwerfällt, stichhaltige Gründe für Kriterien hermeneutischer Angemessenheit zu formulieren.

Michael Roth

Ist Moral lehrbar?

Überlegungen zur ethischen Kompetenz

0. Vorbemerkung

»Der Mensch muss Moral lernen« – so betont der Professor für Öffentliches Recht an der Universität Bonn und Richter am Bundesverfassungsgericht Udo di Fabio im Juni 2011 bei dem ersten Jahresempfang der Evangelisch-Lutherischen Landeskirche Schaumburg-Lippe. »Er muss« – so di Fabio – »unterscheiden lernen zwischen Mein und Dein, Gut und Böse«. Dafür aber brauche er Kriterien, um zu beurteilen, was gerecht und was ungerecht sei. Di Fabio verdeutlicht die Bedeutung Moral an der immer noch anhaltenden Finanzkrise, die ausgelöst wurde durch die rücksichtslose Gier hemmungsloser Spekulationen: »Wenn die Demokratie aus lauter Individualisten besteht, die bindungsunfähig sind, wird sie keine Zukunft haben«. Eine Gesellschaft könne nicht allein unter zweckrationalen, bürokratischen und wirtschaftlichen Aspekten integriert werden, vielmehr bedürfe es auch der Moral[1]. In diesem letzten Punkt wird man Di Fabio zweifelsohne zustimmen können. Doch stellt sich die Frage, ob die Gier durch das Versäumen eines Kurses in Ethik oder Praktischer Philosophie verursacht ist, die uns lehren, wie wir »zwischen Mein und Dein, Gut und Böse« unterscheiden, indem sie uns die hierfür notwendigen Kriterien liefern. Es wäre ein Zerrbild, wenn man annähme, in unserer heutigen Zeit gehöre der Moralexperte zu den verachteten Gruppen der Gesellschaft, der der gesellschaftlichen Verachtung zum Trotz tapfer – einem Märtyrer gleich – sein Werk verrichte. Das Gegenteil ist der Fall: Er ist gern gesehener Redner auf Tagungen und Kongressen, Schmuck so manchen Gesprächsforums und so mancher Diskussionsrunde; die Meinung des Moralexperten ist allseits gefragt. David McNaughton bringt es auf den Punkt: »Die Nachfrage nach Moralexperten steigt. Sie werden gebeten, in Regierungskommissionen zu sitzen und in Ethikausschüssen von Krankenhäusern und Ähnlichem. Man hat außerdem das Gefühl, dass jeder Berufstätige sein eigener Amateur-Moraltheoretiker werden sollte; keine Weiterbildungsmaßnahme in einem beliebigen Berufsfeld ist ohne einen Kursus

---

[1] Zitate: http://www.epd.de/niedersachsen_bremen/print/niedersachsen_bremen_index_89053 (Zugriff am 18.06.2011)

in praktischer Ethik und Moraltheorie vollständig«[2]. Das ethisch-moralische Urteilen ist keineswegs aus der Mode gekommen. Und es wäre auch eine allzu naive Vorstellung, wenn man annähme, diejenigen Personen, die bei der Wirtschaftskrise versagt haben, hätten sich von der ethisch-moralischen Urteilsbildung verabschiedet und könnten keine Auskunft geben über Kriterien für die Beurteilung von dem, was gerecht und dem was ungerecht genannt werden muss.

In der FAZ vom 1. Juni 2011 ist ein interessanter und äußerst aufschlussreicher Artikel zu lesen, der wenig optimistisch stimmt. Der Artikel beschäftigt sich mit dem Diebstahl von Büchern an Universitätsbibliotheken in den USA. Überraschend ist die von den Dieben bevorzugte Gattung: ausgerechnet Ethikbücher! Offenkundig wird in US-amerikanischen Bibliotheken am meisten von Fachleuten oder angehenden Fachleuten der ethischen Urteilsbildung gestohlen. Der Artikel in der FAZ zieht ein hartes Fazit: »Was auch immer uns zu moralischen Menschen macht, der Ethikunterricht ist es nicht«. Vielleicht sollte man vorsichtiger formulieren: Die Kompetenz der ethischen Urteilsbildung führt offensichtlich nicht automatisch zu einem moralischen Verhalten[3]. Dieses Phänomen ist natürlich schon früher aufgefallen. Als der Begründer der Wertethik Max Scheler auf die Widersprüche zwischen den in seinen ethischen Werken verkündeten moralischen Maßstäben und seiner unmoralischen Lebensführung angesprochen wurde, soll er geantwortet haben: »Von einem Wegweiser erwartet man schließlich auch nicht, dass er den angezeigten Weg geht«[4]. Eine wirklich befriedigende Antwort sieht anders aus.

Nun ist uns das Auseinanderklaffen zwischen der Fähigkeit zur ethischen Urteilsbildung und dem Verhalten eigentlich immer schon klar, sonst wäre ja – in Anspielung an Friedrich Schleiermacher[5] formuliert – der scharfsinnigste Ethiker immer auch der moralischste Mensch. Vor allem – hierauf macht nicht zuletzt Friedrich Nietzsche aufmerksam – kann die ethische Urteilsbildung auch aus fragwürdigen Interessen heraus erfolgen. Ethik und Moral

---

2 D. MCNAUGHTON, Moralisches Sehen. Eine Einführung in die Ethik. Aus dem Engl. übers. von L. Schewe, Frankfurt a. M. 2003, 238.

3 Vgl. FAZ vom 01.06.2011, Nr. 127, S. N3.

4 Diesem Diktum von Scheler geht jetzt auf den Grund: CHR. AMMON, B. BLEISCH, A. GOPPEL (Hg.), Müssen Ethiker moralisch sein? Essays über Philosophie und Lebensführung, Campus Verlag, 2011.

5 FRIEDRICH SCHLEIERMACHER verweist darauf, dass der »beste Inhaber der christlichen Glaubenslehre« nicht immer »zugleich der frömmste Christ« ist (DERS, Der christliche Glaube. Nach den Grundsätzen der evangelischen Kirche im Zusammenhange dargestellt Bd. 1, neu hrsg. u. mit Einl., Erläut. und Register versehen v. M. REDEKER, Berlin ^{7}1960, § 3,4).

können als Machtinstrumente zur Herrschaft über andere missbraucht werden[6].

Deutlich ist somit, dass wir unterscheiden müssen zwischen dem moralischen Handeln als dem Verwirklichen von bestimmten Normen und Werten und dem moralischen Urteil als dem Verweis auf bestimmte Normen und Werte und schließlich der Ethik als der Reflexion über Normen und Werte. Wenn im Folgenden der Frage »Ist Moral lehrbar?« nachgegangen wird, dann geht es um das moralische Handeln, das von der ethisch-moralischen Urteilsbildung zu unterscheiden ist. Wir können in unserer moralischen Rede auf Werte und Normen verweisen, auch über Werte und Normen ethisch reflektieren, ohne dass wir uns in unserem Handeln tatsächlich danach richten. So weist die Religionspädagogin Jutta Siemann darauf hin, dass Schüler, die in der Pause zuvor noch an einer wüsten Schlägerei teilgenommen haben, im Religions- oder Ethikunterricht den völligen Gewaltverzicht als hohen moralischen Wert vertreten können, um in der anschließenden Pause die Schlägerei wie selbstverständlich fortzusetzen[7]. Kann man sich dann wundern – so fragt der Chemnitzer Philosoph Ferdinand Fellmann – wenn Ethik »als überflüssiges Fach« angesehen wird, weil es »den Anschein folgenlosen Geredes über unerfüllbare Normen und weltfremde Gebote erweckt«[8]?

Nun möchte ich mich nicht damit abfinden, dass die ethisch-moralische Urteilsbildung mit der eigenen Lebensführung nichts zu tun hat, sondern die Frage nach der Lehrbarkeit der Moral von diesem Spannungsfeld her bedenken. Meine Frage ist daher, welche Bedeutung sie für unser Verhalten haben *könnte*. Dazu müssen wir aber genauer verstehen, wodurch die Kluft zwischen ethisch-moralischer Urteilsbildung und eigenem Verhalten eigentlich verursacht ist. Nur im Blick auf diese Ursache lässt sich die Bedeutung der ethisch-moralischen Urteilsbildung für unser Verhalten ermitteln. Ich werde mich daher in den ersten zwei Punkten der Frage widmen, worin die genannte Kluft begründet ist und im letzten Punkt unter dem Stichwort »ethische

---

6 Vgl. M. ROTH, Was ist ein Moralist? Überlegungen zum moralischen Bullshit und seiner Vermeidung, in: M. ROTH/ J. SCHMIDT (Hg.), Gesundheit – humanwissenschaftliche, historische und theologische Aspekte (Theologie – Kultur – Hermeneutik; 10), Leipzig 2008, 195–224.

7 J. SIEMANN, Friedenserziehung durch Training, Braunschweiger Beiträge für Theorie und Praxis von RU und KU, H 106, 3/2003. Vgl. hierzu auch M. ROTH, Das Religionsstunden-Ich. Der Religionsunterricht als Herausforderung für die Theologische Ethik, ZPK (2008), 154–163.

8 F. FELLMANN, Die Angst des Ethiklehrers vor der Klasse. Ist Moral lehrbar?, Stuttgart 2006, 10.

Kompetenz« versuchen, eine Konsequenz aus unseren Überlegungen für die Lehrbarkeit der Moral zu ziehen.

1. WHY BE MORAL?

Ich komme zu einem ersten Versuch, dem Hiat zwischen ethisch-moralischer Urteilsbildung und unserem Verhalten etwas näherzukommen und formuliere einmal provokant: Vielleicht gibt es ja gar keinen rationalen Grund, moralisch zu handeln und der Hiat ist dadurch verursacht, dass uns niemand einen überzeugenden Grund für ein moralisches Handeln nennen kann. Also: Verlangen wir, dass man uns zuallererst eine Antwort gibt auf die Frage »Warum überhaupt moralisch sein?«

In seinem 2004 erscheinen Buch »Warum überhaupt moralisch sein?« formuliert der Münsteraner Professor für Praktische Philosophie Kurt Bayertz: Die Frage »Warum überhaupt moralisch sein?« ist »meist als eine irritierende, ja provozierende Frage wahrgenommen worden«[9]. Die Irritation, die die Frage auslöst, ist gut zu verstehen. Ein Beispiel für eine solche irritierende Frage gibt Fjodor Dostojewski in seinem bekannten Roman »Der Jüngling«. Hier lässt er seinen Titelhelden folgende Begebenheit erzählen: »Erlauben Sie: ich hatte einen Schulkameraden, einen gewissen Lambert, der sagte mir mal, als er sechzehnjährig war, daß er, sobald er mit seiner Mündigkeit sein Erbe erhalte, als größtes Vergnügen sich die Wonne leisten werde, Hunde mit Fleisch und Brot zu füttern, wenn die Kinder der Armen des Hungers sterben; und wenn sie nichts hätten, womit sie ihre Öfen heizen könnten, werde er einen glatten Holzhof kaufen, das Holz auf freiem Feld aufstapeln und das Feld heizen, den Armen werde er aber auch nicht einen Scheit geben. Das waren seine Gefühle! Nun sagen Sie mir, bitte, was ich einem solchen echten Schuft auf die Frage, warum er denn unbedingt edel sein solle, antworten könne?«[10]

In der Tat: Wie will man hier argumentieren? Ja, hat man hier überhaupt das Bedürfnis zu argumentieren? Wahrscheinlich hat man doch eher das Verlangen, sich umzudrehen und denjenigen, der so etwas sagt, einfach stehen zu lassen oder – wenn es ein Freund ist – ihn zu packen, zu schütteln und zu fragen: »Was ist mit dir los, dass du *so* denkst?« »Bist du noch normal, dass du das Selbstverständliche nicht verstehst?« Vielleicht fragt man sich auch, wie man einem solchen Menschen helfen kann – aber argumentieren will man wohl kaum, wahrscheinlich, weil man es als hoffnungslos ansieht.

---

9 K. BAYERTZ, Warum überhaupt moralisch sein?, München 2004, 9.

10 F. DOSTOJEWSKI, Der Jüngling. Übersetzt von E. K. RAHSIN, in: Werke in Einzelausgaben. Frankfurt am Main 1970, 68 f.

Der englische Moralphilosoph Harold Arthur Prichard weist darauf hin, dass man bereits auf dem Boden der Moral stehen muss, um moralische Gründe zu akzeptieren[11]. In diese Richtung verweist auch ein Diktum von Robert Spaemann: »Die Frage ›Why to be moral?‹ ist deshalb nicht zu beantworten, weil sie selbst schon unmoralisch ist«[12]. Die Frage, warum wir überhaupt Interesse für unsere Mitmenschen aufbringen sollen, zeigt offenkundig bereits einen Mangel an etwas, das sich nicht rational einholen lässt, sondern Voraussetzung unser rationalen Überlegungen sein muss, anders formuliert: was unsere rationalen Überlegungen immer schon bestimmen muss[13].

Die Basis der Moral ist nicht das rationale Argument. Dies war auch der Grund, warum bereits David Hume bestritten hat, dass die Moral ausschließlich auf dem Verstand gründen könne. In seinen »Untersuchungen über die Prinzipien der Moral« geht Hume ausführlich der Frage nach, ob eine allgemeine Grundlegung der Moral »aus dem *Verstand* oder dem *Gefühl* herzuleiten sei; ob wir zu ihrer Erkenntnis durch eine Kette von Argumentationen und durch Induktion gelangen oder durch ein unmittelbares Gefühl und einen feineren inneren Sinn«[14]. Nun geht es Hume nicht darum, den Verstand aus der Ethik auszuklammern. Der Verstand kann nach Hume jedoch »über die letzten Ziele menschlichen Handelns« keine Rechenschaft ablegen, diese sind vielmehr »gänzlich den Gefühlen und Neigungen der Menschen überlassen«[15]. Der Verstand ist hinsichtlich dieser letzten Ziele und Motive »kühl und gleichgültig«, er liefert kein »Handlungsmotiv«[16]. Entscheidende Grundlage für unser moralisches Verhalten ist daher nach Hume eine »natürliche Menschenliebe«[17], ein »soziales Mitempfinden«[18]. Das soziale Mitempfinden ist die Voraussetzung aller ethischen Überlegungen. Auch Arthur Schopenhauer geht davon aus, dass die gute Tat »aus ganz

---

11 Vgl. H. A. PRICHARD, Beruht die Moralphilosophie auf einem Irrtum? Übersetzt von G. Grewendorf, in: G. GREWENDORF/G. MEGGLE (Hg.), Seminar: Sprache und Ethik. Zur Entwicklung der Metaethik. Frankfurt a. M. 1974, 83–99. 85 f.

12 R. SPAEMANN, Glück und Wohlwollen. Versuch über Ethik, Stuttgart [4]1998, 10. Vgl. hierzu M. ROTH, Die Spannung von Glück und Moral – eine Herausforderung für die theologische Ethik, LThK 29 (2005), 166–204, 174 ff.

13 Zu diesem Problem vgl. ausführlich M. ROTH, Willensfreiheit? Ein theologisches Essay zu Schuld und Sünde, Selbstgerechtigkeit und Skeptischer Ethik, Rheinbach 2011.

14 D. HUME, Eine Untersuchung über die Prinzipien der Moral. Übersetzt und herausgegeben von G. Streminger, 3. durchgesehene Aufl. Stuttgart 2002, 88.

15 A. a. O., 224.

16 A. a. O., 225.

17 A. a. O., 150.

18 A. a. O., 146.

anderer Quelle«[19] als der Vernunft fließt. Die Tugend muss nach Schopenhauer aus einer »:intuitiven Erkenntniß entspringen [...], welche im fremden Individuo das selbe Wesen erkennt, wie im eigenen«[20]. Im 20. Jahrhundert ist es Max Scheler gewesen, der im Gefolge von Hume und Schopenhauer das Emotionale als Grundlage der Moral hervorgehoben hat. Scheler geht aus von einer »Erfahrungsart, deren Gegenstände dem ›Verstande‹ völlig verschlossen« sind. Entscheidend ist für Scheler ein »intentionales Fühlen«[21], in dem sich Werte erschließen – ein »Fühlen von Werten«[22]. Weil der Mensch für Scheler »ehe er ein ens cogitans oder ein ens volens, ein *ens amans*«[23] ist, ist nicht das rationale Argument, sondern die Liebe »die *Weckerin zur Erkenntnis und zum Wollen* – ja die Mutter des Geistes und der Vernunft selbst«[24].

Humes »soziales Mitempfinden«, Schopenhauers »intuitive Erkenntnis« und Schelers »intentionales Fühlen« weisen darauf hin, dass die Grundlage der Moral nicht das rationale Argument sein kann. Ich muss über die Fähigkeit verfügen, mich in andere Menschen einzufühlen und mich von ihnen betreffen lassen zu können, so dass sich mir auch die unbedingte Verpflichtung ihnen gegenüber erschließt. Diese emotionale Grundlage ist die Voraussetzung der rationalen Argumentation. Natürlich können wir uns jemanden vorstellen, der sich durch die Not anderer Menschen in keiner Weise betreffen lässt und der zu Empathie gänzlich unfähig ist. Wir haben dann aber einen Psychopathen konstruiert. Zu Recht formuliert der englische Moralphilosoph Bernhard Williams: »[B]ei einem Psychopathen ist es gewiß eine idiotische Idee, ihn durch Argumente zur Moral bekehren zu wollen; aber ebensowenig ist die Tatsache, daß dies eine idiotische Idee ist, geeignet, die Grundlagen der Moral oder der Rationalität zu unterminieren«[25].

Die Frage »Why be moral?« ist in der Regel nicht unsere Frage – und zwar deshalb nicht, weil die meisten von uns über Empathie verfügen und auch Verpflichtungen gegenüber anderen anerkennen und wahrnehmen

---

19 A. SCHOPENHAUER, Die Welt als Wille und Vorstellung. Vollständige Ausg. nach der dritten, verbesserten und beträchtlich vermehrten Auflage von 1859, Köln 2009, 328.

20 A. a. O., 326.

21 M. SCHELER, Der Formalismus in der Ethik und die materiale Werteethik, in: Gesammelte Werke 2. Hrsg. v. M. SCHELER, Bern/München [5]1966, 260.

22 A. a. O., 261.

23 M. SCHELER, Ordo Armoris, in: DERS., Grammatik der Gefühle. Das Emotionale als Grundlage der Ethik. Ausgewählt und mit einem Vorwort herausgegeben von P. GOOD, München 2000, 69–115, 84.

24 A. a. O., 83.

25 B. WILLIAMS, Der Begriff der Moral. Eine Einführung in die Ethik. Aus dem Englischen übersetzt von E. BUBSER, Stuttgart 1986, 16 f.

wollen. Wir wollen moralisch sein, hierin besteht unser Selbstanspruch. In ethischen Urteilen formulieren wir daher in der Regel nichts, von dem wir denken, dass wir uns von ihm grundsätzlich ausnehmen können. Vielmehr erkennen wir bestimmte Normen an, und dies bedeutet, dass wir sie auch zu befolgen gedenken. Die entscheidende Frage ist, warum wir das, was wir grundsätzlich für richtig befinden und uns auch zu tun vornehmen, tatsächlich allzu häufig nicht tun. Der Schritt vom moralischen Urteil zum moralischen Handeln – so der Hamburger Philosoph Ulrich Steinvorth – kann schwer sein; »nirgends sind die Menschen wohl so erfindungsreich wie dort, wo es um das Finden und Erfinden von Gründen geht, sich von dem Befolgen einer als richtig beurteilten Handlungsweise auszunehmen«[26]. Nun ist dieses Diktum von Steinvorth sicherlich richtig, doch müssen wir genauer fragen, was bei diesem Sich-Ausnehmen von der moralischen Regel geschieht. Wie gesagt: Wir nehmen uns ja nicht selbstbewusst und lässig von der Norm aus. Vielmehr haben wir das Gefühl, dass die Norm für uns gilt, wir sie auch grundsätzlich befolgen wollen, sie aber »irgendwie« in der Situation, in die wir involviert waren, nicht verwirklicht werden konnte. Wie ist dieses »Irgendwie« zu verstehen?

2. KLEINE ANALYSE DES »IRGENDWIE«

Wie bereits gesagt: Nicht selten haben wir das Gefühl, dass ethische Normen in den Situationen, in die wir selbst involviert sind, nicht so ohne weiteres anzuwenden sind. Auf unser problematisches Verhalten nachträglich angesprochen sagen wir dann, dass es hier »ganz anders«, »viel komplexer« ist, dass man es hier »nicht so einfach sagen kann«. Moralische Regeln scheinen in selbsterlebten Situationen meistens auf Grund der Komplexität der Lage »irgendwie« nicht zu funktionieren. Wir entgegnen: »Ja, aber das ist hier ein ganz anderer Fall!«, »Hier kann man das nicht so einfach sagen« oder auch: »Ja, du hast grundsätzlich Recht, aber hier *ging* es nun einmal nicht anders…«. Es scheinen sich besondere Umstände und Anforderungen aufzudrängen, die jetzt gerade mal eine Anwendung der moralischen Regel nicht erlauben – »irgendwie« war nicht der freie Raum zur Verwirklichung von moralischen Normen; der Raum war durch andere Herausforderungen belegt.

Um es an einem ganz alltäglichen und banalen Beispiel zu verdeutlichen: Ich habe einmal eine gute Freundin bei einer Fälschung beobachtet, einer

[26] U. STEINVORTH, Ist Moralität Gewalt gegen sich selbst?, in: B. BOOTE/PH. STOELLGER (Hg.), Moral als Gift oder Gabe? Zur Ambivalenz von Moral und Religion, Würzburg 2004, 104–126, 107.

harmlosen zwar, aber immerhin einer Fälschung. Ich war bei ihr zum Frühstück eingeladen, ihr Bruder, den sie nur selten sieht, weil er im Ausland studierte, war ebenfalls eingeladen. Als ich zu ihr in die Küche kam, wo sie mit den letzten Vorbereitungen beschäftigt war, musste ich sehen, wie sie auf einer Orangensaftflasche das Mindesthaltbarkeitsdatum, das das Datum des Tages unseres Frühstücks trug, mit einem schwarzen Filzstift unglaublich geschickt auf den darauf folgenden Tag verlegte; sie machte aus einer fünf eine sechs. Als sie mich entdeckte, bekam ich die Antwort, die man in diesen Fällen wohl immer bekommt: »Das ist jetzt nicht so, wie du denkst«. Und sie erklärte mir ihre Tat: Ihr Bruder, trinkt zum Frühstück sehr gerne Orangensaft. Um ihm eine Freude zu machen, ist sie extra früher aufgestanden und zum Supermarkt gegangen, um den Orangensaft zu besorgen. Dort angekommen, musste sie feststellen, dass der Supermarkt so früh noch gar nicht geöffnet hat. Sie ist dann zur weit entfernten Tankstelle gegangen, wo sie den Orangensaft völlig überteuert kaufen musste. Nachdem sie nun endlich wieder zu Hause angekommen war, musste sie entdecken, dass das Mindesthaltbarkeitsdatum bereits den betreffenden Tag unseres Frühstücks anzeigt. Das – so bekam ich zu hören – sei ja eigentlich kein Problem, aber ihr Bruder sei in unglaublicher Weise pingelig. Obwohl das Mindesthaltbarkeitsdatum ja anzeige, bis wann Produkte auf jeden Fall haltbar sind, würde ihr Bruder Dinge bereits an diesem Tag nicht mehr konsumieren. Er sei darüber hinaus auch sehr misstrauisch, sehe immer nach, wann das Mindesthaltbarkeitsdatum der Produkte abläuft. Und jetzt nach der ganzen aufwendigen und kostspieligen Aktion mit dem Orangensaft möchte sie nicht, dass das alles umsonst sei, zumal ihr Bruder, dem sie doch so gerne eine Freude machen wollte, einfach Unrecht habe, wenn er Dinge am Tag ihres Mindesthaltbarkeitsdatums nicht mehr konsumiere. Wir sehen: Auch hier war es »ganz anders«. Zwar fälscht und lügt man nicht, aber hier »konnte man es nicht so einfach sagen«, hier war es »eben ein anderer Fall«: der Fall von dem aufwendig besorgten Orangensaft und der Fall des Bruders, der so merkwürdige Vorstellungen hat. Diese Fälle haben keinen Raum für die Verwirklichung der Norm gelassen, die Verwirklichung der Norm schien der Situation gegenüber schlicht unangebracht zu sein.

Zwei Dinge bei dem Irgendwie sind besonders auffällig:

Erstens: Auffällig ist der Unterschied zwischen der Beurteilung unserer eigenen Situation und der Situation anderer[27]. Während wir in Bezug auf unser Handeln das Gefühl haben, dass alles hier »ganz anders«, »viel komplexer« ist, fällt es uns in der Regel nicht schwer, im Blick auf die Situationen anderer zu erkennen, *welche* moralischen Regeln hier Geltung beanspruchen.

---

27 Vgl. M. ROTH, Zum Glück. Glaube und gelingendes Leben, Gütersloh 2011, 55 ff.

So beobachtet Wolfhart Pannenberg: Es urteilt sich »scheinbar leichter über Lösungen für die Probleme anderer Menschen in fernen Ländern als über das, was in der eigenen engeren Lebensgemeinschaft geschehen sollte«[28]. Man könnte sagen: Je weniger wir mit den konkreten Umständen der Situation vertraut sind, desto leichter scheint es, moralisch zu urteilen. Je stärker wir in eine Situation involviert sind, desto weniger scheint die moralische Perspektive angebracht zu sein.

Zweitens: Wir unterscheiden zwischen unserem eigentlichen und unserem uneigentlichen Handeln[29]. Wir sagen uns, dass wir das, was wir getan haben oder zu tun vorhaben, »eigentlich« nicht tun, wir aber diesen oder jenen Umständen Rechnung tragen mussten, die uns daran hindern, das zu tun, was wir grundsätzlich für richtig ansehen. Wir beruhigen uns dann damit, dass die Tat durch äußere Umstände bedingt war, dass sie daher eher »uneigentlich« ist und eine Ausnahme von der Regel darstellt. Wir konnten uns eben in der betreffenden Situation nicht so verhaltenen, wie wir »eigentlich« sind und was wir »eigentlich« und »grundsätzlich« wollen. Nach wie vor aber – so sagen wir uns – stimmen wir der Norm, die wir verletzt haben, zu und halten daher »grundsätzlich«, »prinzipiell« oder »eigentlich« an ihr fest.

Weiterführend für das Verstehen des Irgendwie sind die Überlegungen, die der Jurist und Philosoph Wilhelm Schapp in seinem Buch »In Geschichten verstrickt« aus dem Jahr 1953 angestellt hat. Das Buch beginnt mit dem Satz: »Wir Menschen sind immer in Geschichten verstrickt. Zu jeder Geschichte gehört ein darin Verstrickter«[30]. Für Schapp besteht das Sein des Menschen aus den Geschichten, in die er verstrickt ist. »Mit jeder Geschichte taucht der darin Verstrickte oder tauchen die darin Verstrickten auf. Die Geschichte steht für den Mann. Sie verlängert oder vertieft sich gleichsam ohne unser Zutun je nach dem Gewicht, welches ihr innewohnt, in den Mann hinein. Wir meinen auch, dass der Zugang zu dem Mann, zu dem Menschen, nur über Geschichten, nur über seine Geschichte erfolgt«[31]. Von daher liegt auch der Ort der gelebten Moral nicht im abstrakten Fall, sondern im Verstricktsein in Geschichten. »Der Mensch und das Menschsein tritt bei dem Fall weit in den Hintergrund. Im Fall versucht man sich von der Geschichte zu lösen, ohne daß aber eine vollkommene Lösung möglich ist. [...] Dabei scheint soviel sicher zu sein, daß das Tragende für jeden Fall

[28] W. PANNENBERG, Grundlagen der Ethik. Philosophisch-theologische Perspektiven, Göttingen 1996, 17.

[29] Vgl. hierzu M. ROTH, Moral, Gewissen und Sünde. Überlegungen zur Selbstreflexion, BThZ 27 (2010), 205–223.

[30] W. SCHAPP, In Geschichten verstrickt. Zum Sein von Mensch und Ding, Frankfurt am Main ^{4}2004, 1.

[31] A. a. O., 100.

eine Geschichte ist, daß der Fall nur über eine Geschichte auftauchen, in den Gesichtskreis kommen kann«[32].

Schapp macht deutlich, dass sich unser Handeln nicht als abstrakter Fall einer Norn verstehen lässt, sondern nur von den Geschichten her, die uns konstituieren. Der Mensch existiert in seinem Selbsterleben nicht als Fall, sondern in seiner Geschichte und daher beurteilt er sein Handeln auch von der gelebten Geschichte her. Hier erwachsen ihm Herausforderungen und Aufgaben. Es gibt nicht den leeren Raum, in dem es primär um die Verwirklichung von abstrakten moralischen Normen geht. Wir leben immer in Geschichten mit konkreten Anforderungen, in Geschichten, in denen es um dieses oder jenes geht, in denen nicht die Verwirklichung von Normen, sondern diese und jene Dinge und Menschen im Vordergrund stehen.

Das Gesagte lässt meines Erachtens auch verstehen, warum wir das Handeln anderer leichter der ethischen Urteilsbildung unterziehen können als unser eigenes. Dies ist deshalb so, weil wir nicht in ihren Geschichten leben. Wir fassen ihr Handeln daher abstrakt als Fall auf, während wir unser eigenes Handeln von den Geschichten her verstehen, in die wir verstrickt sind. Wir blicken auf das Handeln des anderen von außen, betrachten es als Fall, der unter dem moralischen Gesichtspunkt beurteilt werden kann. Unser eigenes Handeln hingegen ist in eine Geschichte und ihre Anforderungen eingebunden, ist von hier aus motiviert und wird daher von uns auch von hier aus verstanden werden. Im Blick auf uns haben wir daher das Gefühl, dass es um etwas anderes geht als um die Verwirklichung der moralischen Norm. Und in der Tat geht es ja auch in unseren Geschichten um etwas anderes. Wir täuschen uns aber, wenn wir glauben, dies sei bei dem anderen nicht der Fall. Auch er ist in Geschichten verstrickt, auch seine Handlung kann nur von den Geschichten her verstanden werden, die ihn konstituieren, auch der andere erlebt sich nicht als Fall als den wir ihn gerne sehen[33].

3. ETHISCHE KOMPETENZ

Weil ich mich nicht damit abfinden wollte, dass die ethisch-moralische Urteilsbildung prinzipiell mit der eigenen Lebensführung nichts zu tun hat, bin ich der Frage nachgegangen, welche Bedeutung sie besitzen *könnte*. Dazu musste ich zunächst bedenken, wodurch der Hiat zwischen ethisch-

32 A. a. O., 188 f.

33 Vgl. hierzu M. ROTH, Ein Mord, den jeder begeht. Überlegungen zur Moral in der Detektivgeschichte, in: W. KINZIG/U. VOLP (Hg.), *God and Murder. Literary Representations of Religion in English Crime Fiction (= Studien des Bonner Zentrums für Religion und Gesellschaft Bd. 4)*, Würzburg 2008, 129–151.

moralischer Urteilsbildung und unserem tatsächlichen Verhalten verursacht ist. Wir haben festgestellt, dass wir, während wir in der ethisch-moralischen Urteilsbildung von abstrakten Fällen ausgehen, unser eigenes Handeln von den konkreten Geschichten her verstehen, in die wir verstrickt sind. Im Blick auf unsere Ausgangsfrage nach der Bedeutung der ethischen Urteilsbildung wird man zunächst negativ festhalten müssen, dass die Bedeutung nicht darin bestehen kann, Normen als *Gründe* für unser Handeln bereit zu stellen. Unsere Geschichten lassen uns andere Aufgaben zuwachsen als das Verwirklichen von Normen oder Werten. Wir handeln nicht, *um* diese oder jene Normen zu verwirklichen. Wenn wir dies tun wollten, würden wir uns zwingen, uns selbst und unsere Mitmenschen als abstrakten Fall einer Norm zu betrachten. Und wir würden uns dazu verurteilen, uns aus unseren konkreten Geschichten und der mit anderen gemeinsamen Lebenswelt herauszulösen. In diese Richtungen verweisen auch die Überlegungen von Robert Spaemann, wenn er kritisiert, dass sich so abstrakte Normen vor das Wahrnehmen und Eingehen auf die Wirklichkeit schieben[34]. Alles und jeder und jede würde degradiert zum Anwendungsfall einer Norm.

Die Tatsache, dass die ethisch-moralische Urteilsbildung uns keine Handlungsgründe liefern kann, bedeutet aber nicht, dass sie für unser Verhalten keine Bedeutung besitzt, die Bedeutung muss nur anders beschrieben werden. Sie besitzt meines Erachtens eine hermeneutische Funktion: Werte und Normen können neue Perspektiven auf uns und die Geschichten liefern, in die wir involviert sind. Sie lassen Geschichten neu verstehen und eröffnen neue Horizonte, bereichern das Verstehen unserer Geschichte um bisher unbedachte Aspekte[35]. Ich kehre zu unserem ganz alltäglichen Beispiel mit der Orangensaftflasche zurück: Es geht nicht darum, die Verwirklichung der Norm des Nicht-Lügens an die Stelle der konkreten Herausforderungen, die in unserer Geschichte auftauchen, zu setzen, sondern durch diese Norm neue Aspekte der Geschichte zu entdecken: Einmal ganz abgesehen von der Frage, was passieren würde, wenn der Bruder von der Fälschung des Mindesthaltbarkeitsdatums erführe, stellt sich doch die Frage, ob der Bruder hier nicht

[34] R. SPAEMANN, Glück und Wohlwollen (s. Anm. 12), 148 f.

[35] Es geht mir daher hier nicht um das Programm, das ethische Urteilsbildung als »Vermittlung zwischen Norm und Situation« versteht, wie es unter anderem die Theologen Heinz-Eduard Tödt und Dietz Lange vortreten wird (vgl. H.E. TÖDT, Versuch einer ethischen Theorie sittlicher Urteilsfindung, in: DERS., Perspektiven theologischer Ethik, München 1988, 21–48; D. LANGE, Ethik in evangelischer Perspektive. Grundfragen christlicher Lebenspraxis, Göttingen 1992, 508–521). Bei diesem Verfahren wird nämlich immer noch das Befolgen von Normen als das eigentliche Interesse des Handelns aufgefasst. Zur Frage steht bei der so verstandenen sittlichen Urteilsbildung lediglich, welche Norm – auf Grund der besonderen Situation – Anwendung finden kann.

zu einem bevormundeten Objekt wird. Wird sein Recht auf Selbstbestimmung wirklich wahrgenommen? Verweigert ihm seine Schwester nicht durch ihr Vorgehen die gleiche Augenhöhe, weil sie besser als er zu wissen glaubt, was zu seinem Besten ist und was daher hinter seinem Rücken geschehen darf? Ist das tatsächlich die Art und Weise, in der sie mit ihrem Bruder umgehen will? Es geht dann für die Schwester nicht um die Frage, ob sie so an ihrem Bruder handeln *soll*, sondern darum, ob sie so an ihm handeln *will*. Wenn sie durch diese Überlegungen zu einer anderen Verhaltensweise bewegt wird, dann nicht, um eine Norm zu erfüllen, sondern wegen der neu eröffneten Sichtweise der mit dem Bruder gemeinsamen Geschichte. In diesem Sinn haben auch Normen und Werte eine Bedeutung für unser Verhalten – nicht auf direktem Weg als eine Autorität, der es allen anderen Anliegen zum Trotz gehorsam zu folgen und die es zu verwirklichen gilt, sondern als Fragestellung, die neue Aspekte eröffnet und sich hierin bewährt. Dies bedeutet aber immer auch – wie der Moralphilosoph Ernst Tugendhat deutlich macht –, dass die Normen selbst einer Bewährung stand halten müssen[36]. Eine Norm muss tatsächlich in der Lage sein, Perspektiven zu eröffnen, die uns bereichern, sie muss sich an unseren Geschichten überprüfen lassen.

Ethische Kompetenz liegt folglich nicht zuletzt in der Fähigkeit, seine eigene Geschichte unter neuen Blickwinkeln erfassen und bisher unbedachte Aspekte bedenken zu können. Und diese Kompetenz kann der Ethik- und Religionsunterricht einzuüben versuchen. Natürlich wird in der Religionspädagogik zu Recht darauf aufmerksam gemacht, dass die Intimität des Schülers zu schützen ist. Es werden daher in der Regel fremde Geschichten sein, die zum Thema werden. Hier sind ethische Normen und Werte als hermeneutische Instrumente zu erproben, die das Leben bereichernde Perspektiven eröffnen, die aufmerksam werden lassen und sensibilisieren. Dabei wird es darum gehen, dass Schülerinnen und Schüler sich darin einüben können, den anderen nicht als Fall einer Norm zu betrachten und sich nicht im Modus des Urteilens von ihm zu distanzieren, sondern seine Geschichte empathisch nachzuvollziehen und zu verstehen. Das Verstehen der Geschichten anderer kann so zum Teil der eigenen Geschichte werden. Natürlich ist dies nur eine Hoffnung. Dass dies geschieht, ist unverfügbar und – für den schulischen Kontext nicht ganz unproblematisch – auch nicht überprüfbar. Haben solche nicht-überprüfbaren Kompetenzen im Zeitalter von PISA noch ihren Raum?

Spätestens seit PISA und der unter der Federführung des Erziehungswissenschaftlers Eckhard Klieme entstandenen Expertise »Zur Entwicklung

---

[36] Vgl. E. TUGENDHAT, Probleme der Ethik, Stuttgart 1984, 87 ff.

nationaler Bildungsstandards«[37] wurde ein Paradigmenwechsel von einer Input- zu einer Outcome-Orientierung eingeleitet. Der pädagogische Prozess wird nun ganz gezielt von seinem Ende her in den Blick genommen. Die Leitfrage ist, was der Schüler können soll. Zur Debatte steht damit, um welche – auch überprüfbaren – Kompetenzen es im Unterricht gehen soll. Zwar schließt die Klieme-Studie auch Einstellungs- und Haltungskompetenzen mit ein, doch zielt sie vor allem auf kognitive Dispositionen. Der Erziehungswissenschaftler Jürgen Baumert betont zu Recht, dass die Schule »unter dem Primat des Kogntiven [steht], und zwar mit zunehmendem Alter der Schülerinnen und Schüler zunehmend«[38]. Auch im Ethik- und Religionsunterricht macht sich dies bemerkbar. Die kognitiven Fähigkeiten zur ethischen Urteilsbildung stehen im Vordergrund. Dies ist – wie die Religionspädagogin Gabriele Obst deutlich macht – auch gut nachvollziehbar: »Kompetenzen sind lern- und überprüfbar – diese Bedingung gehört zum Kompetenzbegriff unaufhebbar dazu«[39]. Bei der Umstellung auf die kompetenzorientierte Arbeitsweise sowie auf Bildungsstandards darf aber – so der Religionspädagoge Friedrich Schweitzer zu Recht – »nicht aus dem Blick geraten, dass das Wichtigste und Beste [...] an der Schule sich gerade nicht in Kompetenzen und Standards ausdrücken lässt. Für ihr Aufwachsen brauchen Kinder und Jugendliche Erfahrungen und Begegnungen, Einsichten und Anstöße, die sich nicht operationalisieren und messen lassen«[40].

Eine abschließende Bemerkung: Die Überlegungen zur ethischen Kompetenz provozieren die grundsätzliche Frage, wie wir Bildung verstehen wollen. Zu Recht spricht der Religionspädagoge Bernhard Dressler von einem Paradoxon: »Bildung kann nur dann funktional sein, wenn sie nicht funktionalisiert wird«[41]. Dabei räumt Dressler durchaus ein, dass es »in Bildungsprozessen immer auch für um den Arbeitsmarkt nützliche Kompetenzen« geht. »Aber« – so Dressler – »es geht hier ja gar nicht um falsche Alternativen wie die zwischen ›nützlich‹ und ›überflüssig‹. Es geht um ein Surplus – um das, was Thomas Mann einmal das ›Übernützliche‹ genannt hat. Kein Mensch ist durch seine Qualifikationen definiert. Nur Maschinen gehen darin auf, für

---

37 Vgl. E. KLIEME ET AL, Zur Entwicklung nationaler Bildungsstandards. Eine Expertise. Hrsg. v. Bundesministerium für Bildung und Forschung, Bonn 2003.

38 J. BAUMERT, Deutschland im internationalen Bildungsvergleich, in: N. KILLIUS/J. KLUGE/L. REISCH (Hg.), Die Zukunft der Bildung, Frankfurt am Main, 2002, 6.

39 G. OBST, Kompetenzorientiertes Lehren und Lernen im Religionsunterricht, Göttingen 2008, 51.

40 F. SCHWEITZER, Bildungsstandards auch für Evangelische Religion?, ZPT 56 (2004), S. 236–241, 240 f.

41 B. DRESSLER, Religion und Allgemeine. Plädoyer für die Zweckfreiheit religiöser Bildung, Schönberger Hefte 1/2011, 9–17, 9.

etwas gut zu sein«. Weil Menschen nicht als »Mittel für übergeordnete Zwecke verstanden werden« dürfen, kann die Schule auch nicht »als Dienstleitungsunternehmen für den Arbeitsmarkt verstanden werden«. Bildung hat nicht »in erster Linie der Konkurrenzfähigkeit des Wirtschaftsstandorts Deutschland [zu] dienen«, sondern hat »die Befähigung des Heranwachsenden in den Mittelpunkt« zu stellen, »am kulturellen Gesamtleben der Gesellschaft teilzunehmen«[42]. Von daher stellt Dressler die Fähigkeit zur Welterschließung in den Mittelpunkt des pädagogischen Interesses[43]. Allerdings ist damit bei Dressler die Erwartung an ökonomische Prosperität keineswegs verabschiedet, sie darf allerdings nicht als Zweck der Bildung missverstanden werden: »Es gehört zum pädagogischen Handeln, dass das Unintendierbare und Nicht-funktionale das Nachhaltigere und Funktionalere ist«[44].

Dresslers Warnung vor der Funktionalisierung der Bildung gilt auch für die ethische Bildung, gerade ihr droht die Gefahr einer ganz sublimen Verzwecklichung, nennt man sie nun Bereicherung der Gesellschaft oder Ermöglichung des gesellschaftlichen Zusammenlebens. Auch ethische Bildung dient zunächst der Welt- und Selbsterschließung. Die ethische Bildung muss zunächst als Bereicherung des *eigenen* Lebens erfahren werden, weil sie sich als nützlich erweist, Perspektiven zu eröffnen, die die Geschichten, in die wir verstrickt sind, lebbarer werden lassen. Nur dann – gleichsam als »Abfallprodukt« – kann sie dann auch für das gesellschaftliche Zusammenleben fruchtbar werden. Auch hier gilt, dass »das Unintendierte und Nichtfunktionale oft das Nachhaltigere und Funktionalere ist« (s.o.).

---

42 A. a. O., 10.
43 Vgl. a. a. O., 12.
44 A. a. O., S. 10.

Ferdinand Fellmann

Moral lehren, zum Glauben bekehren – Übereinstimmungen und Unterschiede

Im Zeitalter der Individualisierung und Globalisierung suchen die Menschen für ihr Selbstverständnis nach neuen Orientierungsmustern. Dabei erhebt sich die Frage nach dem Verhältnis von Moral und Religion als den beiden traditionellen Instanzen von Wertorientierung. Moral antwortet auf die Frage, wie das Verhältnis der Menschen untereinander sozialverträglich gestaltet werden soll, in der Religion geht es darum, wie der Mensch mit den unerträglichen Zufälligkeiten seiner Existenz fertig werden kann. Worin sich Moral und Religion treffen, und wo sie voneinander abweichen, möchte ich an den Fragen nach der Lehrbarkeit von Moral und der Bekehrung zum Glauben erörtern.

Betrachtet man die derzeitige Situation, so ergibt sich für die Moral folgendes Bild: Anders als in der Antike wird Moral heute kaum noch als lehrbar angesehen. Zwar ist in Schulen Ethik als Fach eingeführt worden, in dem verschiedene Ethikmodelle durchgesprochen werden. Aber Zweck dieser Übung ist nicht, die Schüler moralisch zu machen, sondern ihre ethische Urteilskraft zu stärken. Dahinter steht nicht nur die alte Weisheit, dass jeder nach seiner Façon glücklich werden soll, sondern der neue Glaube, dass moralische Werte ihren Grund im Lebensgefühl des individuellen Subjekts haben. Das entspricht dem postmodernen Menschenbild, demzufolge Werte nur dann akzeptabel sind, wenn sie der kreativen Selbstverwirklichung dienen.[1] Eine imperativische Ethik vom Typus Kants wird als Zwang abgelehnt. An ihre Stelle tritt eine narrative Ethik, die in der Erzählung ein bevorzugtes Medium der Selbstbegegnung sieht.[2]

Entsprechend sieht das Bild auf Seiten der Religion aus. Im Religionsunterricht, sofern er überhaupt noch durchgeführt wird, geht es nicht mehr um dogmatische Inhalte einzelner Konfessionen, sondern um vergleichende Betrachtung religiöser Lebensformen. Dahinter steht die Überzeugung, dass

---

[1] Aus der unübersehbaren Literatur zum Pluralismus in der Ethik sei verwiesen auf die Darstellung von G. Münnix, Zum Ethos der Pluralität. Postmoderne und Multiperspektivität als Programm, Münster 2004.

[2] D. Thomä, Erzähle dich selbst. Lebensgeschichte als philosophisches Problem, München 1998.

religiöser Glaube seinen Geltungsanspruch nicht aus »natürlicher« Offenbarung bezieht, sondern aus kultureller Erfahrung. Auch hier also die Tendenz zur Relativierung, die jedem einzelnen auferlegt, sich seinen »eigenen Gott« zu machen. Mit der Individualisierung Gottes, wie sie Ulrich Beck beschrieben hat, ist die Überzeugung verbunden, dass niemand zu einer bestimmten Religion bekehrt werden darf.[3] Der mit den Weltreligionen traditionell verbundene Bekehrungsauftrag und die missionarische Praxis werden als dogmatisch oder fundamentalistisch zurückgewiesen. Dagegen wird der persönliche Gott als Königsweg zum friedlichen Zusammenleben verschiedener Religionsgemeinschaften angesehen.

Beide Tendenzen, Verzicht auf moralische Erziehung und Zurückweisung missionarischer Bekehrung, scheinen sich gegenseitig zu bedingen. Der »Abschied vom Prinzipiellen« in der Moral und ein »neuer Polytheismus« in der Religion haben ihren gemeinsamen Nenner im Humanismus, in dem moralische und religiöse Grundwerte wie menschliche Solidarität und göttliche Gnade miteinander verschmelzen.[4] Nun wird niemand die gute Absicht dieser liberaldemokratischen Weltanschauung bestreiten, die Frage aber ist, ob der postsäkulare Glaube an die Konvergenz von Moral und Religion im Zeichen des radikalen Individualismus den Anforderungen genügt, die vom Orientierungsbedürfnis des Menschen ausgehen. In diesem Punkte ist Skepsis angebracht. Denn das Verhältnis der Menschen untereinander und das Verhältnis des Menschen zu Gott sind qualitativ verschieden und lassen sich nicht mit der Denkform des individualistischen Pluralismus auf einen Nenner bringen. Wo das versucht wird, entsteht das falsche Bewusstsein vorbildloser Selbstverwirklichung, bei der unbemerkt ökonomische und politische Strukturen die Macht über die Menschen übernehmen. Bei aller Affinität von Moral und Religion, nur wo ihre Gebiete und Aufgaben klar unterschieden werden, können Wertbindungen entstehen, die den existentiellen Spannungen des menschlichen Lebens standhalten.

Aus diesen Vorüberlegungen ergibt sich die Gliederung meiner Ausführungen. Zunächst möchte ich zeigen, inwiefern die Lehrbarkeit zum unverzichtbaren Bestandteil der Moral gehört (I). Sodann argumentiere ich dafür, dass Offenbarungsreligion nicht auf den Anspruch auf Bekehrung verzichten kann (II). Schließlich wende ich mich dem Verhältnis von Moral und Religion zu und plädiere trotz Anerkennung der Übereinstimmungen gegen den

---

[3] U. BECK, Der eigne Gott. Die Individualisierung der Religion und der »Geist« der Weltgesellschaft, Frankfurt a. Main 2008.

[4] O. MARQUARD, Abschied vom Prinzipiellen, Stuttgart 1981; Lob des Polytheismus. Über Monomythie und Polymythie, in: Zukunft braucht Herkunft. Philosophische Essays, Stuttgart 2003.

derzeitig favorisierten postsäkularen Mischtyp, der nach meiner Überzeugung beiden Seiten zum Nachteil gereicht (III).

1. WIE IST MORAL LEHRBAR?

Die Frage nach der Lehrbarkeit der Moral hängt davon ab, welchen Moralbegriff man zugrundelegt. Moral lässt sich allgemein als ein System von Handlungsregeln definieren, die allen Beteiligten die Möglichkeit bieten, ihre Ziele sozialverträglich zu verwirklichen. Diese formale Definition von Moral hat im Laufe der Zeiten je nach dem Menschenbild verschiedene inhaltliche Ausformungen erfahren. Bevor ich meine Auffassung von der Lehrbarkeit der Moral darlege, möchte ich in einem kurzen historischen Rückblick daran erinnern, wo und wie Moral für lehrbar gehalten wurde. Eindeutig ist die antike Ethik, die durch die sokratische Gleichsetzung von Tugend und Wissen die Lehrbarkeit von Moral vertritt.[5] Dabei spielen verschiedene Formen der Lehre eine Rolle, die von rationaler Begründung bis zur Einübung vorgegebener Regeln reichen. Alles in allem dominiert der Anteil kognitiven Lernens, da zwischen dem Erkennen des Guten und seiner Ausführung kein Unterschied gemacht wird. Diese intellektualistische Position wird von der antiken Metaphysik getragen, die dem Menschen einen festen Platz in der kosmischen Ordnung zuweist.

Die Neuzeit steht der Lehrbarkeit der Moral erheblich skeptischer gegenüber. Zwar begründet Immanuel Kant das Sittengesetz rein logisch aus dem Satz des Widerspruchs, das bedeutet aber nicht, dass für ihn Tugend Wissen ist. Im Gegenteil: Kant vertritt die Meinung, dass auch und gerade der einfältige Mensch moralische Verpflichtung in sich trägt, so dass es keiner Wissenschaft bedarf, um zu wissen, was man zu tun habe. Moralphilosophie hat für Kant lediglich die Aufgabe, den ungeschulten Menschenverstand davor zu bewahren, beim moralischen Urteil in Widersprüche mit sich selbst zu geraten. Sofern Moral überhaupt Gegenstand der Lehre ist, beschränkt diese sich darauf, das in jedem Menschen wirksame Sittengesetz zu explizieren und auf den Begriff zu bringen.[6] Wenn das Sittengesetz aus der reinen Vernunft stammt, so stellt sich bei Kant die Frage nach der Motivation. Denn Vernunftgesetze regulieren, motivieren aber nicht. Kant hat diese Schwierigkeit mit dem Begriff der Achtung vor dem Gesetz zu lösen versucht, was freilich nur durch Anleihen bei der theologischen Anthropologie gelingt.

[5] Zum Sokratischen Grundsatz, Tugend sei Wissen, und seiner Einschränkung durch Aristoteles: H. KRÄMER, Arete bei Platon und Aristoteles. Zum Wesen und zur Geschichte der platonischen Ontologie, Heidelberg 1967.

[6] I. KANT, Grundlegung zur Metaphysik der Sitten, zweiter Abschnitt.

Die Ethik nach Kant ist noch weiter auf Distanz zur Lehrbarkeit der Moral gegangen. Exponent dieser Position ist Arthur Schopenhauer, der »Vom Primat des Willens im Selbstbewusstsein« ausgeht.[7] Anders als Kant versteht Schopenhauer unter »Wille« nicht ein von Vernunft geleitetes Entscheidungsvermögen, sondern den triebhaften Drang der Selbsterhaltung. Der »Wille zum Leben«, wie ihn Schopenhauer nennt, wird durch Gefühle gesteuert. Gefühle aber sind laut Schopenhauer instinktiv festgelegt, so dass sie von außen nicht beeinflussbar sind. Daher hält Schopenhauer eine imperativische Ethik für wirkungslos. Strafen oder Belohnungen mögen das äußere Handeln beeinflussen, die innere Einstellung aber bleibt dadurch unberührt. Moralisches Verhalten, das gemäß der Goldenen Regel auf die anderen Menschen Rücksicht nimmt, ist laut Schopenhauer nur dann erreichbar, wenn der Mensch seinen natürlichen Egoismus aufgibt und einen Zustand der Resignation erreicht. Das aber kann niemandem durch rationale Erwägungen andemonstriert werden. Es handelt sich um eine Umstimmung des Menschen, so wie sie in mystischen Erfahrungen beschrieben wird. In diesem Zustand lösen sich die Grenzen der Individualität auf, der Mensch fühlt sich eins nicht nur mit anderen Menschen, sondern auch mit allen Lebewesen. Da Leben für Schopenhauer wesenhaft Leiden ist, wird Mitleid zum emotionalen Grund einer Menschheitsmoral. Schopenhauer spricht zwar von »intuitiver Erkenntnis«, aber die Erkenntnis bleibt kriterienlos, so dass von Lehrbarkeit der Moral keine Rede mehr sein kann.

Schopenhauers intuitionistische Wende ist im 20. Jahrhundert von der Wertethik Max Schelers weitergeführt worden. Werte betrachtet Scheler nicht als Gegenstände vernünftiger Erkenntnis, sondern als Inhalte des Fühlens. Zwar versucht er eine reine Gefühlsethik zu vermeiden, indem er die Objektivität der Werte herausstreicht, aber letztlich entziehen sich gefühlte Werte doch der Vernunft und dem begrifflichen Urteil, so dass Scheler den Satz des Sokrates formal als verfehlten Rationalismus zurückweist. Denn moralische Evidenz bezieht sich nach Scheler auf eine Stufenleiter von Gefühlen, an deren Spitze die Liebe als universales Gefühl steht. Für die moralische Erziehung bleiben daher nur existentielle Erfahrungen, die auf unterschiedlichen Reflexionsebenen liegen, die Scheler als gleich ursprünglich mit rational begründeten Normen des Handelns ansetzt.

Betrachtet man die heutige Situation, so ist durch die psychoanalytische Zerstörung der Vorbilder dem moralischen Emotivismus Tür und Tor geöffnet. Daran konnten auch die Diskursethik und die sprachanalytische Metaethik nichts ändern. Am Beispiel der Verhaltensforschung lässt sich zeigen, wie über die Schiene der Fürsorge eine Ethik der Empathie und der

7 A. SCHOPENHAUER, Die Welt als Wille und Vorstellung II, Kap. 19.

mitfühlenden Humanität an die Stelle rational überprüfbarer Handlungskriterien getreten ist.[8] Was in der Antike noch als Bedrohung der Eudämonie galt, das Ausleben der Gefühle, wird nun zum Königsweg eines Zusammenlebens erklärt, in dem sich die Menschen durch ihre Betroffenheit miteinander verbunden fühlen. Nur durch Artikulation ihrer inneren Konflikte können die Individuen der Unübersichtlichkeit und Brüchigkeit des menschlichen Lebens angemessen begegnen. Ob die sozialen Emotionen noch den Namen Moral verdienen, ist freilich mehr als fraglich. Denn so verlockend Empathie auch sein mag, sie zerfällt in Sympathie und Antipathie, für die es keine Kriterien gibt. Entsprechend tritt an die Stelle der Lehre die Psychotherapie, die das postmoderne Selbst in lauter emotionale Module zerlegt. Damit entfällt auch die Differenz von Lehrer und Schüler, ohne die Lehrbarkeit der Moral nicht denkbar ist.

Meine Darstellung der Auflösung der Lehrbarkeit von Moral ist sicherlich einseitig und hat kulturkritische Züge. Aber vielleicht macht es mir dieser Hintergrund leichter, meine Position zu verdeutlichen. Auch für mich gibt es kein Zurück zur antiken Gleichsetzung von Tugend und Wissen, die dem modernen Bild vom Menschen als körperlich-geistiger Ganzheit nicht gerecht wird. Seit Schopenhauers Entdeckung der inneren Zerrissenheit des Willens und ihrer psychologischen Weiterentwicklung durch Sigmund Freud ist die Aufgabe der moralischen Erziehung erheblich schwieriger geworden.[9] Statt Systeme zu konstruieren, geht es darum, Einsichten in die *conditio humana* zu vermitteln und Überzeugungen einzuüben, von denen die Handlungsbereitschaft der Menschen abhängt. Das ist keine leichte Aufgabe, da Überzeugungen den unthematischen Hintergrund bilden, der das Verhalten unbewusst lenkt. Es geht also weder um die Frage, was Moral ist, noch darum, warum man moralisch sein soll, sondern die entscheidende Frage lautet: Wie moralisch werden?[10]

Schon Kant hat festgestellt, dass es in der Ethik nicht um gute oder schlechte Handlungen geht, sondern um Urteile. Moralische Urteilskraft hängt von Selbstbildern ab, also davon, dass das Verhalten des Menschen dadurch geprägt ist, was er von sich hält. Oft wissen wir nicht, was wir eigentlich wollen, weil wir uns »blauen Dunst« über das, was wir können, vormachen.[11] Bei der Lehre der Moral geht es also nicht primär um Regeln des Handelns, sondern um solche der Interpretation des eigenen Selbst.

---

8 F. DE WAAL, Das Prinzip Empathie, München 2011.

9 F. FELLMANN, Die Angst des Ethiklehrers vor der Klasse. Ist Moral lehrbar?, Stuttgart 2000.

10 C. SOMMERFELD-LETHEN, Wie moralisch werden? Kants moralistische Ethik, Freiburg/München 2005.

11 I. KANT, Die Religion innerhalb der Grenzen der blossen Vernunft, Erstes Stück, III.

Einsicht und Wissen sind nicht dasselbe. Mit der Einsicht bewegen wir uns in einem Raum, der kognitive und emotionale Elemente zu Selbstbildern verbindet, die anders als abstrakte Normen unser Handeln nicht nur regulieren, sondern zugleich auch dazu motivieren. Nur über diesen Umweg ist Moral lehrbar, wobei es darauf ankommt, das kognitive und das emotionale Element in der Waage zu halten. So wie es eine emotionale Intelligenz gibt, gibt es eine intelligente Emotionalität, und an diese hat sich die moralische Lehre zu halten. Bei aller Anerkennung der Gefühle ist ein emotionaler Anarchismus zu vermeiden, der so herrschaftsfrei nicht ist, wie er heute gern hingestellt wird. Schon Sigmund Freud hat sich gegen das sogenannte »ozeanische Gefühl« als dauerhaftes zwischenmenschliches Band gewandt.[12] Sobald die emotionalen Wellen verebben, tritt der Egoismus der »Elementarteilchen« ungebremst hervor.[13]

Da rationale Normen die Menschen weitgehend kalt lassen, Lebensgefühle aber unkontrollierbaren Schwankungen unterworfen sind, kann moralische Erziehung nur durch Einsicht in die Bedingungen menschlichen Lebens erfolgen. Damit wird das Moralische, das sich im normalen Leben von selbst versteht, verständlich und zum Ausdruck menschlicher Freiheit. Die ›Entselbstverständlichung‹, um diesen monströsen Begriff zu gebrauchen, kommt ohne schmerzhafte Eingriffe nicht aus. Ohne den Schock, den eine realistische Sicht auf die Welt und auf sich selbst bei den Betroffenen hervorruft, wird niemand seine Einstellung zum Leben ändern. Sicherlich kann auch der Ethiklehrer seine Schüler nicht zu ihrem Glück zwingen, aber er kann durch Interpretation moralischer Situationen die jungen Menschen auf die möglichen Wirklichkeiten vorbereiten, denen sie begegnen werden. Eine der quälenden Erfahrungen ist die, dass wir etwas wollen, aber es nicht können, weil es gegen unsere Natur geht. Wie kann man sich von dieser Selbstentfremdung befreien? Wie lautet das individuelle Gesetz, das es uns ermöglicht, mit uns selbst und mit anderen im Einklang zu leben? Eine Frage auf diese Antwort lässt sich nur finden, wenn es gelingt, von sich selbst Abstand zu nehmen und das eigene Leben aus der Perspektive anderer Lebensformen zu sehen. Dann wird die Goldene Regel als Prinzip der Moral in ihr natürliches Recht eingesetzt, das den moralischen Sinn aller Zeiten und aller Völker beherrscht.

---

12 S. FREUD, Das Unbehagen in der Kultur, Ges. Werke XIV, 422.

13 M. HOULLEBECQ, Elementarteilchen, München 2001.

2. Religiöser Glaube und Bekehrung

Nachdem ich die Frage nach der Lehrbarkeit von Moral aller Einschränkungen zum Trotz positiv beantwortet habe, wende ich mich nun der Religion zu. Ich beschränke mich auf die monotheistischen Offenbarungsreligionen, die den Glauben an einen personalen Gott zur Bedingung der Religionszugehörigkeit machen. Dabei folge ich der phänomenologischen Methode, die Religion unter Abstraktion ihrer kultischen und institutionellen Formen als Bewusstseinsphänomen behandelt. Meine Frage lautet, inwieweit religiöser Glaube zum Wesen des Menschen gehört und ob er die Aufforderung zur Bekehrung impliziert. Zur Beantwortung dieser Frage gehe ich nicht dogmengeschichtlich vor, sondern halte mich zunächst an einen allgemeinen Begriff des Glaubens, wie er von Philosophen in der Theorie der Erkenntnis und des Wissens diskutiert wird, um vor diesem Hintergrund das Spezifische des religiösen Glaubens herauszuarbeiten.

Das alte Thema des Verhältnisses zwischen Vernunft und Glaube hat zu Beginn des 20. Jahrhunderts durch den amerikanischen Pragmatismus eine neue Ebene der Reflexion erreicht. Einschlägig ist der Aufsatz *Der Wille zum Glauben* von William James, in dem Erkenntnis und Wahrheit von Überzeugungen abhängig gemacht werden, die nicht nur abstraktes Wissen beinhalten, sondern die Bereitschaft, diesem Wissen gemäß zu handeln. Überzeugung bzw. Glaube (engl. »belief«) werden also nicht nur als Denkformen, sondern auch als Lebensformen aufgefasst.[14] Um die Frage, wie sich Überzeugungen begründen lassen, hat sich in der sprachanalytischen Philosophie eine ausgedehnte und kontroverse Diskussion entwickelt. Ausgangspunkt war die in den 1960er Jahren von Gettier gestellte Frage, ob eine gerechtfertigte Überzeugung Wissen genannt werden kann?[15] Dabei wird in der analytischen Philosophie unter Rechtfertigung rationale Begründung oder empirische Verifikation verstanden. Damit ist freilich die Frage nach dem Anteil des Willens im Glauben nicht beantwortet. Dieser Frage hat sich dann Bernard Williams in einem bekannten Aufsatz über die Entscheidung, etwas zu glauben, zugewandt.[16] Seine Erörterung befasst sich zwar nur mit elementaren Formen des Glaubens an empirische Sachverhalte, aber sie tragen doch zur Klärung der spezifischen Form religiösen Glaubens bei.

---

[14] W. James, Der Wille zum Glauben, in: Texte der Philosophie des Pragmatismus, Stuttgart 1975. »Glaube als Lebensvollzug« thematisiert Michael Roth, Zum Glück. Glaube und gelingendes Leben, Gütersloh 2011.

[15] E. L. Gettier, Ist gerechtfertgte, wahre Meinung Wissen?, in: P. Bieri (Hg.), Analytische Philosophie der Erkenntnis, Meisenheim 1978, 91–93.

[16] B. Williams, Kann man sich dazu entscheiden, etwas zu glauben? in: Probleme des Selbst, Stuttgart 1978, 217-241.

Überblickt man die gesamte Situation, so zeigt sich, dass das englische Wort »belief« eine ganze Palette deutscher Begriffe abdeckt: Überzeugung, Glaube, Meinung und Annahme. Als Fazit der Diskussion ist festzuhalten, dass Glaube zwar Bereitschaft zum Glauben voraussetzt, dass aber niemand durch einen reinen Willensakt beliebige Sachverhalte zum Gegenstand seines Glaubens machen kann. Das lässt erkennen, dass es zum Wesen des Glaubens gehört, als Teilnahme an einer Wahrheit erfahren zu werden, auch wenn es für diese keine Bestätigung und keinen Beweis gibt. Kriterium der Wahrheit des Glaubens sind seine Folgen, nicht nur in lebenspraktischer Hinsicht, sondern auch und in erster Linie die Kohärenz der Erfahrungen und damit die Einheit des Bewusstseins betreffend. Niemand, den wir für geistig normal halten, kann ernsthaft glauben, dass zwei plus zwei fünf sind. Zwar mag es in der Lebenspraxis gelegentlich angezeigt sein, alle Fünfe gerade sein zu lassen, aber diese für die Praxis sinnvolle Haltung des Als-ob hat mit dem auf Wahrheit gerichteten Glauben nichts zu tun.

Die philosophische Klärung des Begriffs wirft Licht auf den spezifisch religiösen Glauben an Gott als einer überirdischen Entität, die sich der Verifikation prinzipiell entzieht. Das hält sich durchaus im begrifflichen Rahmen des empirischen Glaubens, wie etwa des Glaubens, dass der Nordpol existiert, obgleich ich nie dort war. Anders gesagt: Wer an Gott glaubt, ohne einen Beweis für seine Existenz zu haben, muss von Philosophen nicht den Vorwurf der Irrationalität oder gar des Irrsinns befürchten. Religion ist keine Illusion, die sich aufheben lässt, sondern Ausdruck von Fragen, die der Mensch stellen muss, ohne sie beantworten zu können. Kein geringerer als Immanuel Kant hat durch seine Kritik der Vernunft dem Willen zum Glauben Platz geschaffen. Ob freilich sein »Vernunftglaube« des Rätsels Lösung ist, muss bezweifelt werden. Sicherlich fällt der religiöse Glaube unter die dogmatischen Denkformen, aber Dogmatik hat keineswegs die negative Bedeutung, die ihr durch den Gegenbegriff der Kritik zugeschrieben worden ist. Der Bonner Philosoph Erich Rothacker hat überzeugend die Unentbehrlichkeit der dogmatischen Denkform nachgewiesen.[17] Für Rothacker ist dogmatisches Denken, also die Überzeugung von der Objektivität der Glaubensinhalte, die Quelle jeder neuen Erkenntnis. Nicht Vernunft und formale Logik, sondern nur der Wille zum Glauben geht auf die Sachen selbst und erschließt dem Menschen die Fülle der Wirklichkeit, die dem Agnostiker verschlossen bleibt. Das gilt nicht nur für die Religion, sondern auch für die Wissenschaft, so dass dogmatisches Denken nicht als unwissenschaftlich abqualifiziert werden kann. Es umfasst die unthematisierten Hintergrund-

[17] E. ROTHACKER, Die dogmatische Denkform in den Geisteswissenschaften und das Problem des Historismus, Wiesbaden 1954.

überzeugungen, die von der Phänomenologie als Reich der lebensweltlichen »Doxa« und von der Wissenschaftstheorie als »Paradigmen« bezeichnet worden sind.[18] In der Theologie hat die Dogmatik die Aufgabe, die Wahrheiten der Offenbarung zu explizieren, ohne damit die Glaubensinhalte in beweisbare Theoreme zu übersetzen.

Geht man vom Begriff des Glaubens als dogmatischer Denkform im positiven Sinne aus, so stellt sich die Frage, wie Menschen zum Glauben gelangen. Einigkeit besteht darin, dass Glaube an Gott sich nicht rational produzieren noch doktrinär verordnen lässt. Für die Frage, wie Glaube jenseits von Traditionen entsteht, sind die Fälle interessant, in denen jemand, der vorher keine Religion hatte oder einer anderen Religion angehörte, einen neuen Glauben annimmt. Hier kommt der Begriff der Bekehrung ins Spiel. In der christlichen Tradition wird Bekehrung als Erlebnis geschildert, das stark emotional besetzt ist. Bekehrung kann niemand willentlich herbeiführen, aber mit dem bloß passiven Ergriffensein hat es nicht sein Bewenden. Zur Bekehrung gehört über das Erleben des Numinosen hinaus die Anerkennung der objektiven Inhalte des neuen Glaubens. So beispielsweise, dass der Gott der Christen gnädig ist und die Gebete der Gläubigen erhört. Wie kann ich einem Ungläubigen oder Andersgläubigen von dieser Wahrheit der christlichen Religion überzeugen, zumal der Lauf der Welt eine andere Sprache spricht? Natürlich sind Feuer und Schwert kein geeignetes Mittel, Menschen zu bekehren. Aber das ist kein Argument gegen den Geltungsanspruch der Religionen und seine Umsetzung in missionarische Tätigkeit. Seit dem Gedanken der Toleranz gilt allein das Wort als legitimes Mittel der Bekehrung, was auch dem Offenbarungscharakter religiöser Wahrheiten entspricht. Die praktische Umsetzung der Verkündung in Bekehrung erfolgt in der Predigt, die im kirchlichen Leben eine zentrale Rolle spielt. Damit ist die Frage, ob zum religiösen Glauben Bekehrung in ihrer passiven und aktiven Form gehört, mit Ja beantwortet.

Blickt man von hier auf die gegenwärtige Situation der christliche Kirchen, so zeigt sich, dass Bekehrung nicht mehr als wesentlicher Bestandteil der Religion angesehen wird. Im Rahmen unserer multikulturellen Gesellschaft werden missionarische Tendenzen als unsozial zurückgewiesen, was auch in der Forderung des Zentralkomitees der Katholiken zum Ausdruck kommt, auf die »Judenmission« zu verzichten. Das ist sicherlich ein schwieriger Sonderfall, der mit der deutschen Geschichte zusammenhängt. Das

---

[18] Zur Rehabilitierung der »Doxa«: E. HUSSERL, Die Krisis der europäischen Wissenschaften und die transzendentale Phänomenologie, Husserliana VI, Den Haag 1967. Zum Begriff »Paradigma« in der Wissenschaftsgeschichte: T. KUHN, Die Struktur wissenschaftlicher Revolutionen, Frankfurt a. M. 1967.

ändert aber nichts daran, dass monotheistische Religionen ihrem Wesen nach missionarisch sind. Wer den Bekehrungsanspruch aufgibt, reduziert Religion auf Weltanschauung, die ihren Anhängern nicht die Kraft verleiht, die der Glaube ihnen verspricht. Wenn die christlichen Religionen ihre Dogmatiken pluralistisch zurücknehmen und das Sozialheil an die Stelle des Seelenheils rücken, besteht die Gefahr, dass sich ihre Inhalte verflüchtigen. Das aber erzeugt ein Vakuum, das von anderen religiösen Bewegungen ausgefüllt wird. Das gilt insbesondere für den Islam, der seinen Universalitätsanspruch als Denk- und als Lebensform global mit großem Erfolg durchsetzt. Natürlich ist der Dialog der Religionen wünschenswert, aber worüber soll geredet werden, wenn nicht über die Dogmen, die sich nicht in einer unverbindlichen Menschheitsreligion aufheben lassen? Daher kann ich mich nicht zum Befürworter eines »eigenen Gottes« machen, wie er derzeit von Ulrich Beck als Gott der Zukunft propagiert wird. Auch bin ich weit entfernt von Peter Sloterdijk, der den Monotheismus als eine Art Kampfsport von Eiferern denunziert und durch interkulturellen Dialog überwinden möchte.[19] Es bleibt beim dogmatischen Charakter des religiösen Glaubens, der Kernbestände des Gottesbegriffs sowie des Weltbegriffs für nicht verhandelbar hält.

3. KONVERGENZ VON MORAL UND RELIGION?

Abschließend möchte ich mich der Frage zuwenden, welche Konsequenzen sich aus meiner Darstellung für das Verhältnis von Moral und Religion ergeben. Zur Erinnerung: Ich habe für die Lehrbarkeit von Moral argumentiert, allerdings nicht im Sinne einer imperativischen Pflichtenlehre, die als Zwang empfunden wird. Ich habe demgegenüber aber auch nicht die Zuflucht in postmoderner Unbestimmtheit gesucht, sondern ziele auf die ethische Urteilsbildung, die ein Bewusstsein dessen impliziert, was für ein gelingendes Leben unter Menschen unverzichtbar ist. Hinsichtlich der Religionen habe ich für ihren Absolutheitsanspruch argumentiert, aus dem sich die Aufgabe der Bekehrung ableitet. Unter Bekehrung verstehe ich nicht Indoktrination, sondern Überzeugung durch Worte, die Grenzsituationen des Lebens zur Sprache bringen. In der Predigt genügt es daher nicht, Konsens zu erzielen, sie muss die Widersprüche der menschlichen Existenz aufzeigen, die im Gottesbegriff symbolische Form werden. Bekehrung richtet sich somit nicht nur an Andersgläubige, sondern auch und primär an die Rechtgläubigen, die das unauflösliche Geheimnis im Verhältnis zwischen Gott und

19 P. SLOTERDIJK, Gottes Eifer. Vom Kampf der drei Monotheismen, Frankfurt a. M. 2007.

Mensch durch intellektuell anspruchslose Pathosformeln zum Verschwinden bringen.

Unter diesen Voraussetzungen komme ich zu dem Schluss, dass Moral und Religion als Bindung an Werte zusammengehören, aber nicht zusammenfallen. Eine Moralisierung der religiösen Kommunikation kommt derzeit bei »Gutmenschen« zwar an, verfehlt aber den Auftrag der Kirche, der in der Übersetzung von Gottes Wort in die Lebenswirklichkeit der Menschen besteht. Kirchen dürfen nicht lebensfremd sein, aber das Wort vom ewigen Leben erfordert Distanz von dem, was Hedonisten unter »gutem Leben« vorschwebt. Nicht um Horizontverschmelzung von Moral und Religion geht es, sondern um die Einheit des qualitativ Verschiedenen. In der Moral ringen wir um die Rechtfertigung unserer Existenz, in der Religion um Rechtfertigung Gottes. Beide Formen der Rechtfertigung sind aporetisch, aber das Verlangen nach Rechtfertigung wird dadurch nicht sinnlos. Um das zu verdeutlichen, erinnere ich kurz an zwei historische Positionen, von denen ich mich absetzen möchte: Immanuel Kant und Friedrich Schleiermacher.

Kant begründet die Moral aus der reinen Vernunft, die für die Motivation als hinreichend angesehen wird. Insofern scheint es zunächst so, als habe Moral nach Kant Religion weder theoretisch noch praktisch nötig. Aber das ist nicht der Fall. Denn allem Rationalismus der Ethik zum Trotz, das Sittengesetz ist selbst nicht rational begründbar, es bleibt ein »Faktum der reinen Vernunft« und zwar das einzige.[20] Und auch die praktische Vernunft hat ihre Dialektik, die sich nicht transzendental auflösen lässt. Daraus folgert Kant, dass der Glaube an Gott für die Moral unverzichtbar ist. Er hält die Religion für eine notwendige Ergänzung der Moral, da nur in der Idee eines jenseitigen Reichs der Zwecke dem moralisch Handelnden die Gerechtigkeit widerfährt, die ihm im Leben vorenthalten bleibt. Für Kant gehören Moral und Religion also zusammen, aber so, dass Vernunft und Gott zwei Instanzen sind, die sich gegenseitig stützen, wenn man sie an der richtigen Stelle verwendet. Selbst wenn es gute Gründe dafür gibt, hinter Kants Gesinnungsethik die protestantische Theologie am Werke zu sehen, so ist das kein Defizit, sondern der Grund für das Bild vom Menschen als rechtfertigungsbedürftigem Wesen, das der philosophischen Anthropologie der Moderne den Weg bereitet hat.[21]

Als Gegenpol zu Kant ist Friedrich Schleiermacher zu nennen, der dem religiösen Gefühl den Primat gibt. Für Schleiermacher ist es dem Menschen

[20] I. KANT, Kritik der praktischen Vernunft, Erster Teil, 1. Buch § 7.

[21] F. FELLMANN, Der Mensch, das rechtfertigungsbedürftige Wesen. Weltkindschaft und Gotteskindschaft im Widerstreit, in: I. U. DALFERTH/A. HUNZIKER (Hg.), Seinkönnen. Der Mensch zwischen Möglichkeit und Wirklichkeit, Stuttgart 2011, 47–62.

konstitutionell unmöglich, ohne Gott auszukommen, weil religiöse Erfahrung das Bewusstsein des natürlichen Menschen ursprünglich prägt. Mit seinem Ausgang vom Gefühl »schlechthinniger Abhängigkeit« hat Schleiermacher ein wichtiges Moment der Religion getroffen und die rationalistische Überzeugung von der Überlegenheit der menschlichen Vernunft erschüttert.[22] Aber damit macht er die Ethik nicht zu einem Annex der Religion. Denn auch Schleiermacher weiß, dass man es im Glauben nicht beim Gefühl belassen kann; er bedarf symbolischer Formen religiöser Erfahrung, so wie sie später William James ausgearbeitet hat.[23] Auf dieser Linie bewegt sich dann auch Henri Bergson, der zwischen zwei Formen der Religion unterscheidet, der gesellschaftlichen und der individuellen. Auch Bergson vertritt weder eine reine Gefühlsmoral noch eine reine Gefühlsreligion, sondern für ihn haben Gefühle nur insoweit orientierungspraktische Funktion, als sie sich in Lebensformen artikulieren, die dem Verlangen des Menschen nach Rechtfertigung seiner kontingenten Existenz entsprechen.[24]

Auf der Folie dieser beiden scheinbar gegensätzlichen, aber doch kompatiblen Positionen möchte ich nun Moral und Religion als komplementäres Verhältnis explizieren. Unter Komplementarität verstehe ich im Sinne des Dualismus von Welle und Korpuskel in der Quantenphysik, dass Vernunft und Glaube zwei Weisen der Selbsterfahrung des Menschen sind. Ich weise damit die Aufteilung des Menschen in Vernunftwesen und Gefühlswesen zurück und halte mich an die Transzendenz des Ego, die über bloße Selbsterhaltung hinaus die Bedingungen reflektiert, unter denen ein sozialverträgliches Selbstverhältnis möglich ist. Das Verhältnis von Moral und Religion besteht demnach darin, dass Leben einmal im Hinblick auf das sozial Machbare interpretiert wird, zum anderen im Hinblick auf die Grenzen des Machbaren, also auf das, was man »Schicksal« zu nennen gewohnt war. In diesen beiden Funktionen behalten Moral und Religion ihre Eigenständigkeit, entspringen beide aber gleich ursprünglich dem Willen zum Leben, der immer mehr als bloßes Überleben beinhaltet. Damit vertrete ich einen lebensphilosophischen Standpunkt, demzufolge moralische und religiöse Werte daran gemessen werden, welche Perspektiven sie dem Menschen in seinen existentiellen Nöten bieten. In ausweglosen Situationen, wo die Ethik keine klaren Handlungsnormen bietet, kann der religiöse Glaube den Menschen vor Verzweiflung retten. Umgekehrt aber kann in veränderbaren Situa-

---

22 F. SCHLEIERMACHER, Glaubenslehre 1830/31.

23 W. JAMES, Die Vielfalt religiöser Erfahrung. Eine Studie über die menschliche Natur, Olten/Freiburg 1979.

24 H. BERGSON, Die beiden Quellen der Moral und der Religion, in: Materie und Gedächtnis und andere Schriften, Frankfurt a. Main 1964. Bergson trennt klar Moral und Religion als zwei Grundhaltungen des Menschen.

tionen, wo der Glaube eher hinderlich ist, die Ethik den Menschen zu einem besseren Leben verhelfen.

Moral und Religion haben beide ihren Platz im Leben des Menschen und keine kann die Denkform der anderen ersetzen. In diesem Sinne wende ich mich gegen den postsäkularen Mischtyp von Moral und Religion, der unter dem Dach eines unbestimmten Wertbegriffs gegenwärtig Konjunktur hat. In diesem Punkte halte ich es mit Kant, der in seiner *Grundlegung zur Metaphysik der Sitten* den »ekelhaften Mischmasch von zusammengestoppelten Beobachtungen und halbvernünftelnden Prinzipien« im populären Wertbewusstsein seiner Zeit anprangert.[25] Denselben Vorwurf kann man heute den Kirchen machen, die sich als »Sinnanbieter« neben anderen verstehen und Seelenheil mit Sozialheil verwechseln. Erlebniskultur und Wohlfühl-Rhetorik mögen dem Zeitgeist entsprechen, sie dürften aber kaum geeignet sein, den gläubigen Menschen zur Glaubensgewissheit zu verhelfen.[26] Religiöser Glaube braucht eine Gegenwelt, die moralische Versprechungen übersteigt und in sich selbst ihre Rechtfertigung findet. Daher mein Fazit: keine Konvergenz von Moral und Religion, sondern ihre nicht hintergehbare Komplementarität.

[25] I. KANT, Grundlegung zur Metaphysik der Sitten, Zweiter Abschnitt, 409.

[26] F. W. GRAF, Kirchendämmerung – wie die Kirchen unser Vertrauen verspielen, München 2011.

Hinweise zu den Autorinnen und Autoren

STEFAN BEYERLE, Prof. Dr. theol. habil., Jg. 1964, ist Professor für Altes Testament an der Theologischen Fakultät der Ernst-Moritz-Arndt-Universität in Greifswald.

Wichtigste Veröffentlichungen: Die Gottesvorstellungen in der antik-jüdischen Apokalyptik (2005); mit Michael Roth u. Jochen Schmidt, Schuld: Interdisziplinäre Versuche ein Phänomen zu verstehen (2009) sowie zuletzt mit Jörg Frey, Qumran aktuell (2011).

Forschungsinteressen: Prophetie, antik-jüdische Apokalyptik und Anthropologie.

VOLKER CAYSA, Prof. Dr. phil. habil., Jg. 1957, Professor für Philosophie an der Universität Lodz, Privatdozent an der Universität Leipzig.

Zuletzt erschienen: Körperutopien. Eine philosophische Anthropologie des Sports, Frankfurt am Main/New York 2003, Geist der Leipziger Bloch-Zeit. Kulturphilosophische Reflexionen über Erinnerung und Geschichte. Leipzig 2003, Kritik als Utopie der Selbstregierung. Über die existenzielle Wende der Kritik nach Nietzsche. Berlin 2005; (gemeinsam mit Rolf Haubl) Hass und Gewaltbereitschaft. Göttingen 2007.

Hauptarbeitsgebiete: Anthropologie des Körpers (unter Einschluß der Sportphilosophie), Philosophie der Lebenskunst, Philosophie der Gefühle

FERDINAND FELLMANN, Prof. Dr. phil. habil., Jg. 1939, em. Professor. für Philosophie und Wissenschaftstheorie an der TU Chemnitz.

Wichtigste Buchveröffentlichungen: Lebensphilosophie. Elemente einer Theorie der Selbsterfahrung, Hamburg 1993; Die Angst des Ethiklehrers vor der Klasse. Ist Moral lehrbar? Stuttgart 2000; Das Paar. Eine erotische Rechtfertigung des Menschen, Berlin 2005; Phänomenologie zur Einführung, Hamburg 2006; Philosophie der Lebenskunst zur Einführung, Hamburg 2009.

Gegenwärtige Forschungsprojekte: Philosophische Anthropologie; Anerkennung und Rechtfertigung; Ethik der Scham.

PETER FISCHER, PD Dr. phil. habil, Jg. 1959, Privatdozent für Philosophie an der Universität Leipzig.

Wichtige Veröffentlichungen: Moralität und Sinn. Zur Systematik von Klugheit, Moral und symbolischer Erfahrung im Werk Kants, München 2003; Einführung in die Ethik, München 2003; Philosophie der Technik,

München 2004; Politische Ethik, München 2006; Philosophie der Religion, Göttingen 2007.

Aktuelle Forschungsschwerpunkte: Biopolitik, Philosophie der Gefühle, Mensch-Tier-Differenz, Philosophie Heideggers.

STEPHAN GRÄTZEL, Prof. Dr. phil. habil., Jg. 1953, Philosophie an der Johannes Gutenberg-Universität Mainz.

Wichtigste Veröffentlichungen: Grundlagen der Praktischen Philosophie, 4 Bände, London 2006 – 2008; Dasein ohne Schuld, Göttingen 2004; Verstummen der Natur, Würzburg 1997; Utopie und Ekstase, St. Augustin 1997; Organische Zeit, Freiburg 1993 (2. erweiterte und überarbeitete Auflage London 2009); Die philosophische Entdeckung des Leibes, Stuttgart 1989.

BERND HARBECK-PINGEL, Prof. Dr. theol. habil., Jg. 1968, apl. Professor für Systematische Theologie an der Evangelisch-theologischen Fakultät der Rheinischen Friedrich-Wilhelms-Universität Bonn.

Wichtigste Veröffentlichungen: Ethische Wahrnehmung, Aachen 1998; Gesellschaft und Reich Gottes, Marburg 2003; Heiliger Geist und Polykontexturalität, Münster 2004; Soziale Formen, Leipzig 2008; Präsenz und Realisierung, Münster 2008.

Gegenwärtige Forschungsprojekte: Semantik und Theologie; Ethik des Politischen

SUSANNE KLINGER, Dr. theol., Jg. 1962, Vertretungsprofessorin am Institut für Katholische Theologie der Pädagogischen Hochschule Karlsruhe.

Wichtigste Publikationen: Status und Geltungsanspruch der historisch-kritischen Methode in der theologischen Hermeneutik (Forum Systematik, 15), Stuttgart 2003; Die biblische Hoffnung in der postsäkularen Gesellschaft, in: F.G. Untergaßmair/G. Steins (Hg.), »Das Buch, ohne das man nichts versteht«. Die kulturelle Kraft der Bibel, Münster 2005, 237–245; The Lasting Legacy of Historical Consciousness, in: G. Hotze/E. Spiegel (Hg.), Verantwortete Exegese. FS Franz Georg Untergaßmair, Berlin 2006, 79–86; Mystik und Religion in postsäkularer Zeit – Kulturhermeneutische Perspektiven, in: dies./J. Schmidt (Hg.), Dem Geheimnis auf der Spur. Kulturhermeneutische und theologische Konzeptualisierungen des Mystischen in Geschichte und Gegenwart (Theologie – Kultur – Hermeneutik; 6), Leipzig 2007, 51–68. Zahlreiche Übersetzungen (engl./dt.), u.a.: D. Tracy, Theologie als Gespräch. Eine postmoderne Hermeneutik, Mainz 1993.

Forschungsschwerpunkte: Theologische Hermeneutik; Fragen des theologischen Methoden- und Begründungsdiskurses; Begründungsfragen theologischer Ethik, Moralpädagogik.

MICHAEL ROTH, Prof. Dr. theol. habil., Jg. 1968, apl. Professor für Systematische Theologie an der Evangelisch-theologischen Fakultät der Rheinischen Friedrich-Wilhelms-Universität Bonn.

Wichtigste Veröffentlichungen: Gott im Widerspruch? Möglichkeiten und Grenzen der theologischen Apologetik (TBT 117), Berlin/New York 2002; Sinn und Geschmack fürs Endliche. Überlegungen zur Lust an der Schöpfung und der Freude am Spiel, Leipzig 2002; Zum Glück. Glaube und gelingendes Leben, Gütersloh 2011; Willensfreiheit? Ein theologischer Essay zu Schuld und Sünde, Selbstgerechtigkeit und Skeptischer Ethik, Rheinbach 2011.

Forschungsinteressen: Fundamentaltheologie, Fragen zur Grundlegung einer Ethischen Theologie.

FRIEDRIKE SCHICK, Prof. Dr. phil. habil., Jg. 1960, apl. Professorin für Philosophie am Philosophischen Seminar der Eberhard-Karls-Universität Tübingen.

Wichtigste Veröffentlichungen: Hegels Wissenschaft der Logik – metaphysische Letztbegründung oder Theorie logischer Formen?, Freiburg und München 1994; zusammen mit Anton Friedrich Koch (Hgg.): G. W. F. Hegel. Die Wissenschaft der Logik, Berlin 2002; Sache und Notwendigkeit, Würzburg 2005.

Gegenwärtige Forschungsprojekte: Wahrheit und Pluralität der Religionen bei Schleiermacher, Hegel und Schelling; Der Begriff in Hegels Logik.

ALBRECHT SCRIBA, PD Dr. theol. habil., Jg. 1961, Privatdozent für Neues Testament an der Evangelisch-Theologischen Fakultät der Johannes Gutenberg-Universität Mainz, IT-Trainer für die Hochverfügbarkeit von Rechenzentren.

Wichtigste Veröffentlichungen: Die Geschichte des Motivkomplexes Theophanie. Seine Elemente, Einbindung in Geschehensabläufe und Verwendungsweisen in altisraelitischer, frühjüdischer und frühchristlicher Literatur (FRLANT 167), Göttingen 1995; Von Korinth bis Rom. Die Chronologie der letzten Jahre des Paulus, in: F.W. Horn (Hg.), Das Ende des Paulus, Historische, theologische und literaturgeschichtliche Aspekte (BZNW 106), Berlin 2001; Echtheitskriterien der Jesus-Forschung. Kritische Revision und konstruktiver Neuansatz (Theos; 74), Hamburg, 2007.

Forschungsschwerpunkte: Religionsgeschichte des frühen Christentums, Historik, Jesus-Forschung.

Manfred Lang (Hrsg.)

Worte und Bilder

Beiträge zur Theologie, Christlichen Archäologie und Kirchlichen Kunst

Theologie – Kultur – Hermeneutik, Band 13

248 Seiten, Paperback
ISBN 978-3-374-02870-2
EUR 38,00 [D]

Zum Gedenken an Andrea Zimmermann

Der Sammelband vereint Beiträge, die zum Gedenken an Dr. Andrea Zimmermann (1965–2010), die Leiterin der Abteilung »Christliche Archäologie und Kirchliche Kunst« (Martin-Luther-Universität Halle-Wittenberg) verfasst worden sind.

Die (ehemaligen) Kolleginnen und Kollegen nehmen je aus ihrem Fach diese inhaltlich profilierte Abteilung in den Blick und eröffnen dabei exegetische, historische, systematische und praktisch-theologische Perspektiven. Dadurch wird die von Friedrich Loofs begründete theologische Spezialdisziplin im Verbund mit den anderen Fächern zu einer unverzichtbaren Gesprächspartnerin.